뚝·딱·뚝·딱 배우는

파워포인트 2010

이 책의 구성

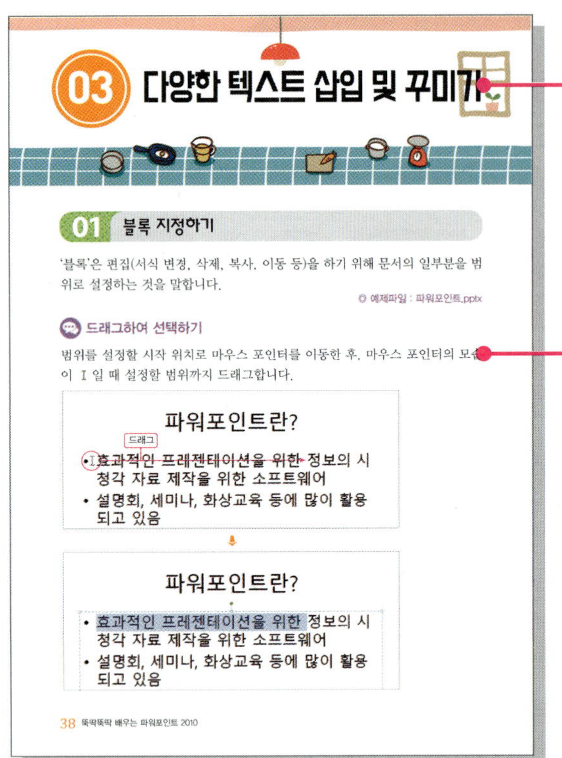

마당 : 알아두어야 할 주요 기능을 선정하여 제시합니다. 쉽고 빠르게 익힐 수 있도록 필수 기능들만 뽑아서 구성하였습니다.

필수 내용 : 용어나 기능에 대한 기초적인 내용을 중심으로 쉽게 구성하였습니다.

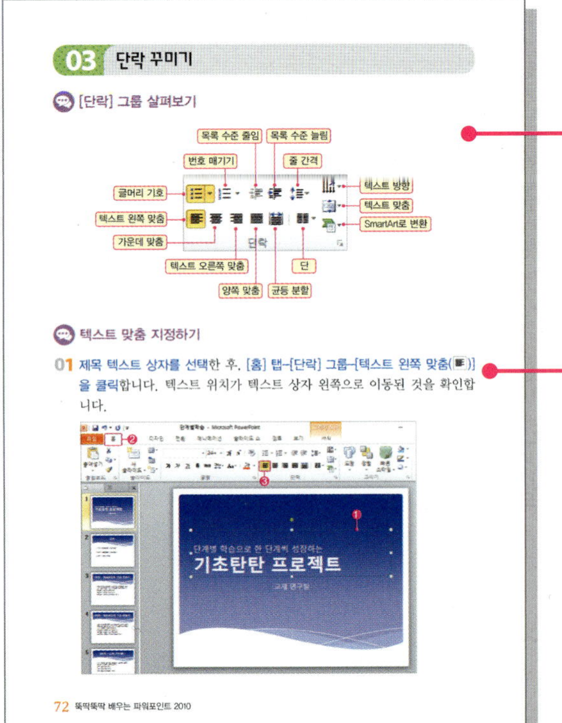

큰 글씨와 큰 그림 : 초보자들을 위해 눈이 '탁' 트이는 큰 글씨와 큰 그림으로 구성하였습니다.

핵심어 강조 : 중요한 핵심어를 강조함으로써 빠르게 파악할 수 있습니다.

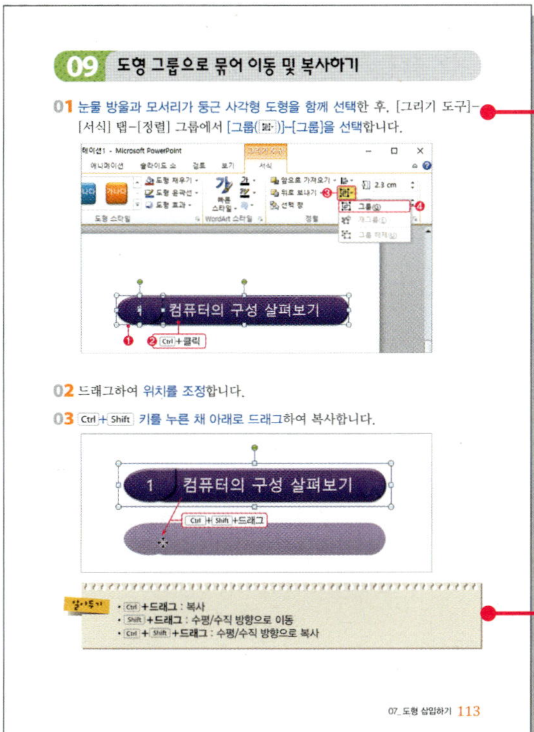

따라하기 : 단순히 이론만으로 설명하지 않고 따라하기 방식을 조합하여 쉽게 배울 수 있습니다.

알아두기 : 본문에서 다루지 못한 내용을 추가적으로 설명하였습니다.

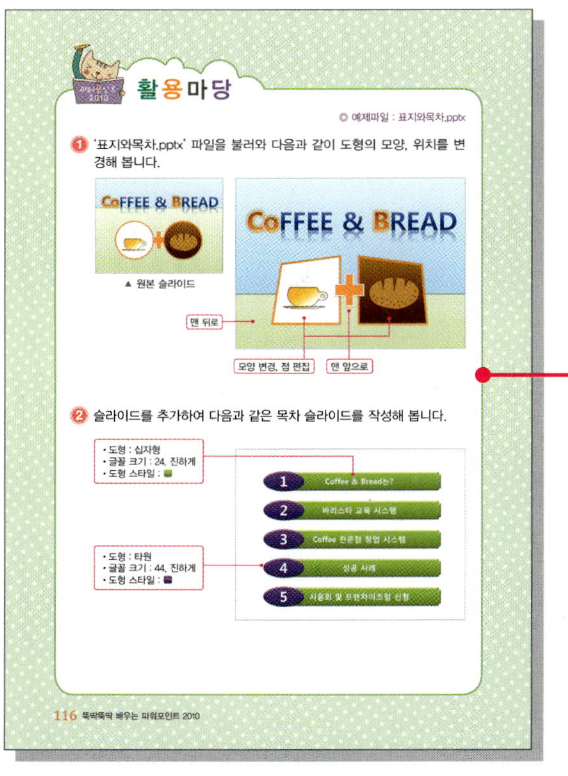

활용 마당 : 각 마당에서 배운 내용을 복습할 수 있도록 응용 문제를 제공합니다.

목차(Contents)

01 파워포인트 2010 시작하기

02 기본 슬라이드 작성 방법 익히기

03 다양한 텍스트 삽입 및 꾸미기

04 워드아트 삽입하기

05 슬라이드 및 단락 꾸미기

09 슬라이드 쇼 준비하기

10 미디어 삽입하기

01 파워포인트 2010 시작하기

01 파워포인트 2010 시작과 종료

파워포인트 2010 실행하기

- 윈도우 10의 경우 : [시작( )]-[Microsoft Office]-[Microsoft PowerPoint 2010]을 선택합니다.
- 윈도우 7의 경우 : [시작( )]-[모든 프로그램]-[Microsoft Office]-[Microsoft PowerPoint 2010]을 선택합니다.

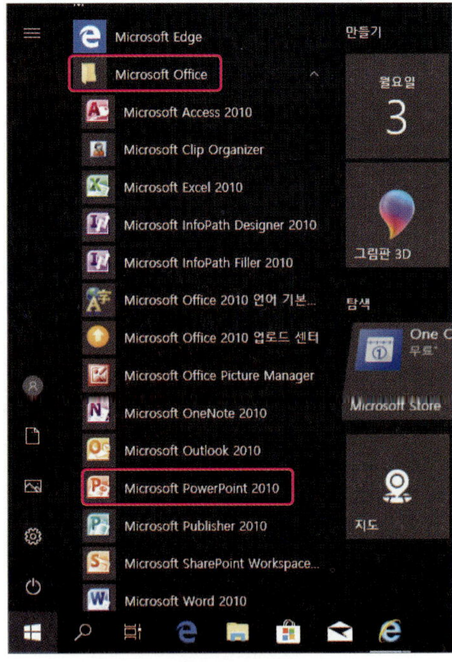

▲ 윈도우 10

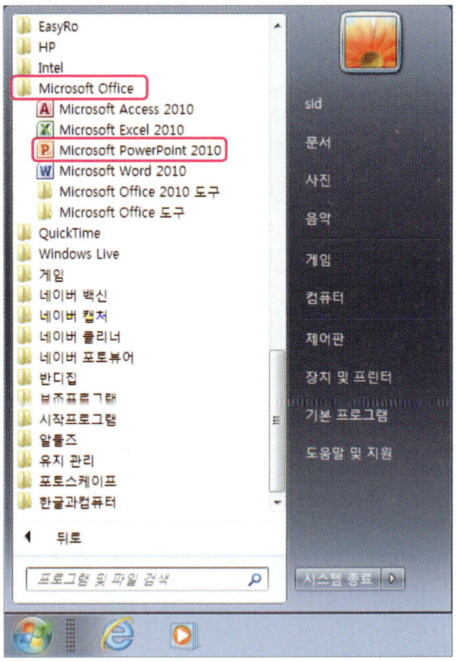

▲ 윈도우 7

알아두기 바로 가기 아이콘 이용하기

바탕 화면에 바로 가기 아이콘 [PowerPoint 2010( )]이 있다면 더블 클릭하여 실행할 수 있습니다.

💬 파워포인트 2010 종료하기

【방법-1】 : [닫기()] 버튼 이용하기

파워포인트 프로그램 창의 오른쪽에 표시된 버튼 중 [닫기(✕)] 버튼을 클릭합니다.

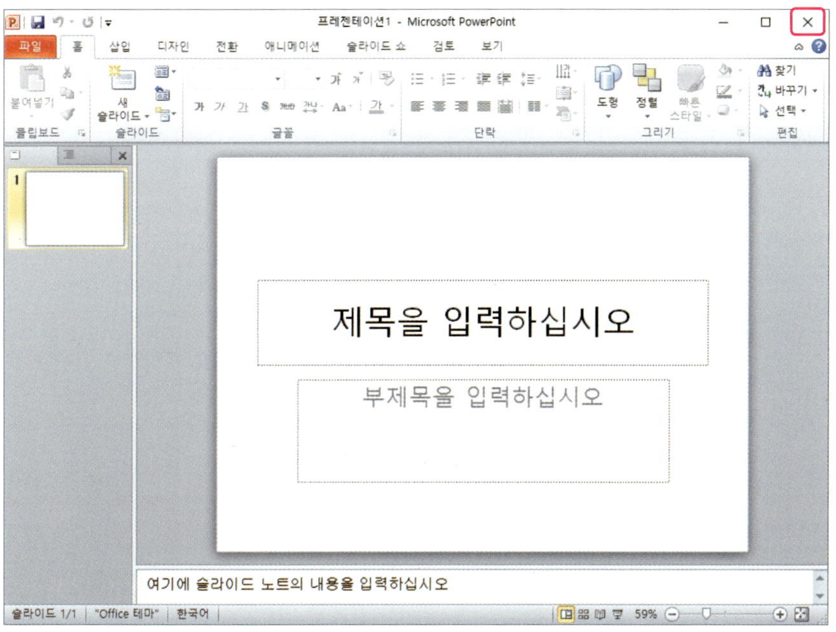

【방법-2】 : [파일] 탭 이용하기

[파일] 탭-[끝내기] 메뉴를 선택합니다.

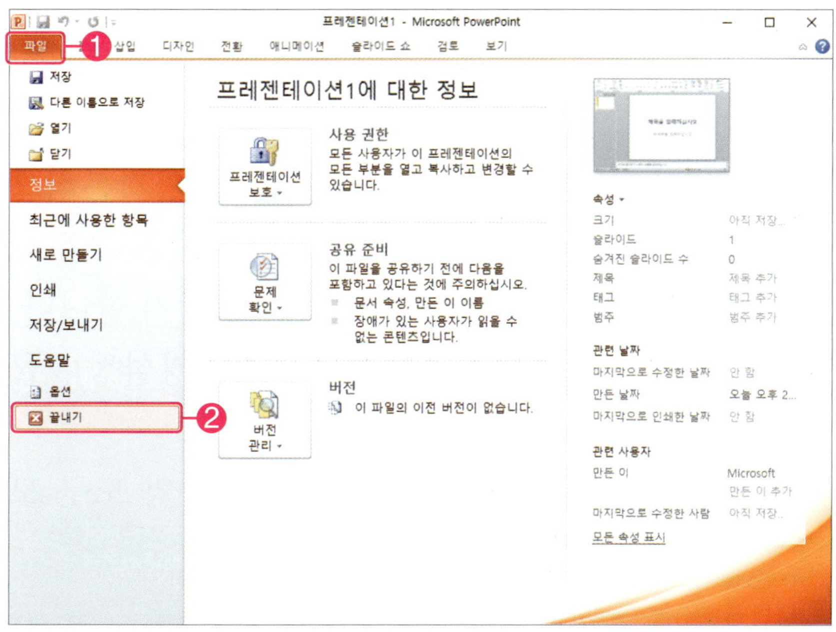

【방법-3】 : 바로 가기 키

Alt + F4 키를 눌러 프로그램을 종료할 수 있습니다.

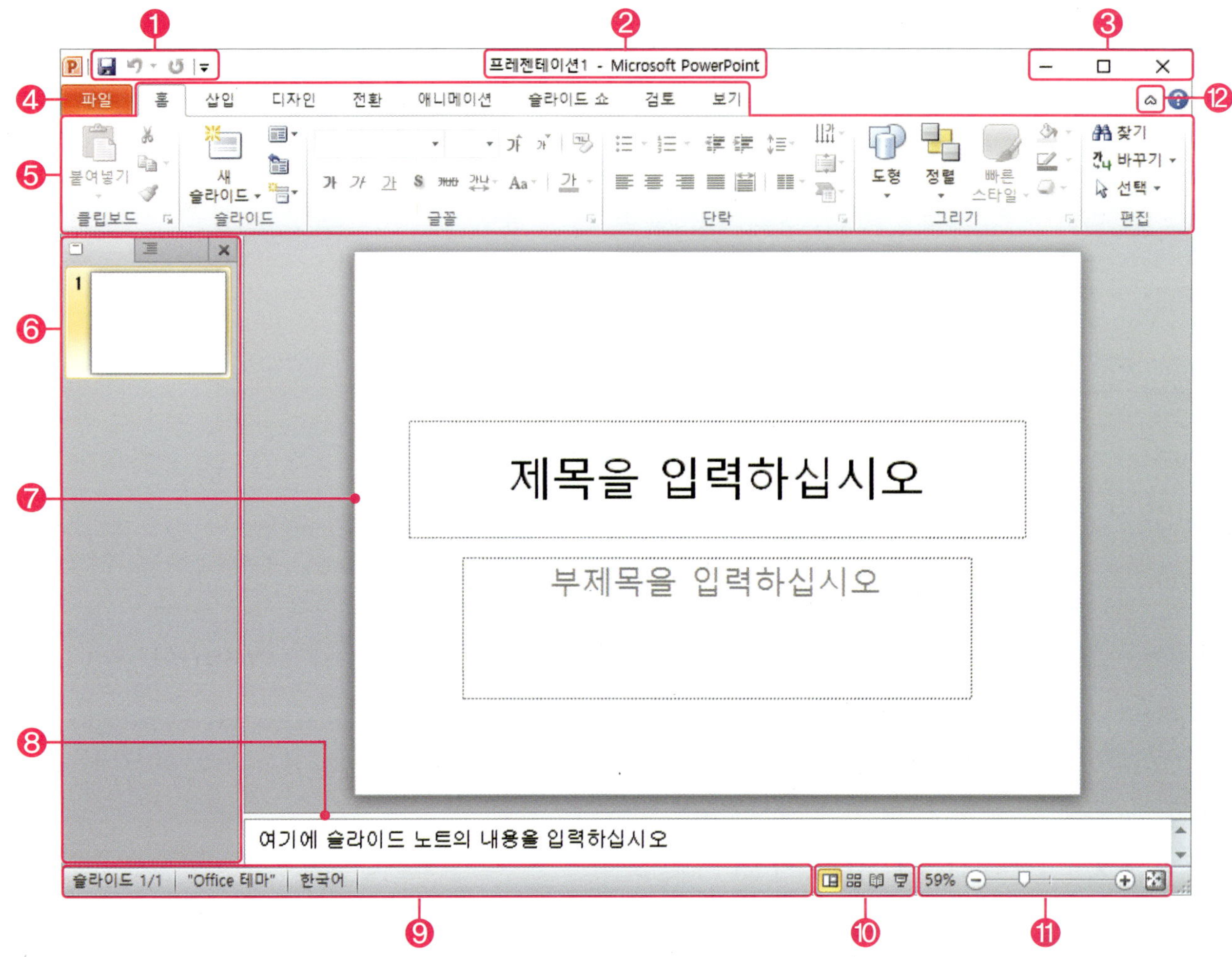

❶ **빠른 실행 도구 모음** : 자주 사용하는 명령을 표시하는 공간입니다. 추가하거나 삭제할 수 있습니다.

❷ **제목 표시줄** : 현재 작업 중인 파워포인트의 파일명이 표시됩니다. 기본적으로 '프레젠테이션1'이 표시됩니다.

❸ **창 조절 버튼** : 프로그램 창을 최소화, 최대화/이전 크기로 복원, 닫기 합니다.

❹ **[파일] 탭** : 새 프레젠테이션 만들기, 열기, 저장, 인쇄, 옵션(환경설정), 끝내기 등의 명령을 가지고 있습니다.

❺ **리본 메뉴** : 탭과 그룹, 명령 아이콘으로 구성되어 있습니다. 메뉴와 도구 모음이 결합된 형태입니다.

> **알아두기** **리본 메뉴 모습이 달라요.**
> • 리본 메뉴의 모든 명령 아이콘이 현재 창의 화면에 모두 표시되지 못할 경우, 명령 아이콘의 모습이 축소되어 표시됩니다.

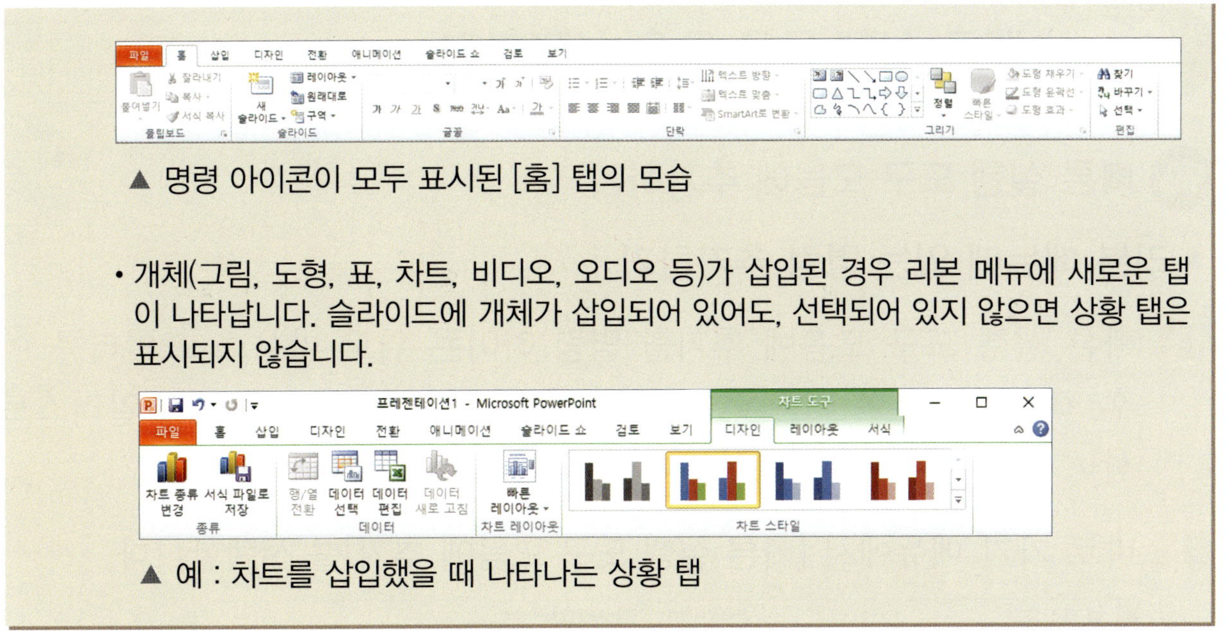

▲ 명령 아이콘이 모두 표시된 [홈] 탭의 모습

- 개체(그림, 도형, 표, 차트, 비디오, 오디오 등)가 삽입된 경우 리본 메뉴에 새로운 탭이 나타납니다. 슬라이드에 개체가 삽입되어 있어도, 선택되어 있지 않으면 상황 탭은 표시되지 않습니다.

▲ 예 : 차트를 삽입했을 때 나타나는 상황 탭

❻ 슬라이드/개요 탭 : 슬라이드(▢) 탭에는 슬라이드 창에 표시되는 슬라이드의 축소판 이미지 보기 형식으로 표시됩니다. 개요(▤) 탭을 클릭한 경우, 슬라이드 텍스트를 개요 형식으로 보여 줍니다.

❼ 슬라이드 창 : 텍스트, 그림, 도형, SmartArt, 표, 차트, 비디오, 오디오, 하이퍼링크 및 애니메이션 삽입 등 실제 작업이 이루어지는 공간입니다.

❽ 슬라이드 노트 창 : 현재 슬라이드에 관련한 설명을 입력할 수 있는 공간입니다.

❾ 상태 표시줄 : 현재 선택된 슬라이드 정보(위치 번호, 테마, 한/영 입력 상태 등)를 표시합니다.

❿ 슬라이드 보기 : 기본(▣), 여러 슬라이드(▦), 읽기용 보기(▥), 슬라이드 쇼(▨) 보기 방식 중에서 선택할 수 있습니다.

⓫ 슬라이드 화면 확대/축소 : 슬라이드 창에 보이는 슬라이드의 크기를 조정합니다.

⓬ 리본 메뉴 최소화 : 클릭하면 리본 메뉴의 모든 그룹과 명령 아이콘이 숨겨지고 메뉴 탭만 표시됩니다. 모습은 ♡로 바뀌며, ♡(리본 메뉴 확장)을 클릭하면 숨겨진 부분이 다시 나타납니다.

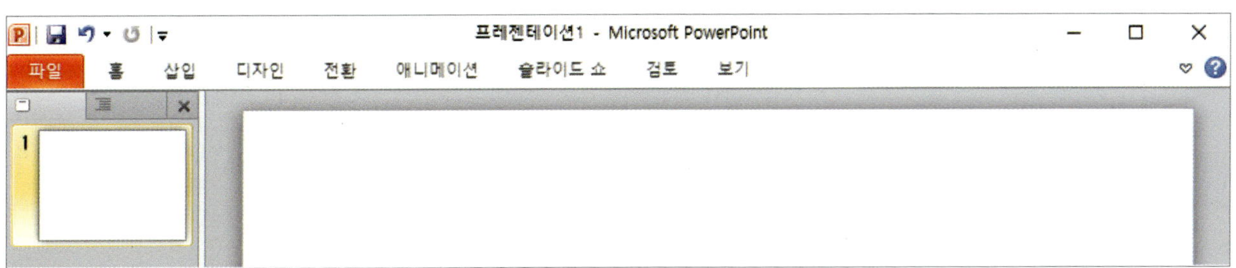

빠른 실행 도구 모음에 추가하기

■ 리본 메뉴에 있는 명령 추가하기

01 빠른 실행 도구 모음에 추가할 명령 아이콘 위로 마우스 포인터를 이동한 후, 마우스 오른쪽 버튼을 클릭합니다. (여기서는 [삽입] 탭-[일러스트레이션] 그룹-[차트]를 선택합니다.)

02 바로 가기 메뉴에서 [빠른 실행 도구 모음에 추가]를 선택합니다.

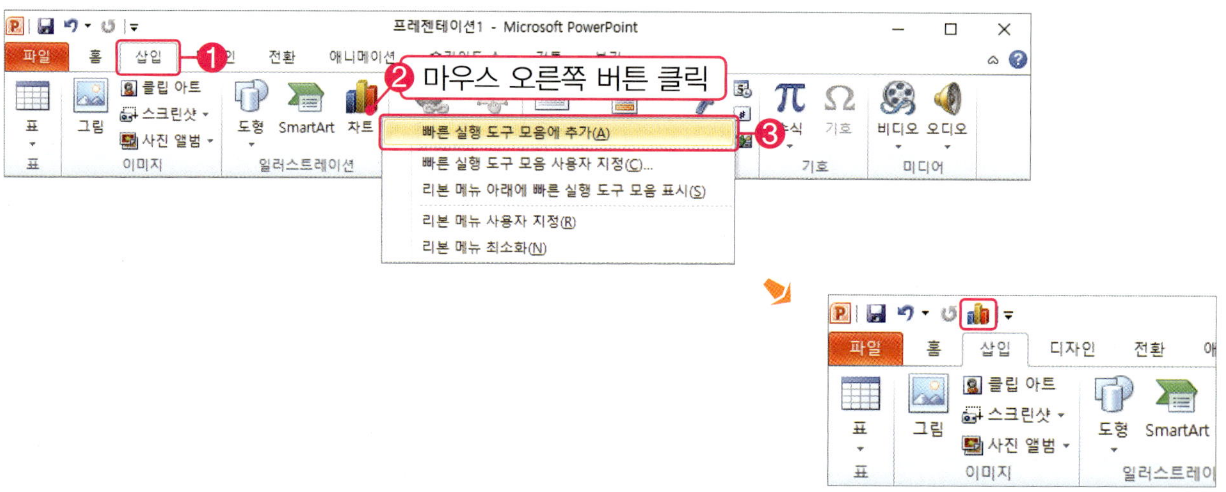

■ 리본 메뉴에 없는 명령 추가하기

01 [빠른 실행 도구 모음 사용자 지정(▾)]을 클릭합니다.

02 리본 메뉴에서 제공되지 않은 명령들을 확인할 수 있습니다. 화면에 표시된 항목은 체크 표시가 되어 있습니다. 여기서는 [새로 만들기]를 클릭합니다

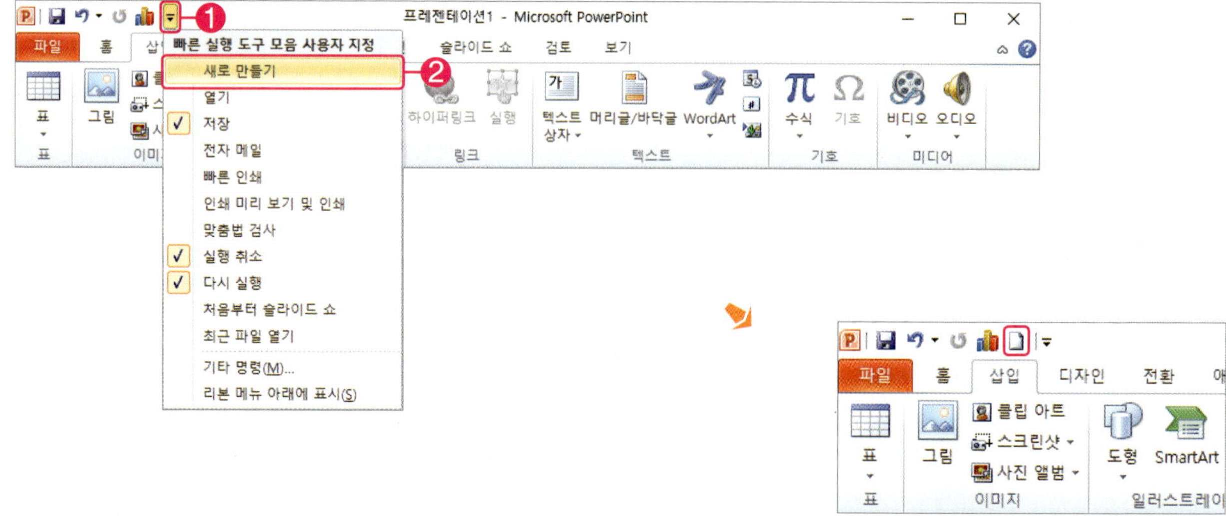

또 다른 방법

빠른 실행 도구 모음 사용자 지정 목록에서 [기타 명령]을 선택하면 [PowerPoint 옵션] 대화상자가 나타납니다. 왼쪽 목록에서 선택한 후 [추가] 버튼을 클릭하면 오른쪽 목록에 선택 명령이 등록됩니다. [확인] 버튼을 클릭하면 빠른 실행 도구 모음에서 확인할 수 있습니다.

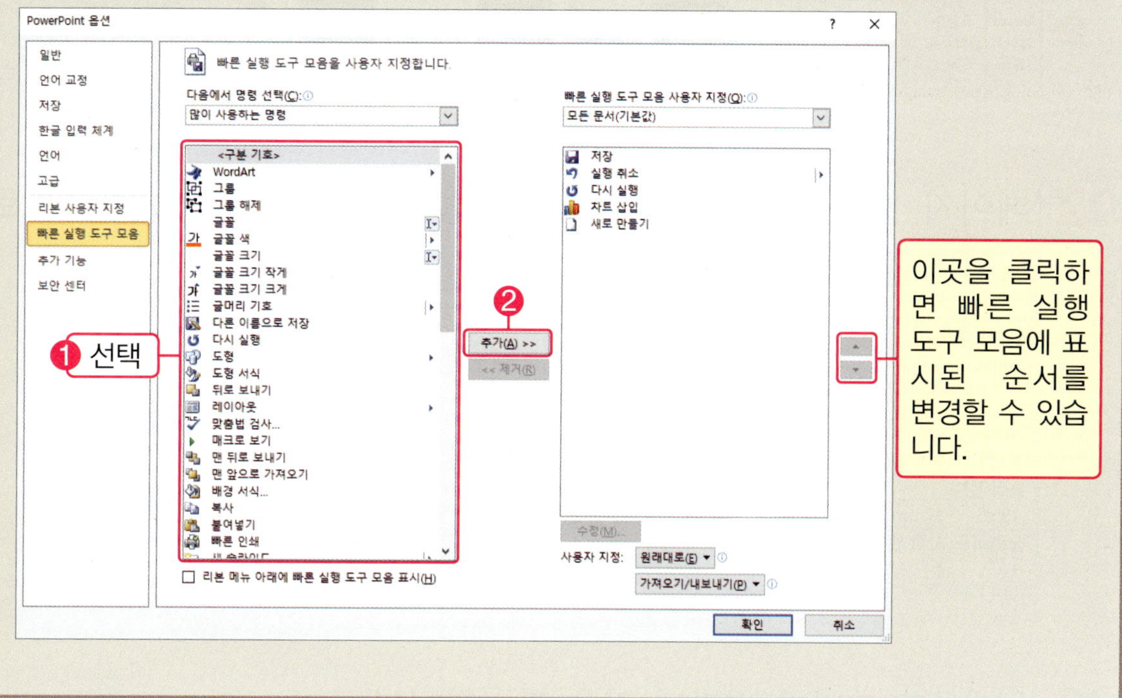

빠른 실행 도구 모음에서 삭제하기

01 빠른 실행 도구 모음의 '새로 만들기' 명령 아이콘 위로 마우스 포인터를 이동한 후, 마우스 오른쪽 버튼을 클릭합니다.

02 바로 가기 메뉴에서 [빠른 실행 도구 모음에서 제거]를 선택합니다.

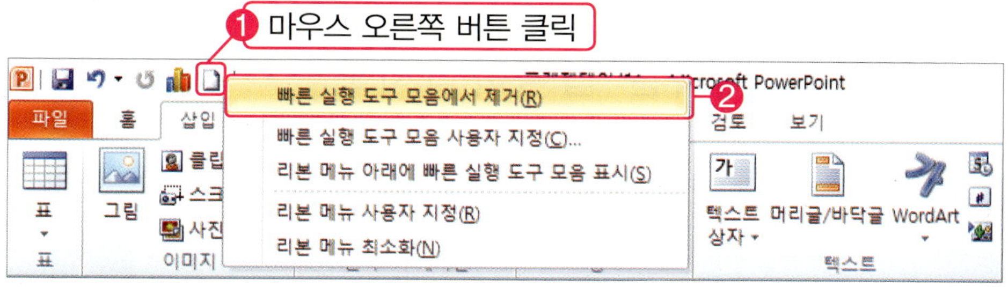

03 같은 방법으로 '차트' 명령 아이콘도 빠른 실행 도구 모음에서 제거합니다.

01 [디자인] 탭–[페이지 설정] 그룹–[페이지 설정]을 클릭합니다.

02 [페이지 설정] 대화상자가 나타나면 [슬라이드 크기]를 'A4 용지'로 설정하고 [확인] 버튼을 클릭합니다.

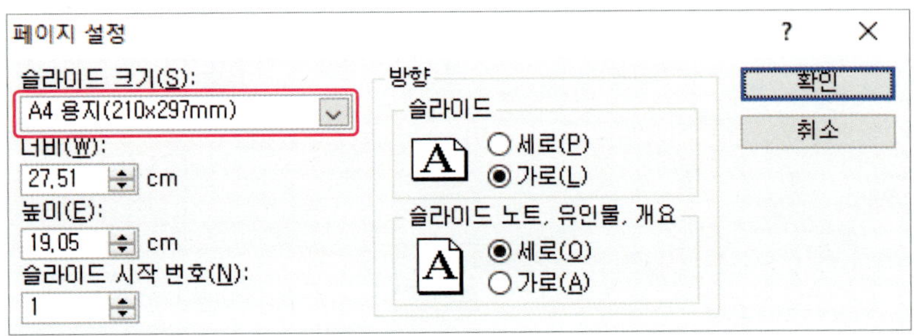

03 슬라이드 크기가 변경된 것을 확인합니다.

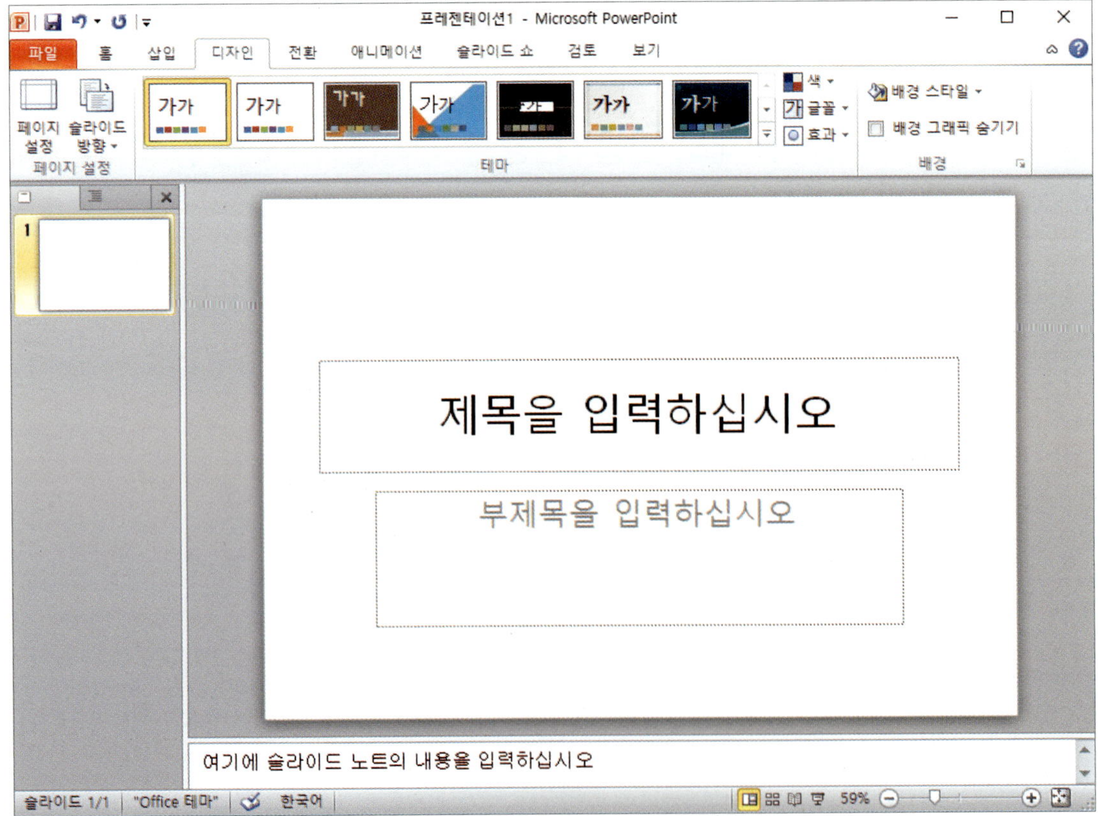

05 슬라이드 화면 확대/축소

화면 확대/축소 기능은 작업의 정확도, 편리성을 위해서 화면에 보이는 슬라이드의 크기를 크게 또는 작게 만드는 것으로, 실제 크기에 변화가 있는 것은 아닙니다.

화면 확대/축소하기

01 [보기] 탭–[확대/축소] 그룹–[확대/축소]를 클릭합니다.

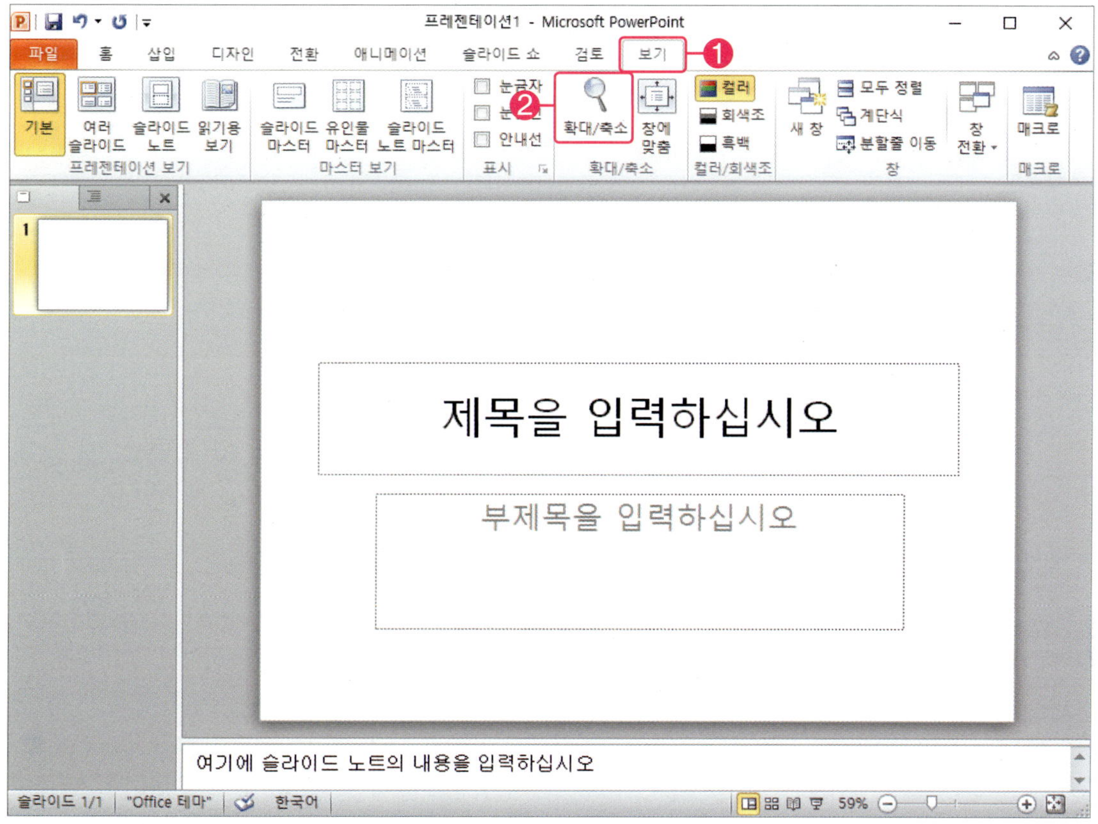

02 [확대/축소] 대화상자가 나타나면 [배율]을 '33%'로 선택하고 [확인] 버튼을 클릭합니다.

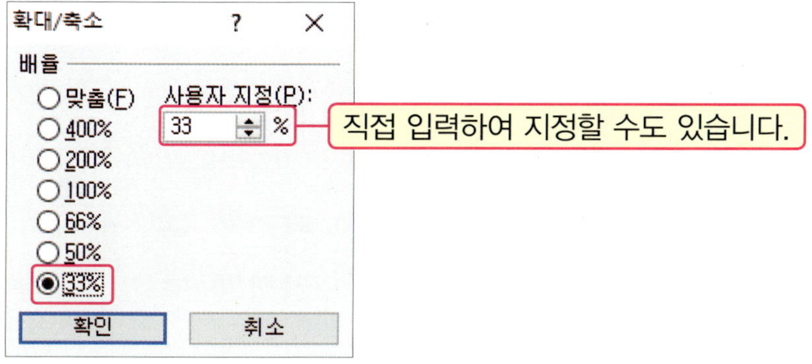

03 슬라이드 창에 표시된 슬라이드의 크기가 줄어든 것을 확인합니다.

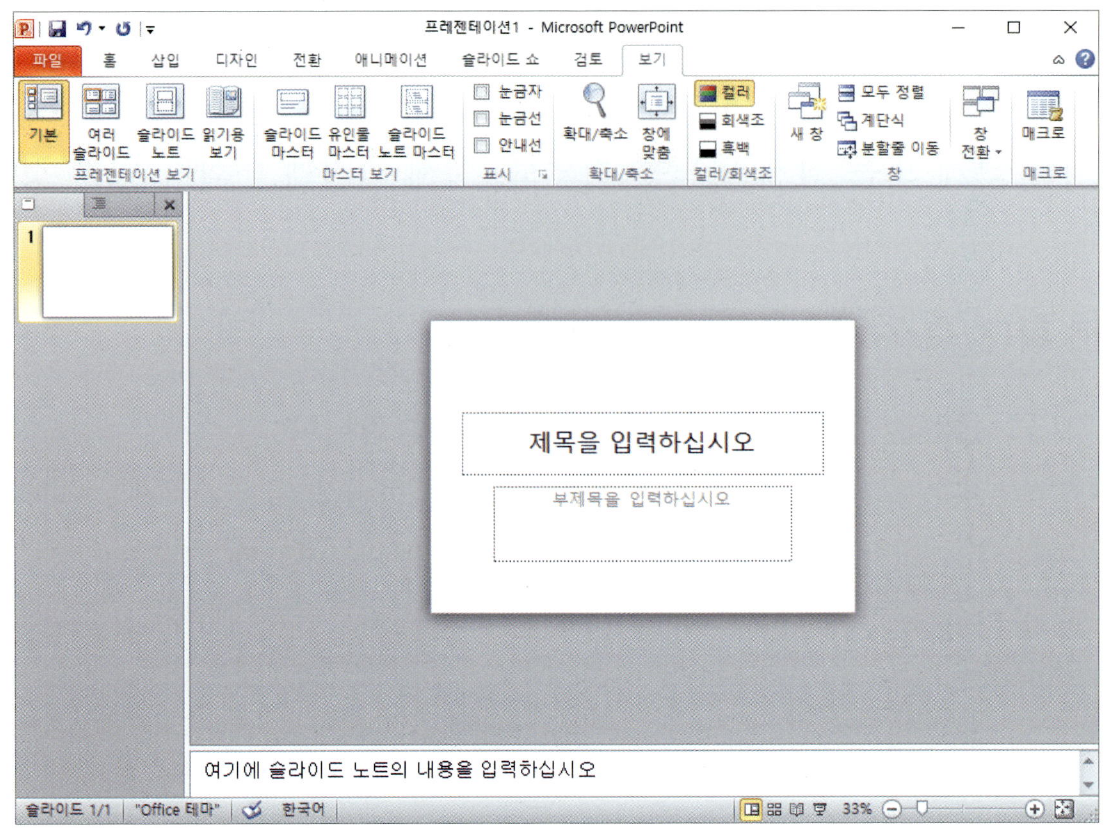

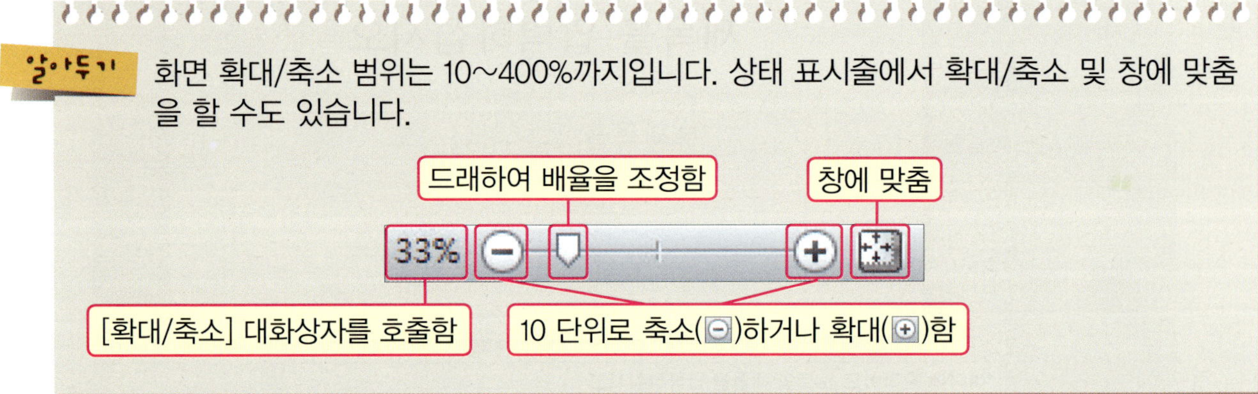

알아두기 왼쪽 슬라이드 탭의 슬라이드 축소판 이미지도 확대/축소(범위 : 5~100%)가 가능합니다.

💬 창에 맞춤

01 [보기] 탭-[확대/축소] 그룹-[창에 맞춤]을 클릭합니다.

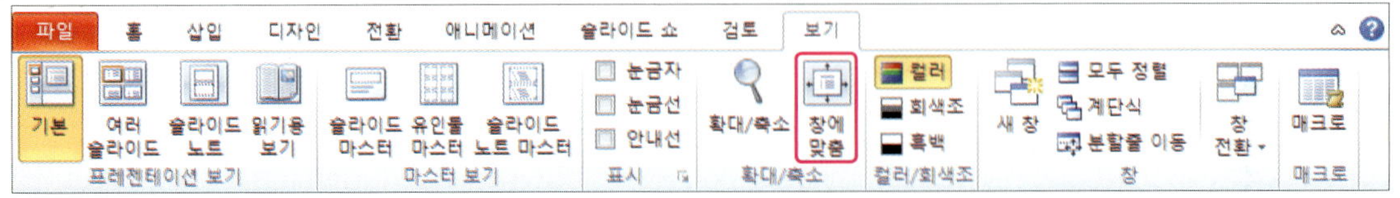

02 슬라이드 크기가 슬라이드 창에 맞게 조정된 것을 확인합니다.

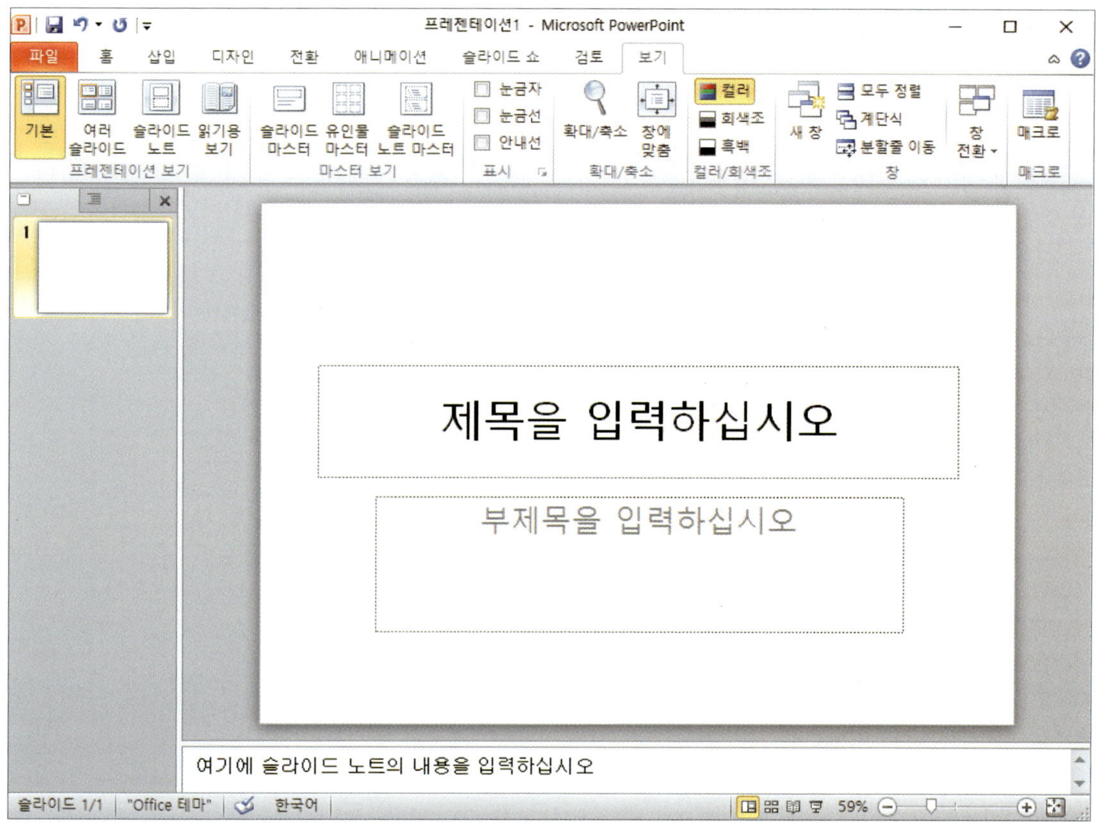

06   **새 프레젠테이션 만들기**

06 새 프레젠테이션 만들기

01 [파일] 탭–[새로 만들기]를 선택합니다.

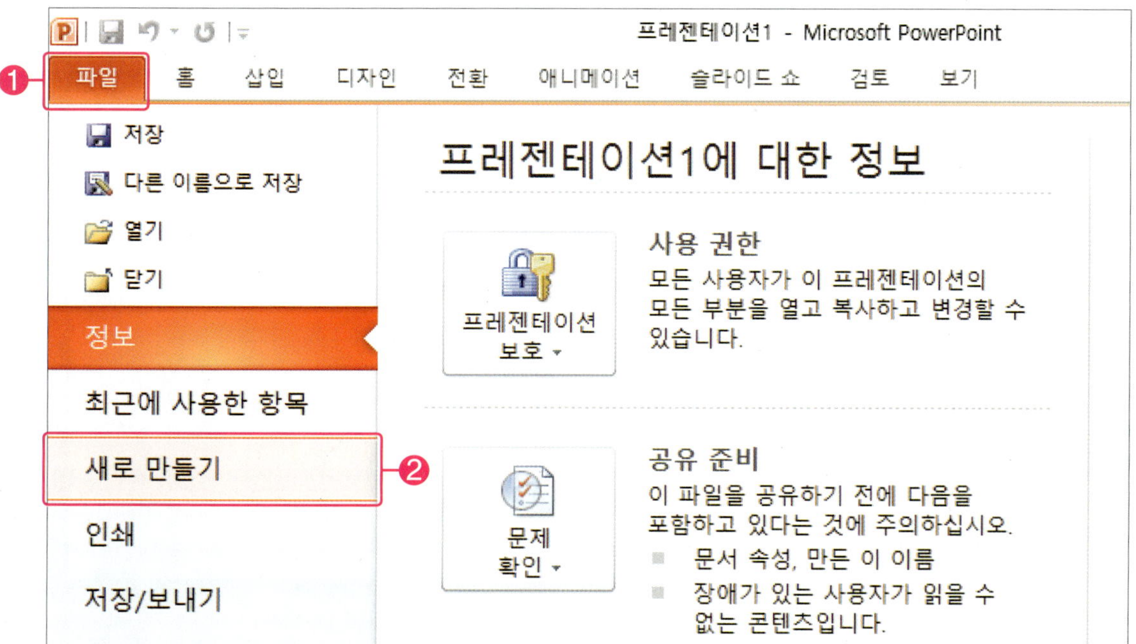

02 화면이 바뀌면 '새 프레젠테이션'이 선택되어 있는 상태에서 [만들기] 버튼을 클릭합니다.

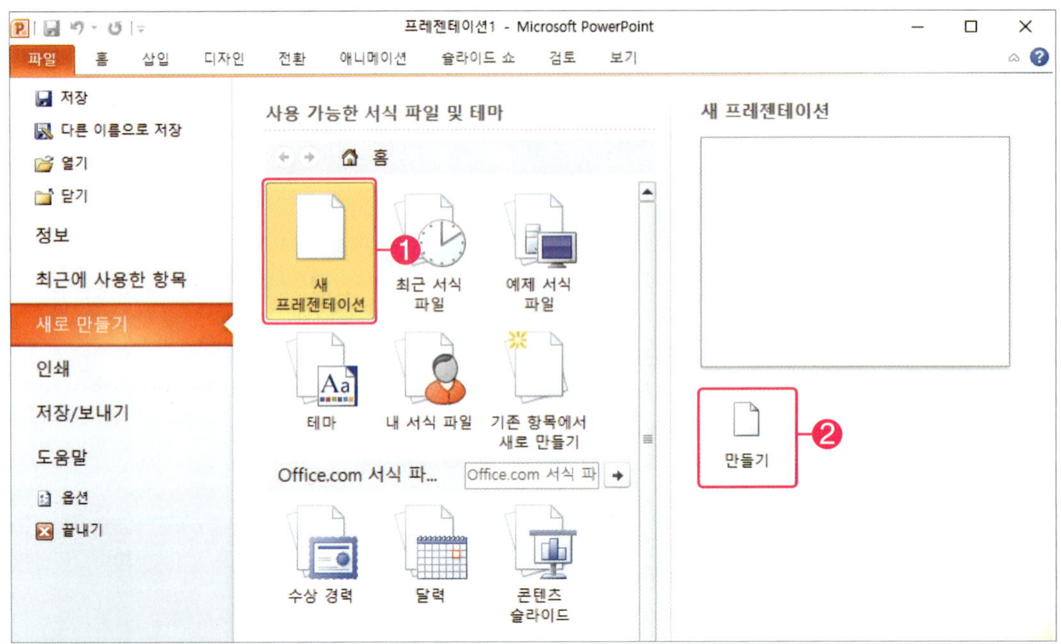

03 새 프레젠테이션 창이 새로 만들어진 것을 확인합니다.

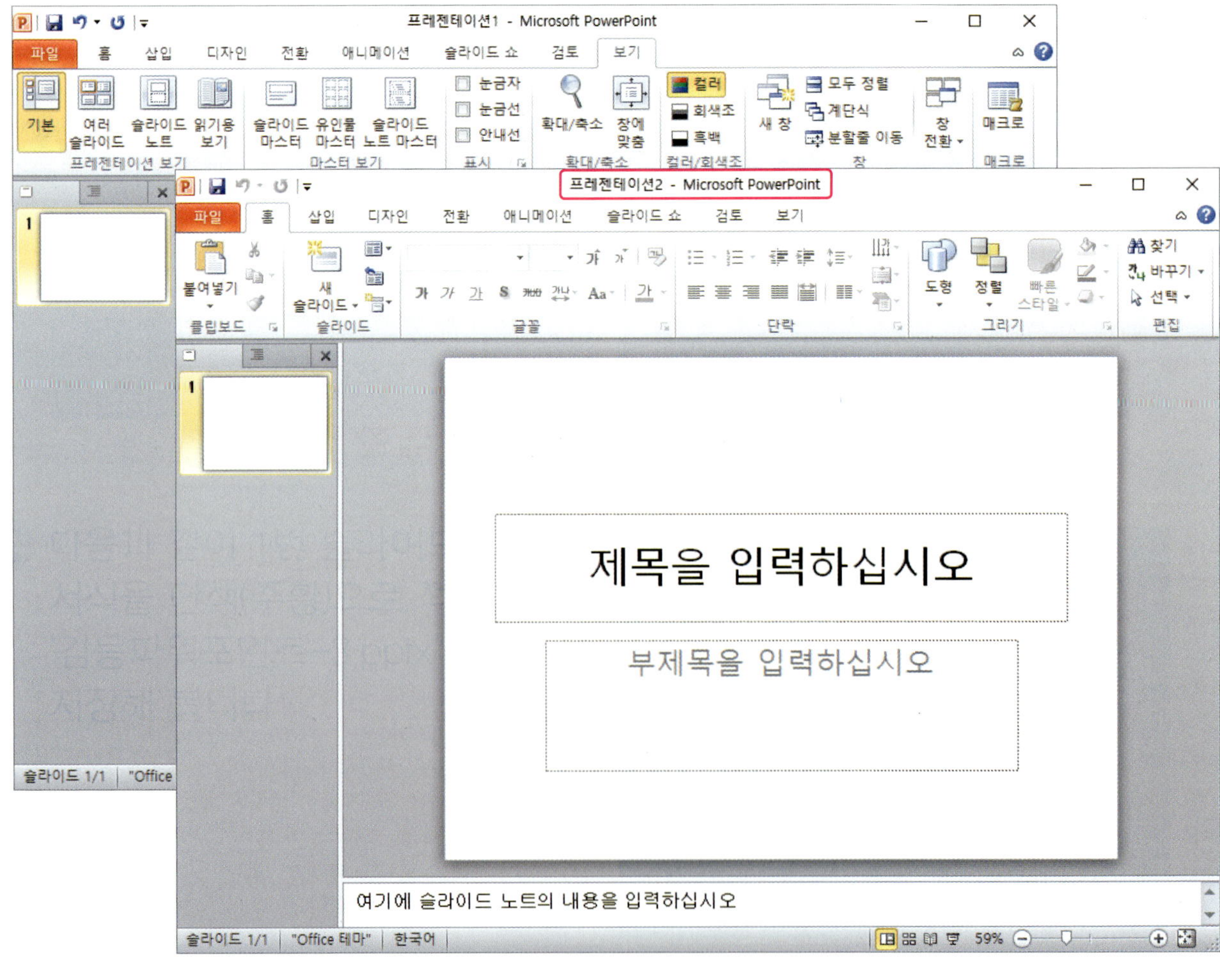

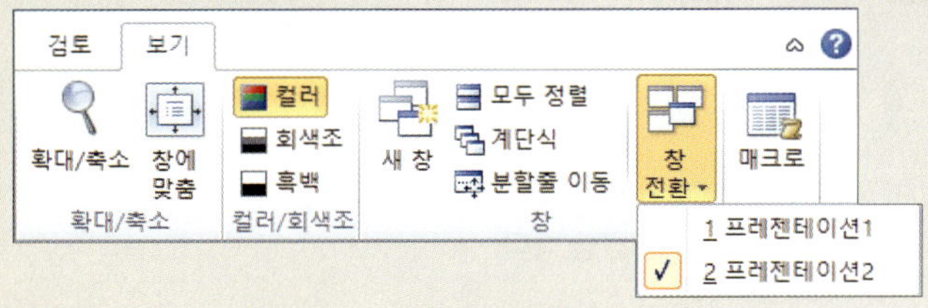

07 프레젠테이션 창 닫기

파워포인트 프로그램을 끝내지 않고, 작업 중이던 프레젠테이션 창만 닫는 방법에 대해 살펴봅니다.

01 '프레젠테이션 1'과 '프레젠테이션 2' 창이 열려 있는 상황에서 '프레젠테이션 2' 창의 [닫기(×)] 버튼을 클릭합니다.

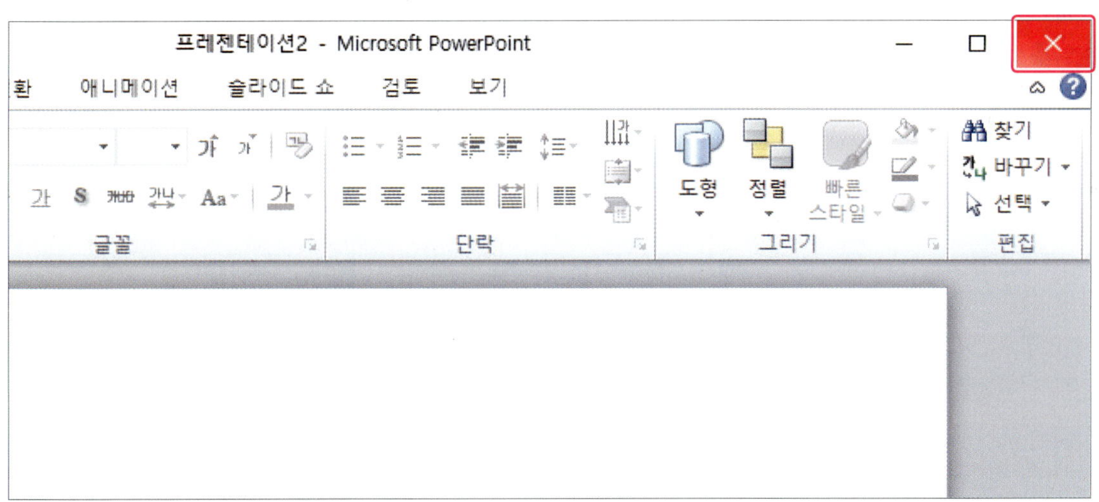

02 '프레젠테이션 2' 창은 사라지고 '프레젠테이션 1' 창이 나타나는 것을 확인합니다.

03 [파일] 탭-[닫기]를 선택합니다.

> **알아두기** 작업 중이던 프레젠테이션 창이 한 개밖에 남지 않은 상황이므로, [닫기(×)] 버튼을 클릭하면 파워포인트 프로그램이 종료됩니다.

04 열려 있던 프레젠테이션 창들은 모두 종료되었지만, 파워포인트 프로그램은 아직 실행 중임을 확인합니다.

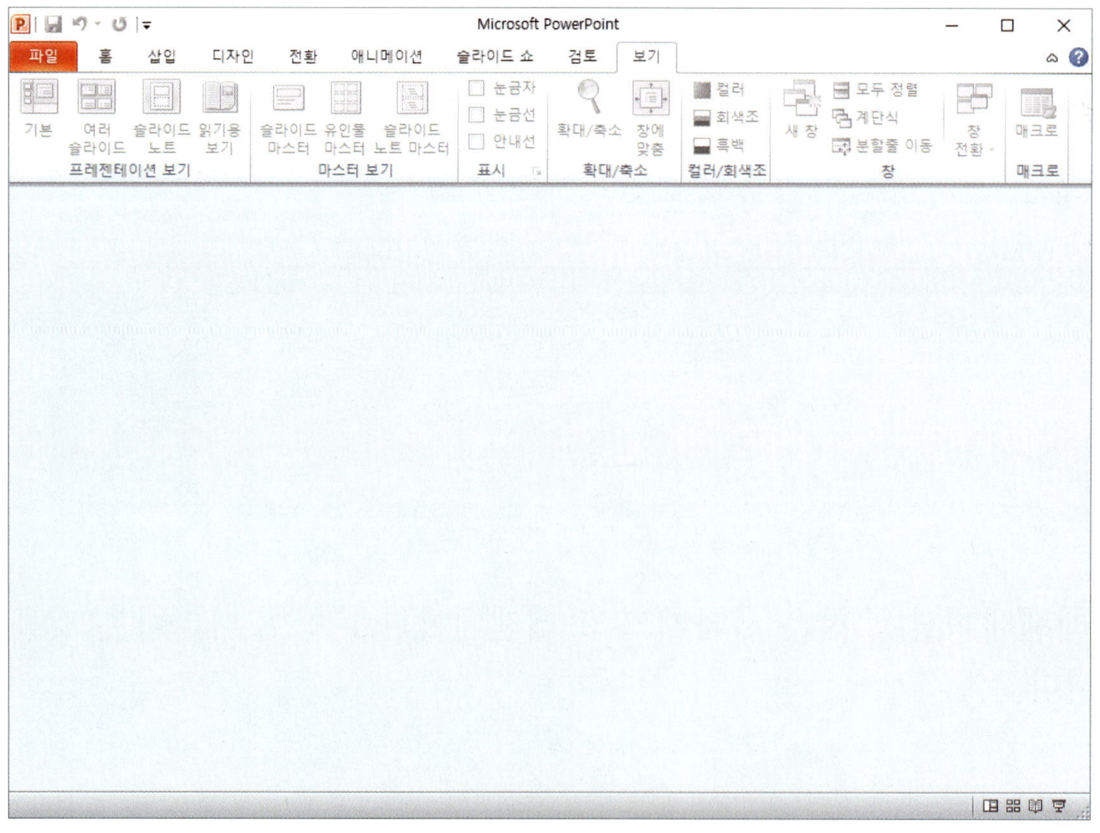

활용마당

1 다음과 같이 빠른 실행 도구 모음에 '새로 만들기'와 '열기', '새 슬라이드'를 추가해 봅니다.

2 다음과 같이 빠른 실행 도구 모음에 '저장', '실행 취소', '다시 실행'만 남기고, 삭제해 봅니다.

3 슬라이드의 크기를 '16:9'로 조정해 봅니다.

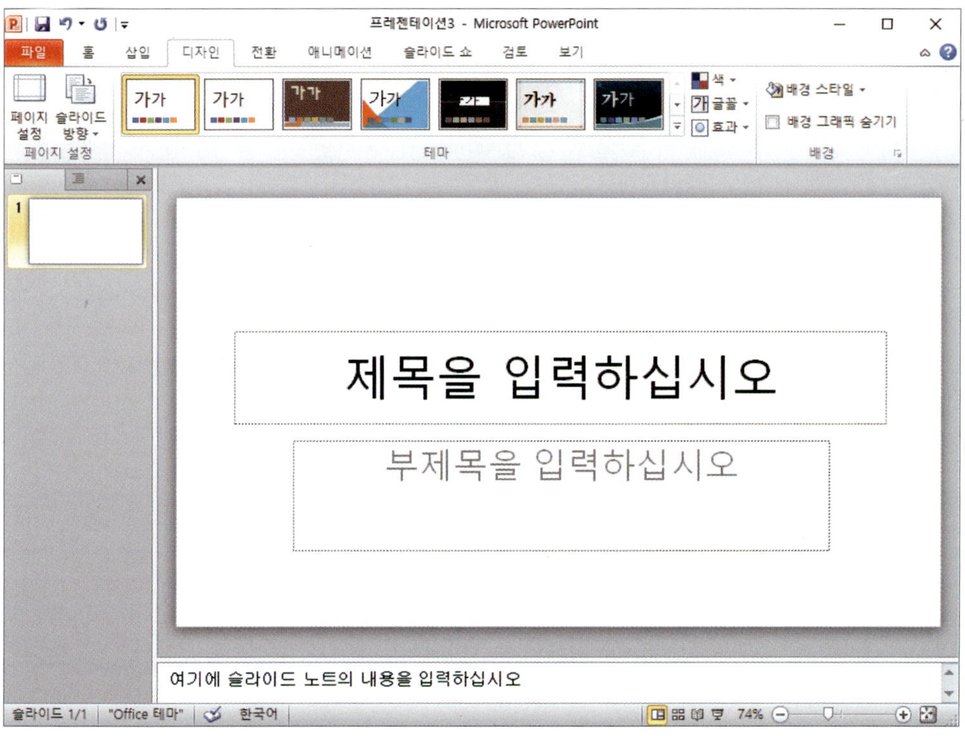

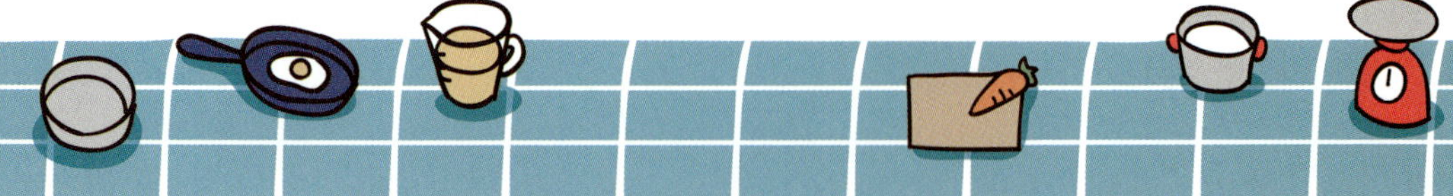

01 파워포인트를 실행합니다. 기본적으로 [제목 슬라이드] 레이아웃 형태의 슬라이드 1장이 나타나 있습니다. 제목 텍스트 상자의 안쪽에 표시되어 있는 '제목을 입력하십시오' 부분을 클릭합니다.

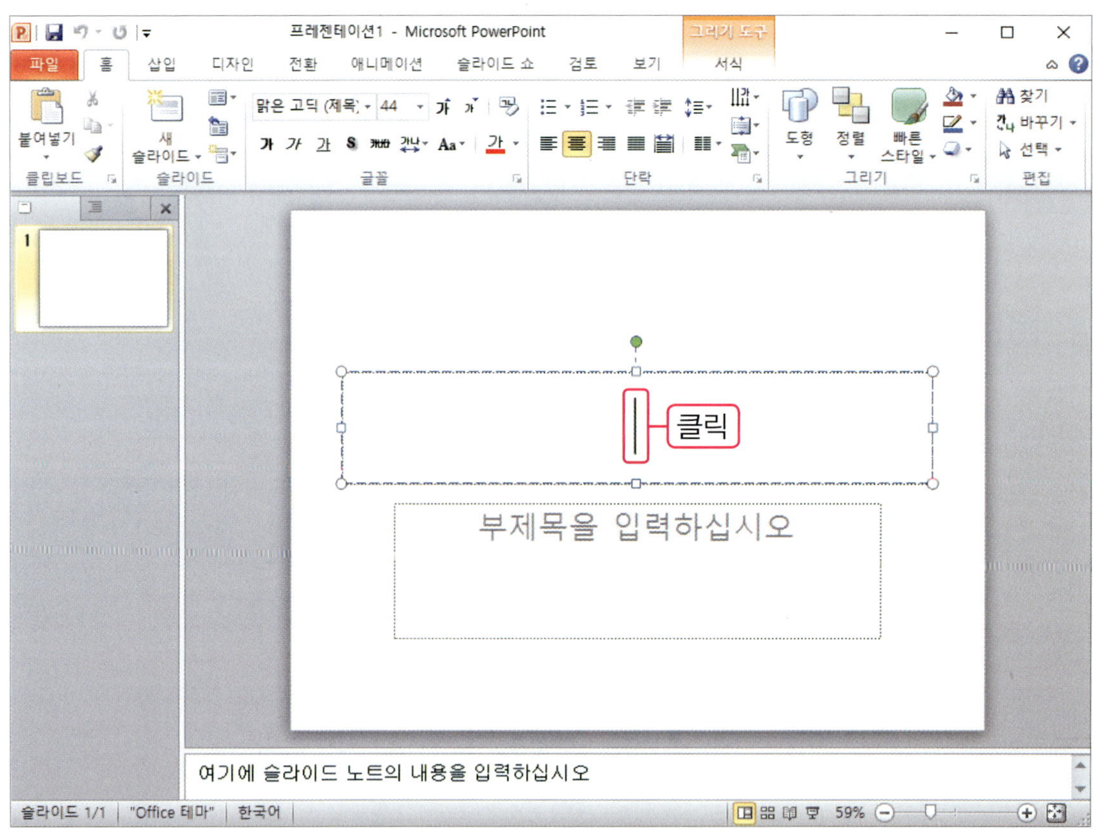

02 '성공적인'을 입력한 후, Enter 키를 누르고 '프레젠테이션의 기술'이라고 입력합니다.

03 부제목 텍스트 상자의 안쪽을 클릭하고 한/영 키를 누른 후 '(Successful Presentation)'이라고 입력합니다.

02 슬라이드 추가하기

💬 새 슬라이드 삽입하기

01 [홈] 탭-[슬라이드] 그룹-[새 슬라이드( )]를 클릭합니다.

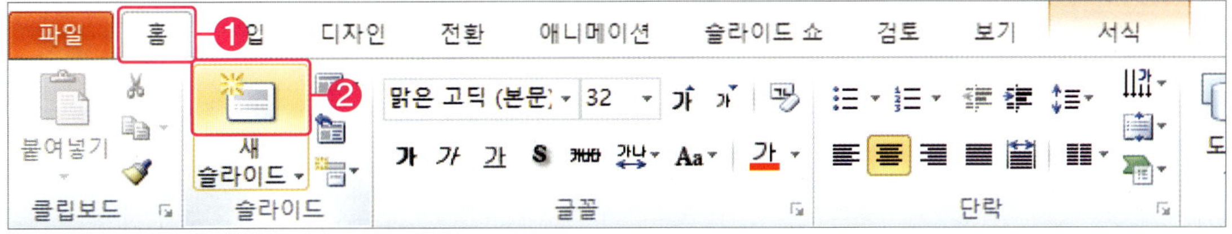

02 슬라이드가 추가된 것을 확인할 수 있습니다. 기본적으로 [제목 및 내용] 레이아웃 형태의 슬라이드가 추가됩니다.

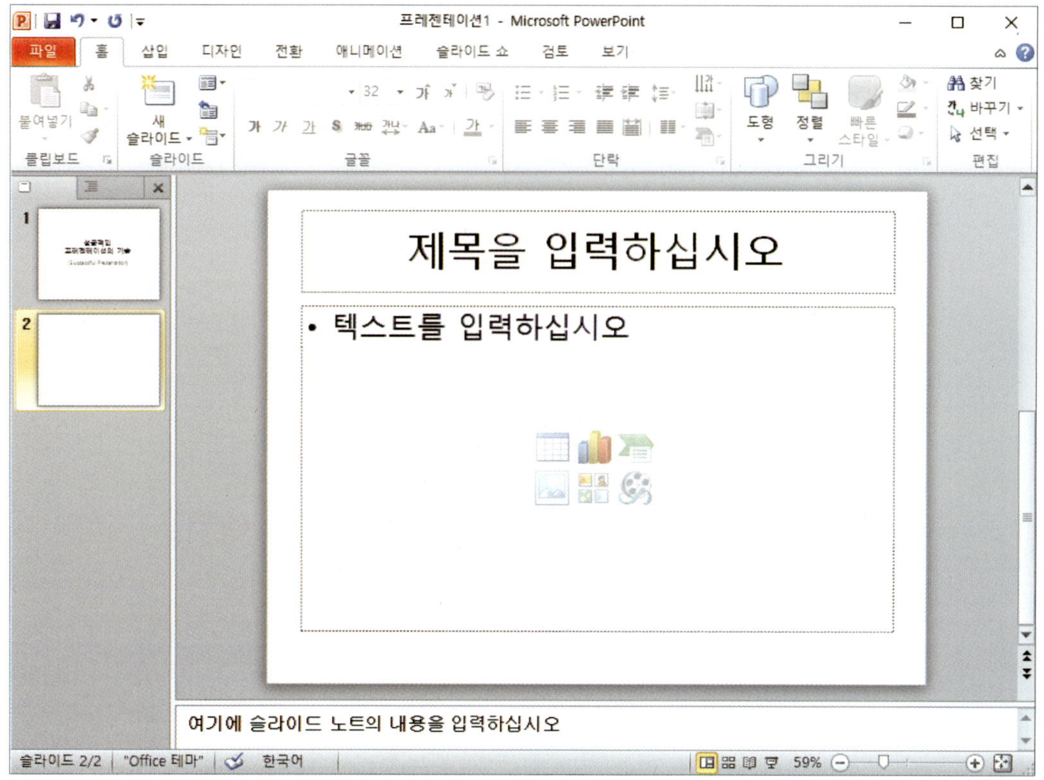

03 다음과 같이 제목과 내용을 각각 입력합니다.

💬 슬라이드 레이아웃 선택하여 삽입하기

01 [홈] 탭-[슬라이드] 그룹-[새 슬라이드(새 슬라이드▾)]를 클릭합니다. 다양한 레이아웃의 슬라이드 형태 목록이 나타납니다. 여기서는 [비교]를 선택합니다.

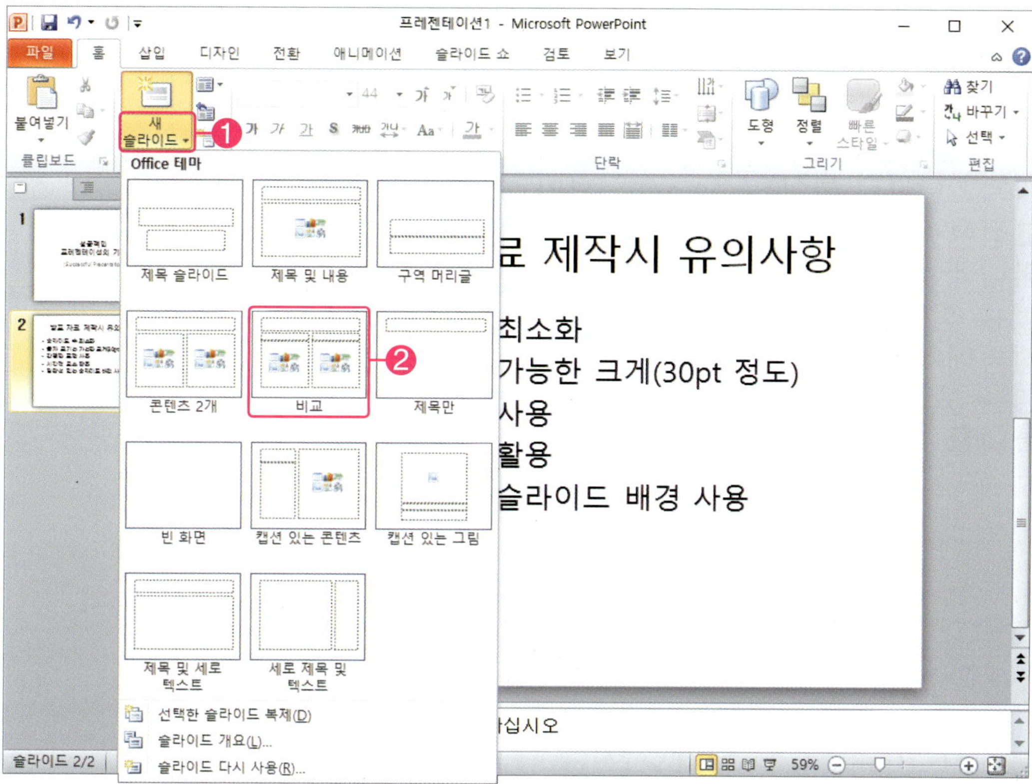

02 선택한 레이아웃의 슬라이드가 추가된 것을 확인합니다.

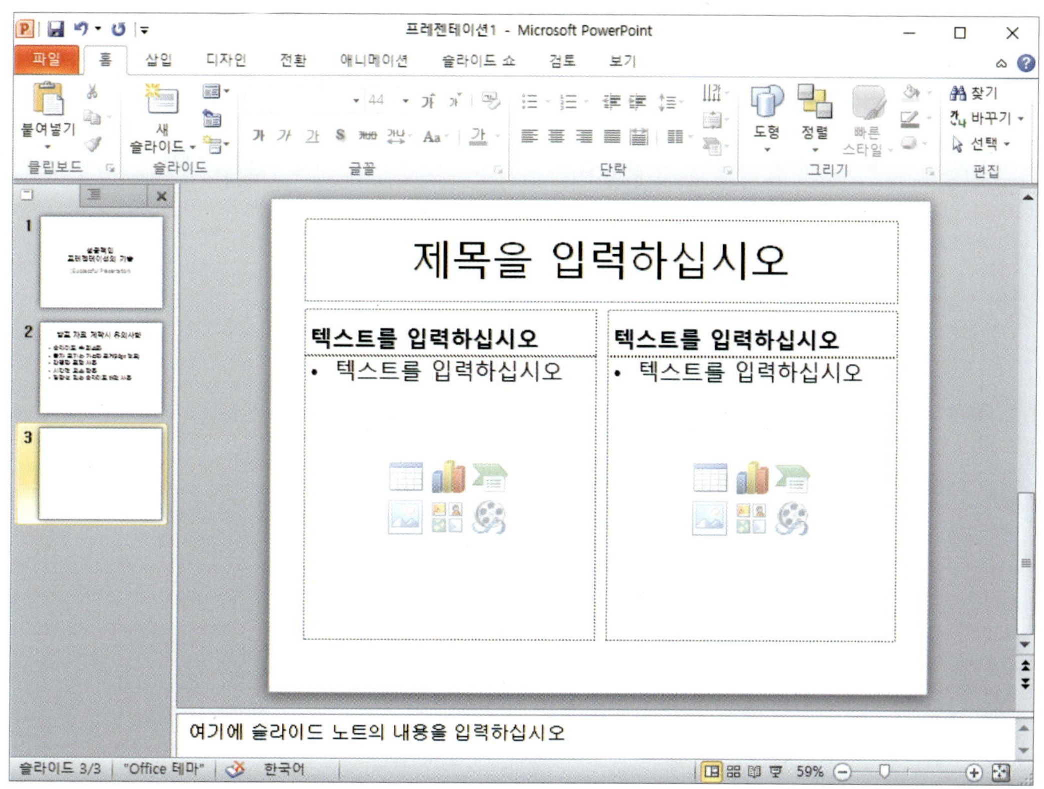

03 다음과 같이 제목과 내용을 각각 입력합니다.

Bad PT & Good PT

Bad PT-예
- 글자 크기를 줄여 1장의 슬라이드에 최대한 많이 입력한다. (긴 문장)
- 고정된 위치에서 손은 주머니에 넣고 발표한다.
- 발표 주제를 처음 접하는 청중에게 발표자의 전문성을 보여 주기 위해 전문 용어를 많이 사용한다.

Good PT-예
- 글자 크기는 크게, 내용은 간략하게 작성한다.
- 시각 자료(그림, 차트, 도형 등)를 활용한다.
- 발표 전 발표장의 기기 상태를 확인해둔다.
- 발표시 때때로 청중과 시선을 마주한다.

03 슬라이드 레이아웃 변경하기

01 [홈] 탭-[슬라이드] 그룹-[새 슬라이드( )]를 클릭합니다. 새 슬라이드가 삽입됩니다. 선택되어 있던 슬라이드의 '비교' 레이아웃이 새 슬라이드에도 적용되어 나타납니다.

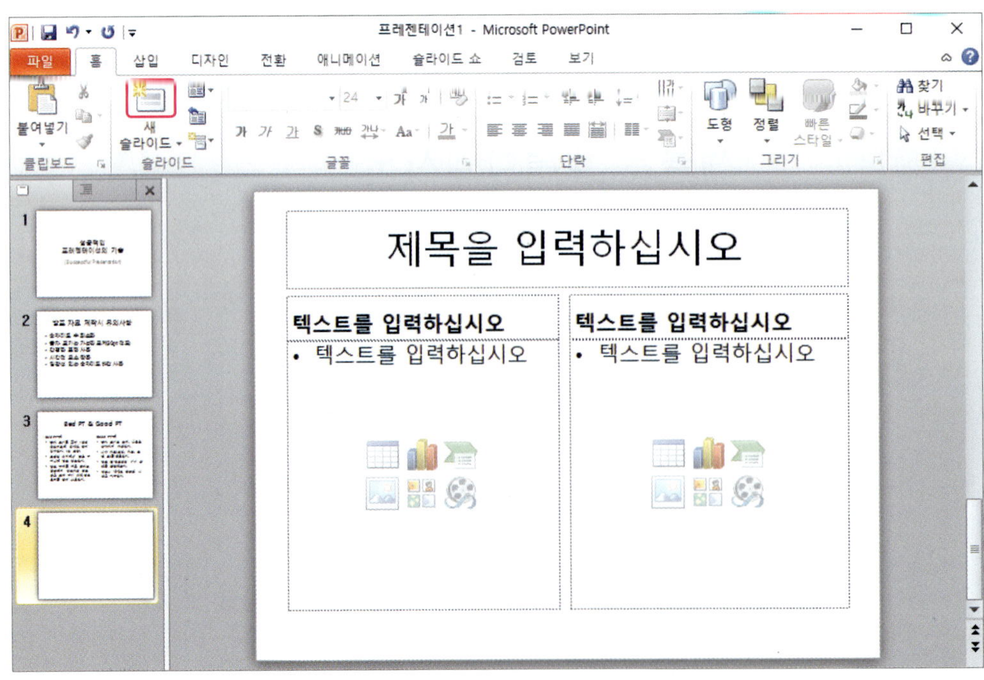

02 [홈] 탭-[슬라이드] 그룹-[레이아웃( )]을 클릭합니다. 여러 슬라이드 레이아웃의 축소판 이미지가 나타납니다. 여기서는 [제목 및 내용] 레이아웃을 선택합니다.

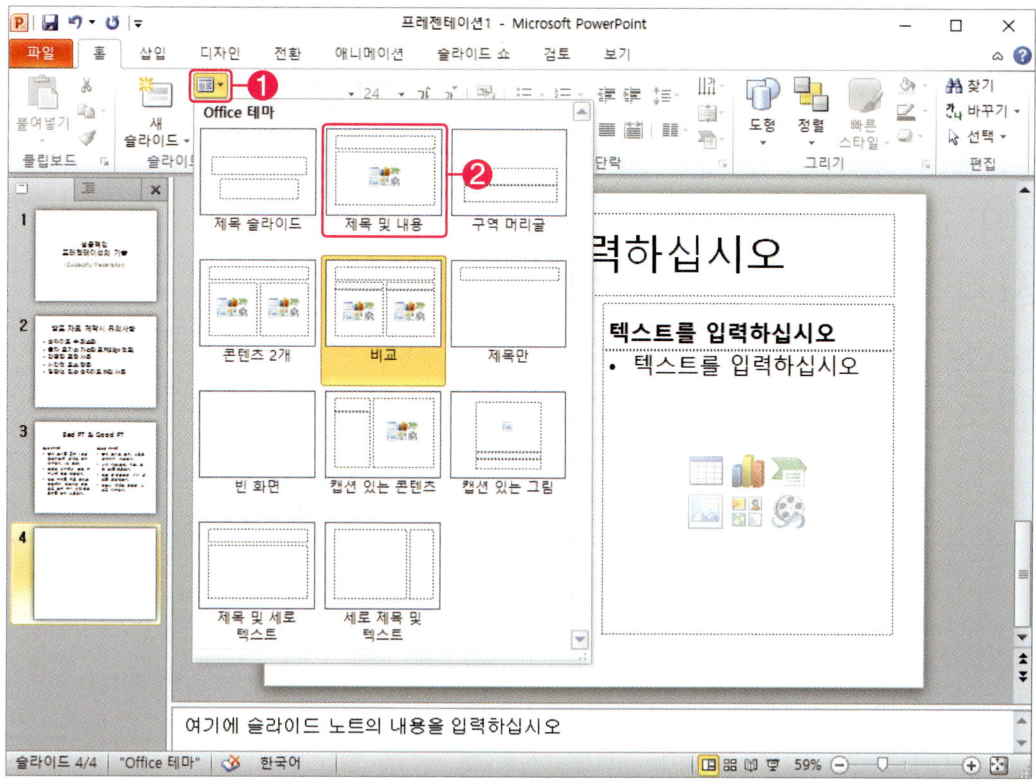

03 슬라이드의 레이아웃이 바뀐 것을 확인합니다.

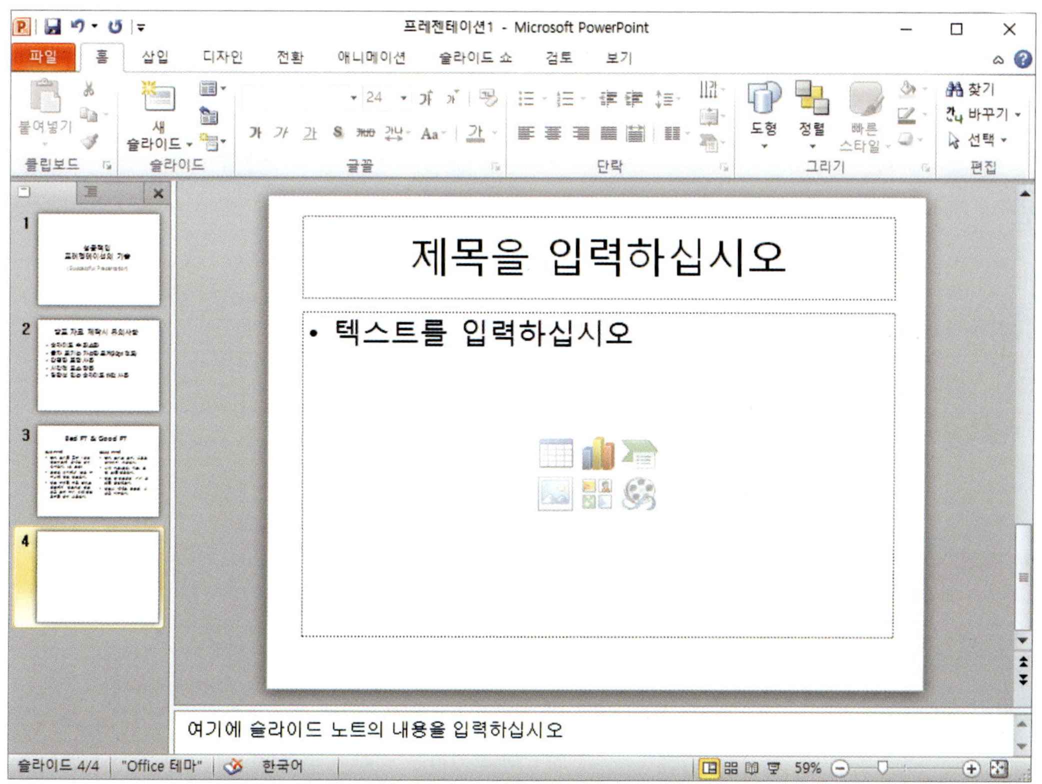

04 다음과 같이 제목과 내용을 각각 입력합니다.

프레젠테이션이란?

- Presentation의 뜻 : 제출, 제시, 발표
- 정보 전달 및 청중 설득을 목적으로 함
- "PT"라고도 함
- 시각적 보조 자료를 활용하기도 함
- 보조 자료 제작을 위한 관련 S/W : 파워포인트, 키노트, 한쇼 등

04 저장하기

빠른 실행 도구 모음의 [저장(■)]을 클릭하거나 [파일] 탭–[저장]을 선택합니다. Ctrl+S 키를 눌러도 됩니다. 여기서는 [파일] 탭을 이용한 방법으로 살펴봅니다.

01 [파일] 탭–[저장]을 선택합니다.

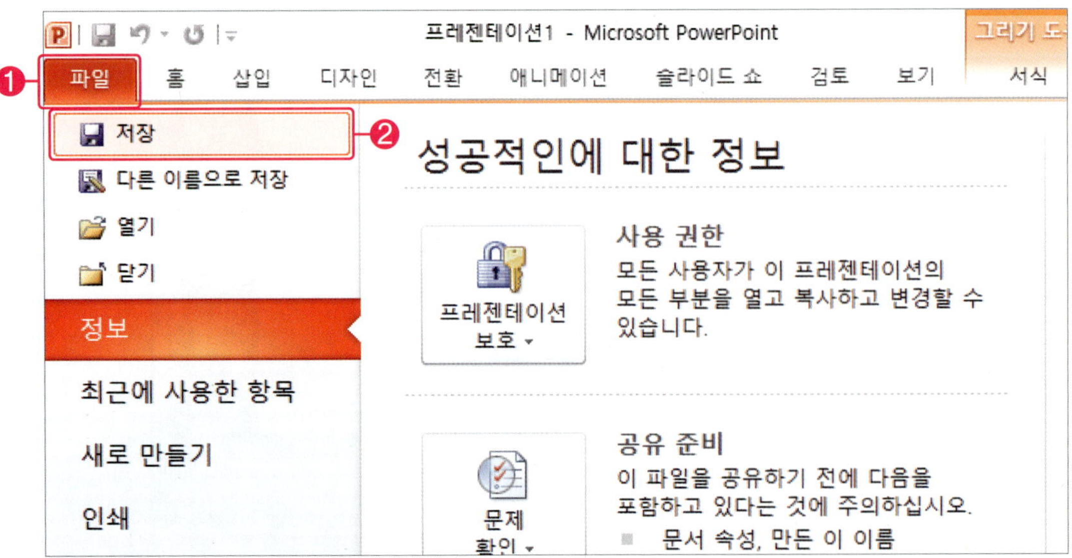

02 [다른 이름으로 저장] 대화상자가 나타나면 저장 위치([문서]-[*사용자이름*] 폴더)를 지정하고, 파일 이름을 '프레젠테이션의기술'로 입력한 후 [저장] 버튼을 클릭합니다.

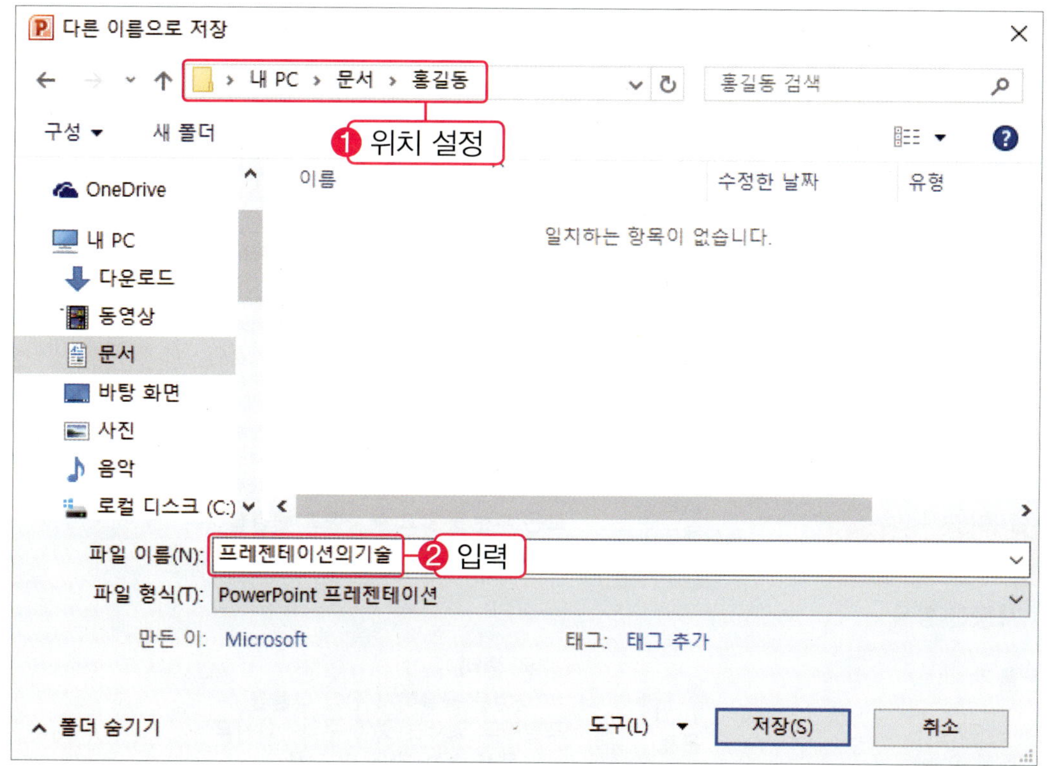

> **알아두기** 위 과정 이후에는 슬라이드를 수정하고 [저장(📄)]을 클릭하거나 [파일] 탭-[저장]을 선택해도 [다른 이름으로 저장] 대화상자가 나타나지 않습니다. 여기서 지정된 경로와 파일 이름으로 계속 덮어쓰기 됩니다.

03 제목 표시줄의 이름이 바뀐 것을 확인할 수 있습니다.

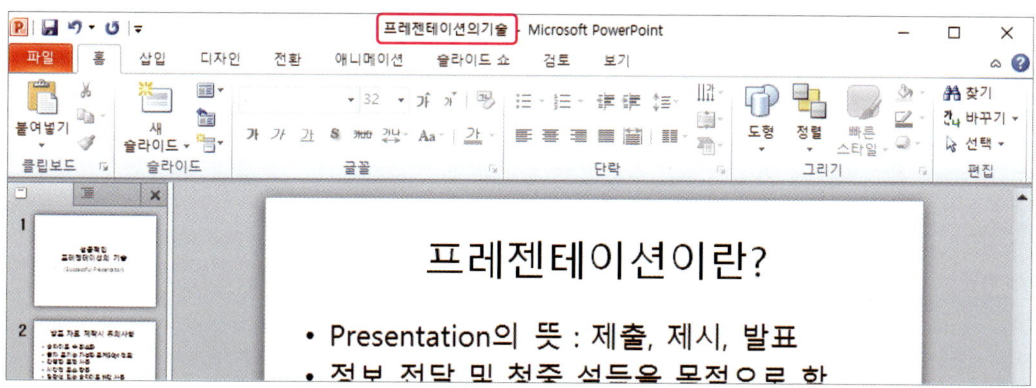

04 [파일] 탭-[끝내기]를 선택하여 프로그램을 종료합니다.

[파일] 탭–[열기]를 선택하거나 Ctrl + O 키를 눌러 저장해 놓은 파일을 가져옵니다. 저장되어 있는 폴더에서 직접 더블 클릭하여 불러올 수도 있습니다. 여기서는 [파일] 탭을 이용한 방법으로 살펴봅니다.

01 파워포인트를 실행합니다. [파일] 탭–[열기]를 선택합니다.

02 [열기] 대화상자가 나타나면 저장된 위치([문서]–[사용자이름] 폴더)를 지정하고, '프레젠테이션의기술'을 선택한 후 [열기] 버튼을 클릭합니다.

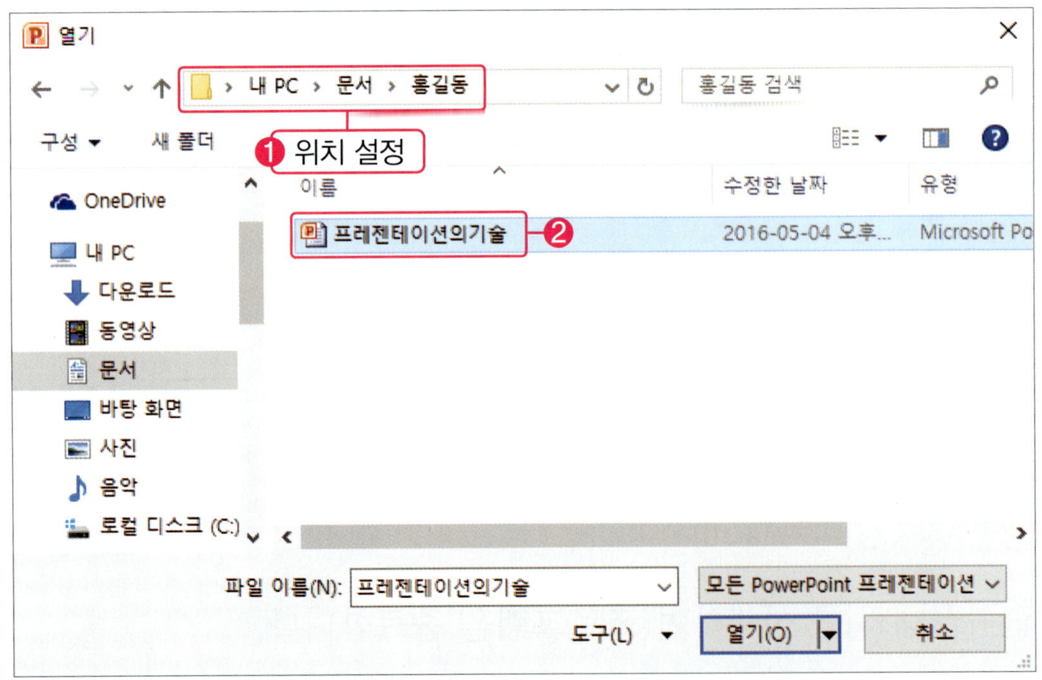

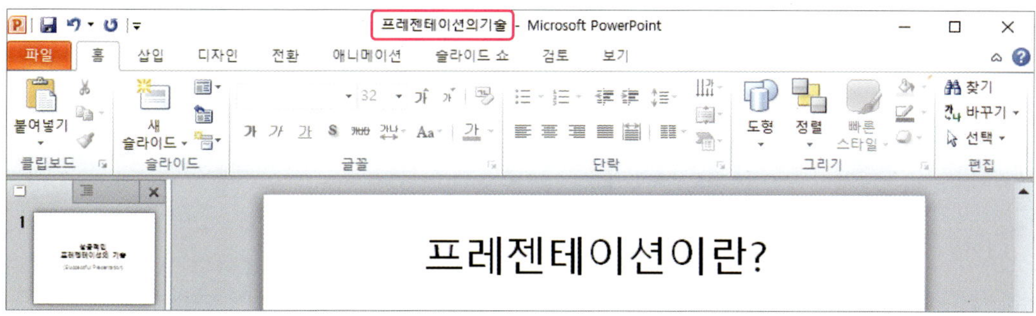

03 선택한 파일이 열린 것을 확인합니다.

06 슬라이드 다루기

삽입된 슬라이드의 이동, 복사, 삭제 등은 기본 보기(▦)의 왼쪽 슬라이드 탭 창이나 여러 슬라이드 보기(▦)의 슬라이드 축소판 이미지를 이용하여 작업합니다. 여기서는 여러 슬라이드 보기(▦) 상태의 모습으로 살펴보도록 하겠습니다.

💬 슬라이드 선택하기

◎ 예제파일 : 프레젠테이션의기술.pptx

■ 선택 슬라이드 변경하기

현재 선택된 슬라이드는 노란색 테두리로 표시됩니다. 마우스로 클릭하거나 방향키를 이용하여 현재 선택된 슬라이드를 변경할 수 있습니다.

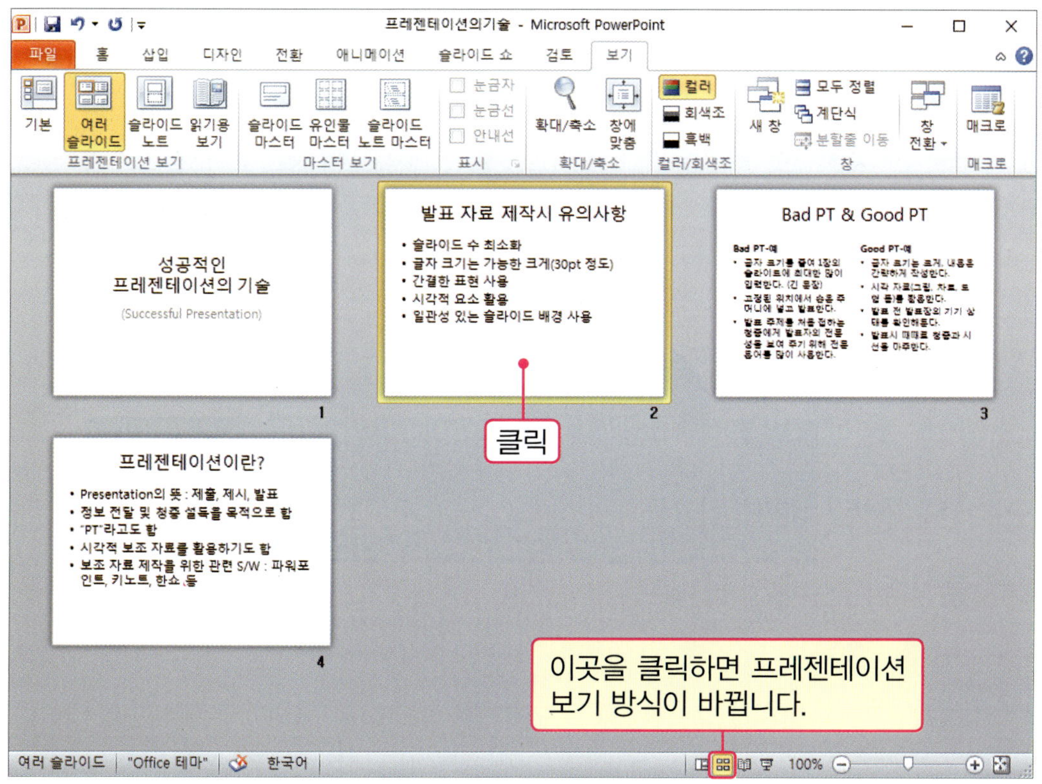

■ 연속된 여러 개의 슬라이드 선택하기

시작 위치의 슬라이드를 선택한 후 Shift 키를 누른 채 끝 위치의 슬라이드를 선택합니다.

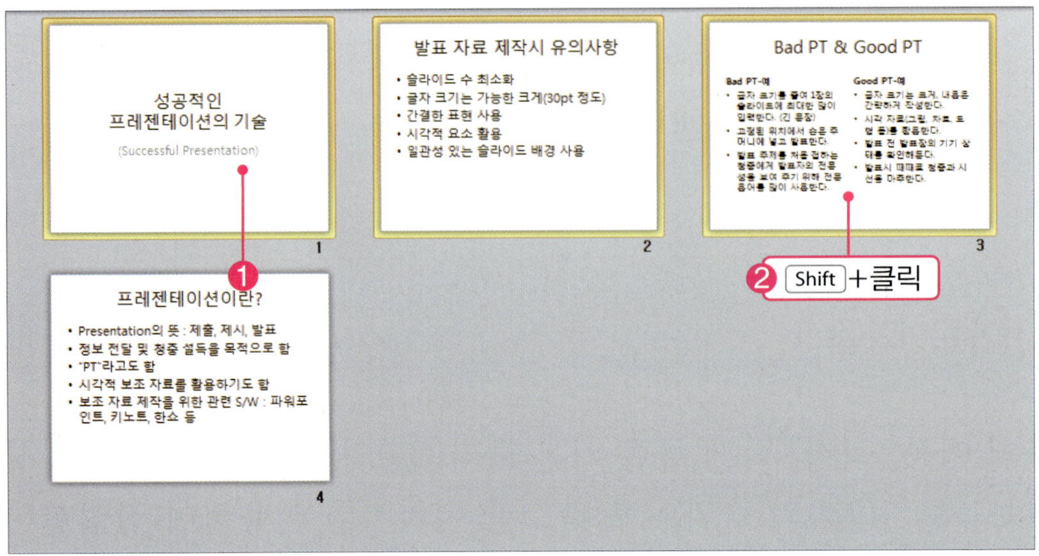

■ 떨어져 있는 여러 개의 슬라이드 선택하기

선택할 슬라이드 중 하나를 선택한 후, Ctrl 키를 누른 채 선택할 다른 슬라이드를 클릭합니다. 순서는 상관 없습니다.

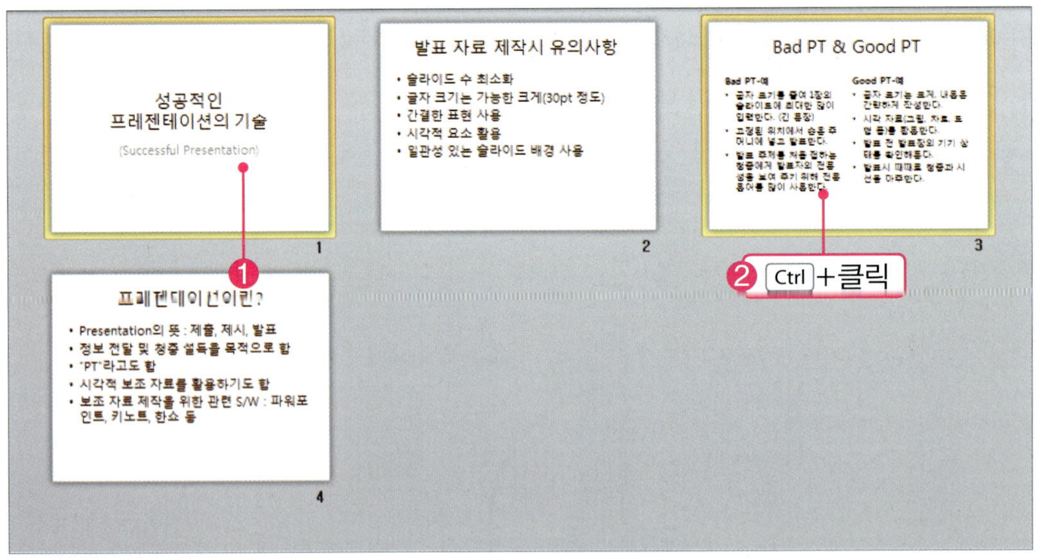

■ 여러 개의 슬라이드 선택 해제하기

임의의 슬라이드를 클릭하면 해제됩니다.

01 여러 슬라이드 보기에서 4번 슬라이드를 선택합니다. 1번과 2번 슬라이드 사이로 드래그합니다.

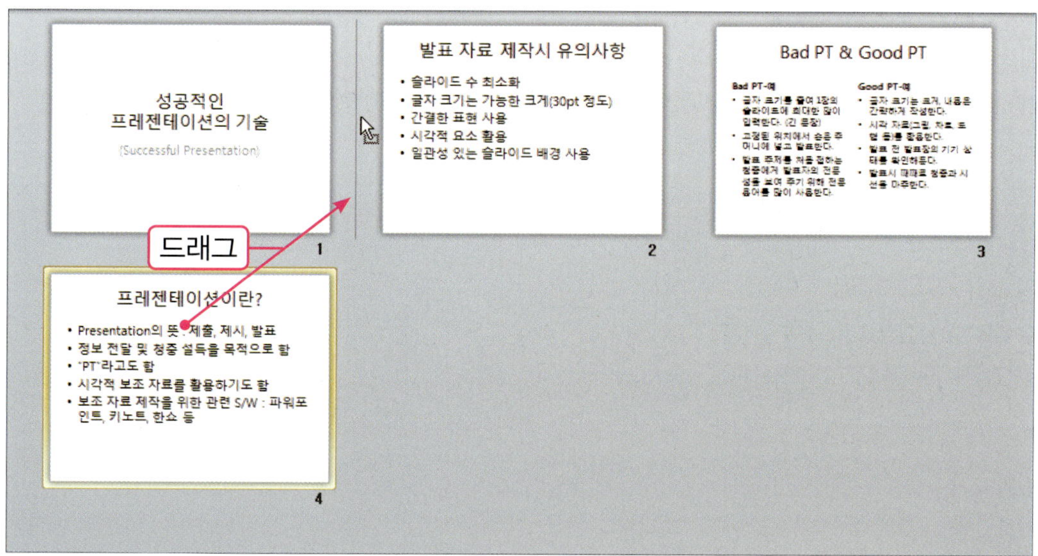

02 4번 슬라이드가 2번으로 바뀐 것을 확인할 수 있습니다.

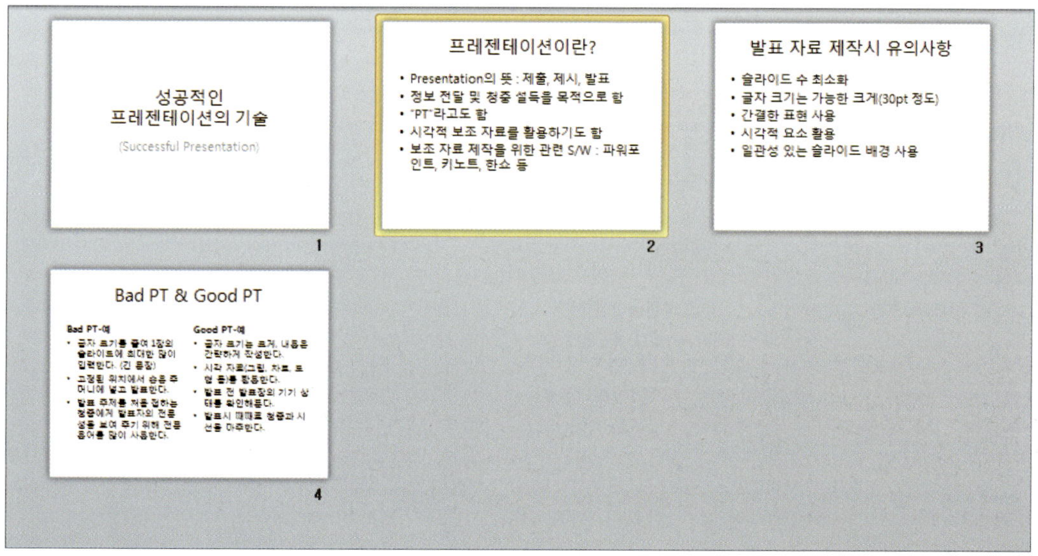

알아두기 **슬라이드를 이동하는 또 다른 방법**
- **방법-1** : [홈] 탭−[클립보드] 그룹−[잘라내기(✂)], [붙여넣기(📋)]
- **방법-2** : 바로 가기 메뉴의 [잘라내기], [붙여넣기]
- **방법-3** : Ctrl + X , Ctrl + V

01 2번 슬라이드를 `Ctrl` 키를 누른 채 4번 슬라이드 뒤쪽으로 드래그합니다.

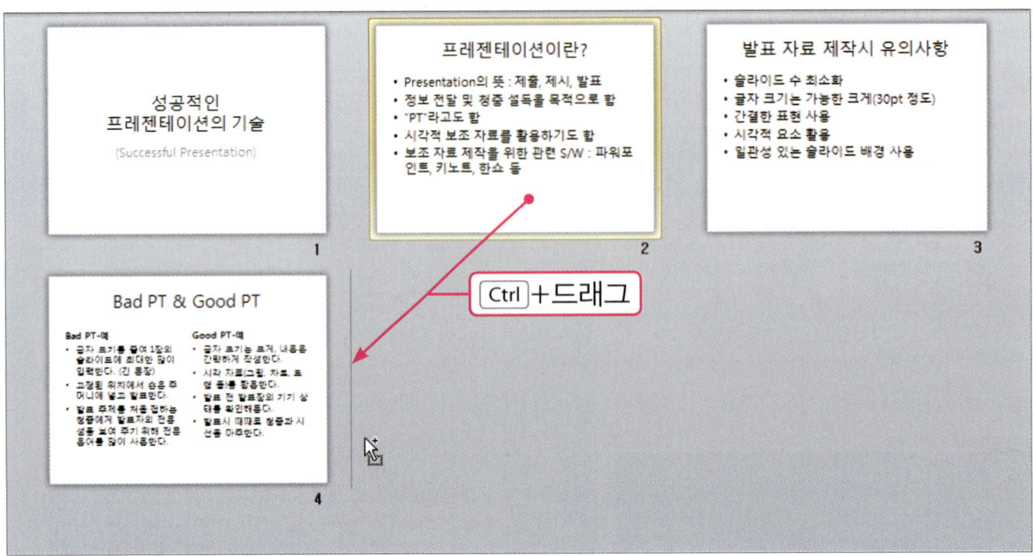

02 5번 슬라이드에 2번 슬라이드와 동일한 슬라이드가 생성된 것을 확인할 수 있습니다.

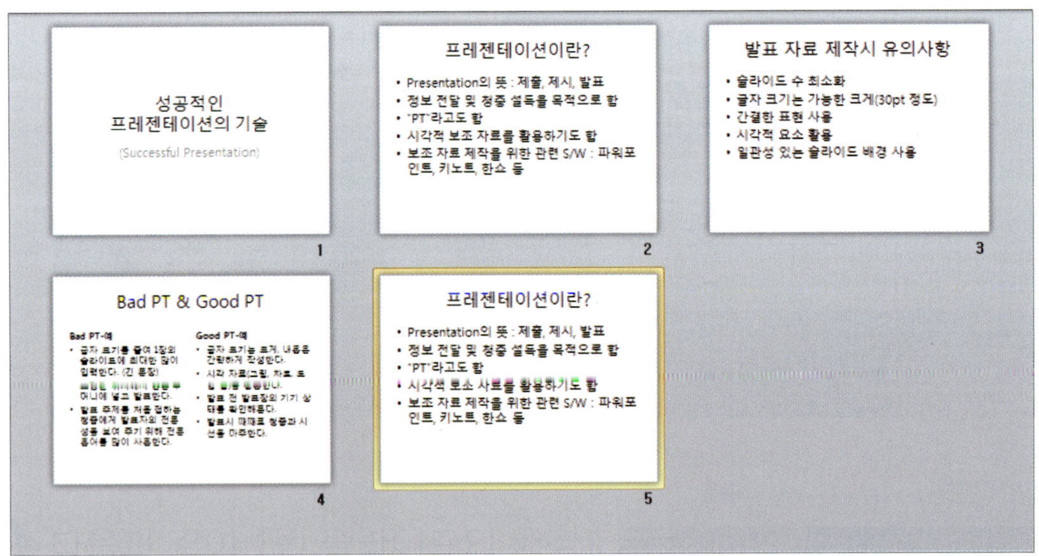

알아두기 **슬라이드를 복사하는 또 다른 방법**
- **방법-1** : [홈] 탭-[클립보드] 그룹-[복사( )], [붙여넣기( )]
- **방법-2** : 바로 가기 메뉴의 [복사], [붙여넣기]
- **방법-3** : `Ctrl`+`C`, `Ctrl`+`V`

슬라이드 삭제하기

01 삭제하고 싶은 슬라이드를 선택한 후 마우스 오른쪽 버튼을 클릭해 바로 가기 메뉴 중 [슬라이드 삭제]를 선택하거나 ⌞Delete⌝ 키를 누릅니다.

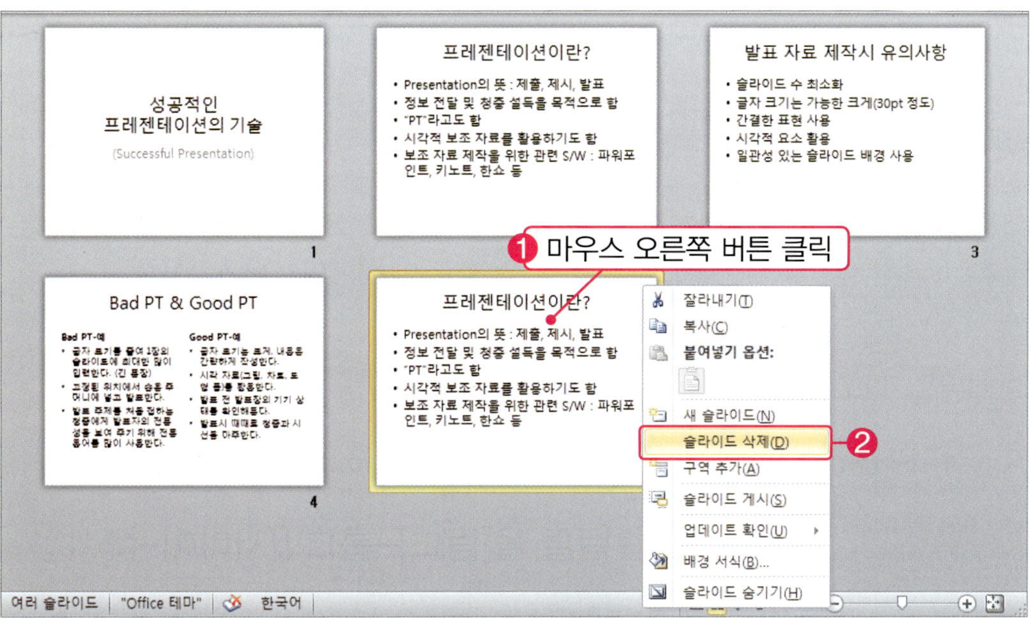

02 선택한 슬라이드가 삭제된 것을 확인합니다.

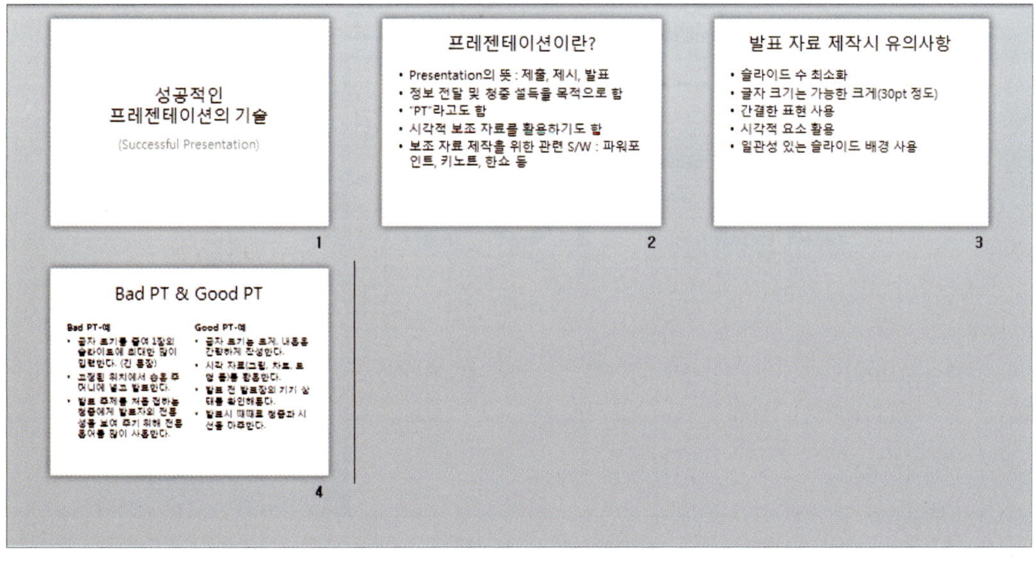

03 빠른 실행 도구 모음의 [저장(🖫)]을 클릭합니다.

다른 이름으로 저장하기

수정한 파일을 원본에 덮어쓰기 하지 않고 따로 보관하고 싶은 경우에는 [파일] 탭–[다른 이름으로 저장]을 선택합니다. [다른 이름으로 저장] 대화상자가 나타나 저장 경로 또는 파일 이름을 변경하여 새롭게 저장할 수 있습니다.

슬라이드 복제

슬라이드를 선택한 후, 왼쪽 슬라이드 탭 창에서 바로 가기 메뉴 중 [슬라이드 복제]를 선택하면 같은 슬라이드가 바로 생성됩니다. 붙여넣을 위치를 지정하지 않습니다.

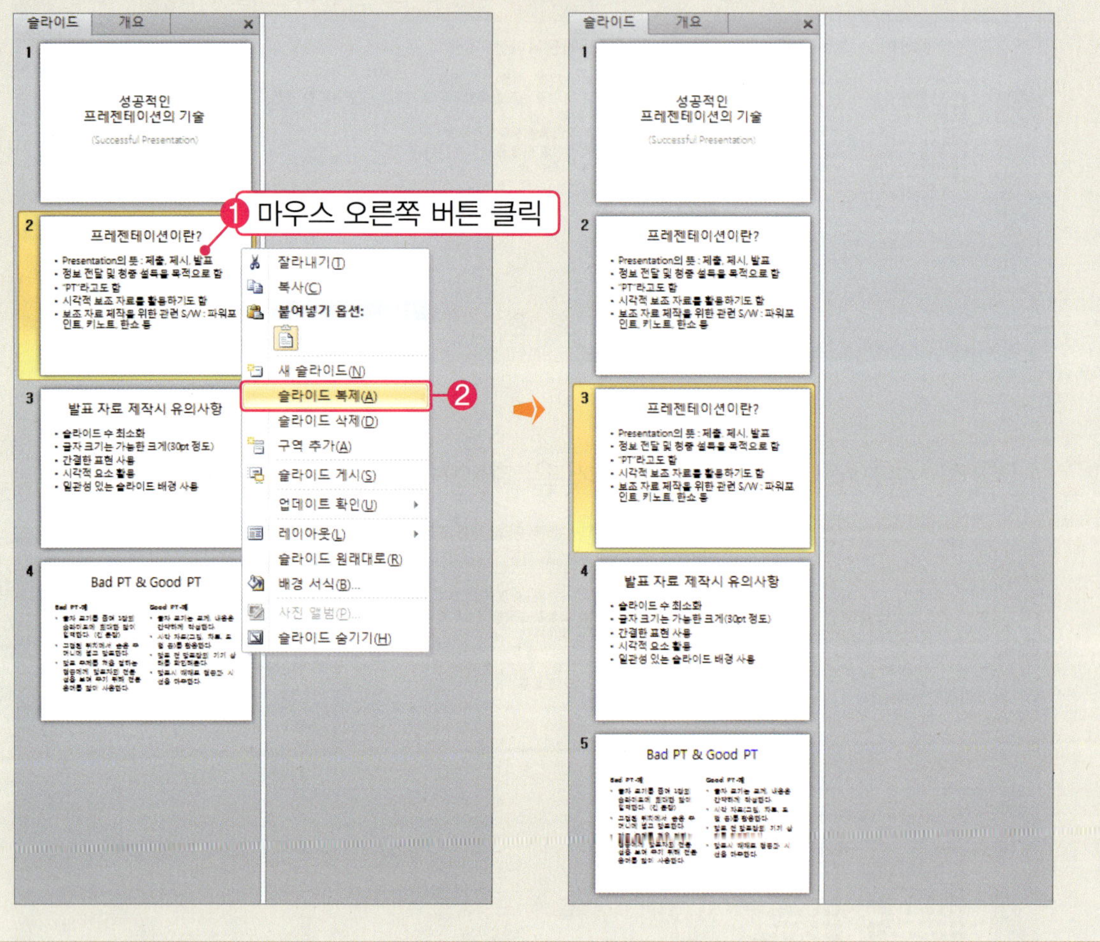

활용마당

◎ 예제파일 : 프레젠테이션의기술.pptx

1 '프레젠테이션의기술.pptx' 파일을 불러와 다음과 같은 내용의 슬라이드를 추가해 봅니다.

발표자 유의사항

- 웃는 표정을 짓는다.
- 시선은 청중과 마주한다.
- 복장은 단정하게 한다.
- 목소리는 힘 있고 명확하게 한다.
- 청중에게 등을 보이지 않는다.
- 손은 앞 또는 뒤로 맞잡지 않도록 한다.
- 불쾌한 감정을 노출하지 않는다.
- 발표 전 리허설을 충분히 한다.

---

2 다음과 같이 슬라이드의 위치를 조정한 후, '프레젠테이션의기술-2.pptx' 파일로 저장해 봅니다.

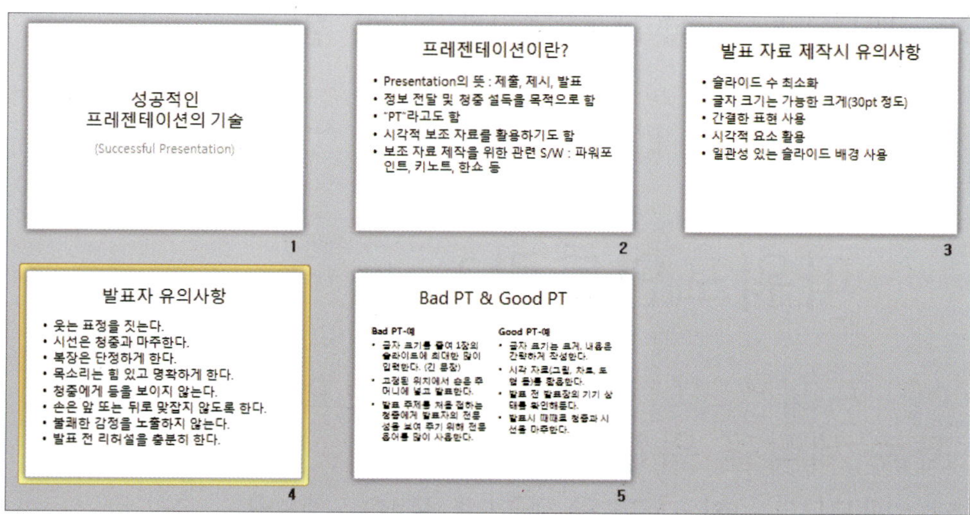

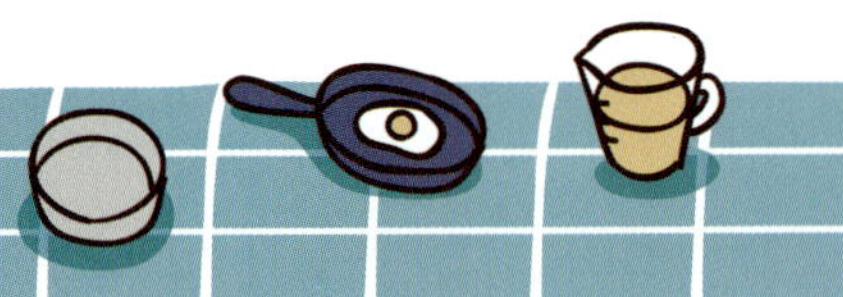

'블록'은 편집(서식 변경, 삭제, 복사, 이동 등)을 하기 위해 문서의 일부분을 범위로 설정하는 것을 말합니다.

◎ 예제파일 : 파워포인트.pptx

범위를 설정할 시작 위치로 마우스 포인터를 이동한 후, 마우스 포인터의 모습이 Ⅰ일 때 설정할 범위까지 드래그합니다.

💬 더블 클릭하여 선택하기

마우스 포인터의 모습이 Ⅰ일 때 더블 클릭하면 더블 클릭한 지점의 어절(띄어쓰기 구분)을 선택합니다.

파워포인트란?

- 효과적인 프레젠테이션을 위한 정보의 시청각 자료 제작을 위한 소프트웨어
- 설명회, 세미나, 화상교육 등에 많이 활용되고 있음

💬 3번 클릭하여 선택하기

마우스 포인터의 모습이 Ⅰ일 때 3번 클릭하면 한 단락 단위로 선택합니다.

파워포인트란?

- 효과적인 프레젠테이션을 위한 정보의 시청각 자료 제작을 위한 소프트웨어
- 설명회, 세미나, 화상교육 등에 많이 활용되고 있음

> **알아두기** **모두 선택**
>
> 텍스트 상자 안을 클릭한 후, Ctrl+A 키를 누르면 텍스트 상자 안의 모든 텍스트(글자)가 선택됩니다.

💬 블록 설정 해제하기

Esc 키를 누르거나 임의의 위치를 클릭하면 블록 설정이 취소됩니다.

◎ 예제파일 : 감동파워포인트.pptx

01 파워포인트를 실행한 후, [파일] 탭–[열기]를 선택해 '감동파워포인트.pptx' 파일을 불러옵니다.

02 1번 슬라이드의 제목 텍스트 상자로 마우스 포인터를 이동합니다. 마우스 포인터의 모습이 I 모양으로 바뀌면 드래그하여 텍스트 중 '감동'을 블록으로 설정합니다.

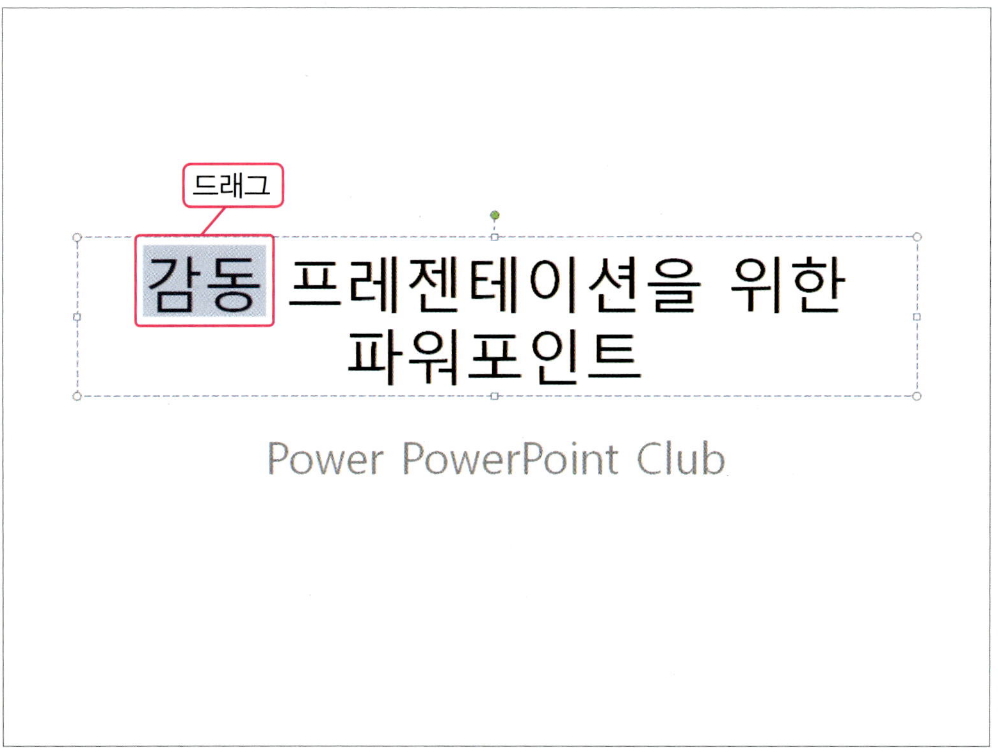

03 [한자] 키를 눌러 [한글/한자 변환] 대화상자가 나타나면 한자와 입력 형태를 설정한 후 [변환] 버튼을 클릭합니다.

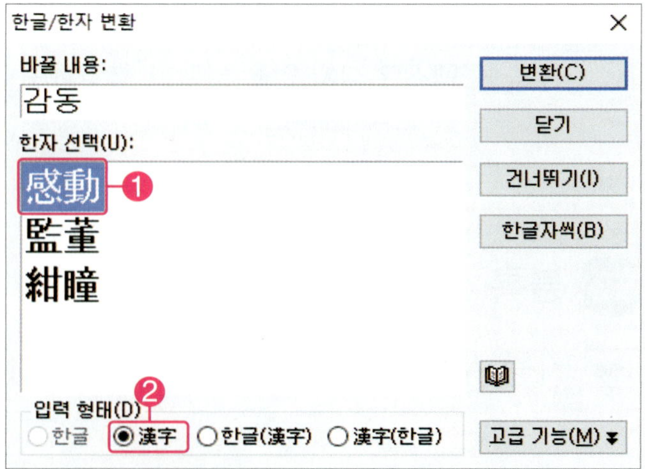

알아두기 한자 변환을 위한 또 다른 방법
[검토] 탭–[언어] 그룹–[한글/한자 변환]을 클릭해도 됩니다.

[한자 보기(📖)]를 클릭하면 [한자 사전] 대화상자가 나타납니다. 한자의 음과 뜻을 확인할 수 있습니다.

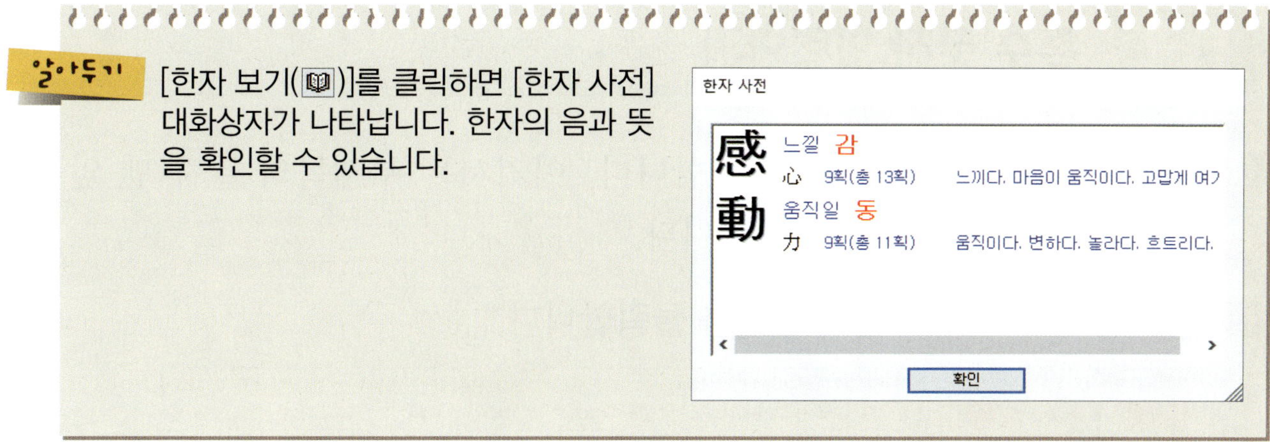

04 선택된 글자가 한자로 바뀐 것을 확인할 수 있습니다.

한자를 한글로 되돌리기

한자로 변환된 글자에 커서를 위치시키거나 블록으로 설정한 후 [한자] 키를 누르면 [한글/한자 변환] 대화상자가 나타나며 변환될 한글 목록을 표시합니다.

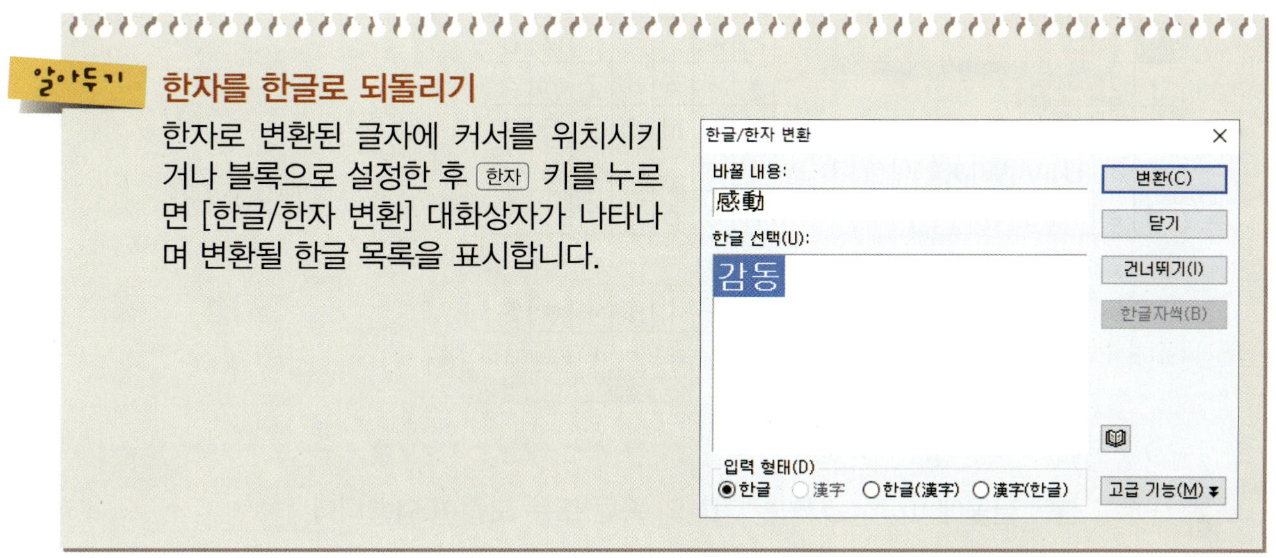

01 특수 문자를 입력할 곳을 클릭합니다. 여기서는 부제목의 글자 맨 앞을 클릭하여 커서의 위치를 이동합니다.

02 [삽입] 탭–[기호] 그룹–[기호]를 클릭합니다.

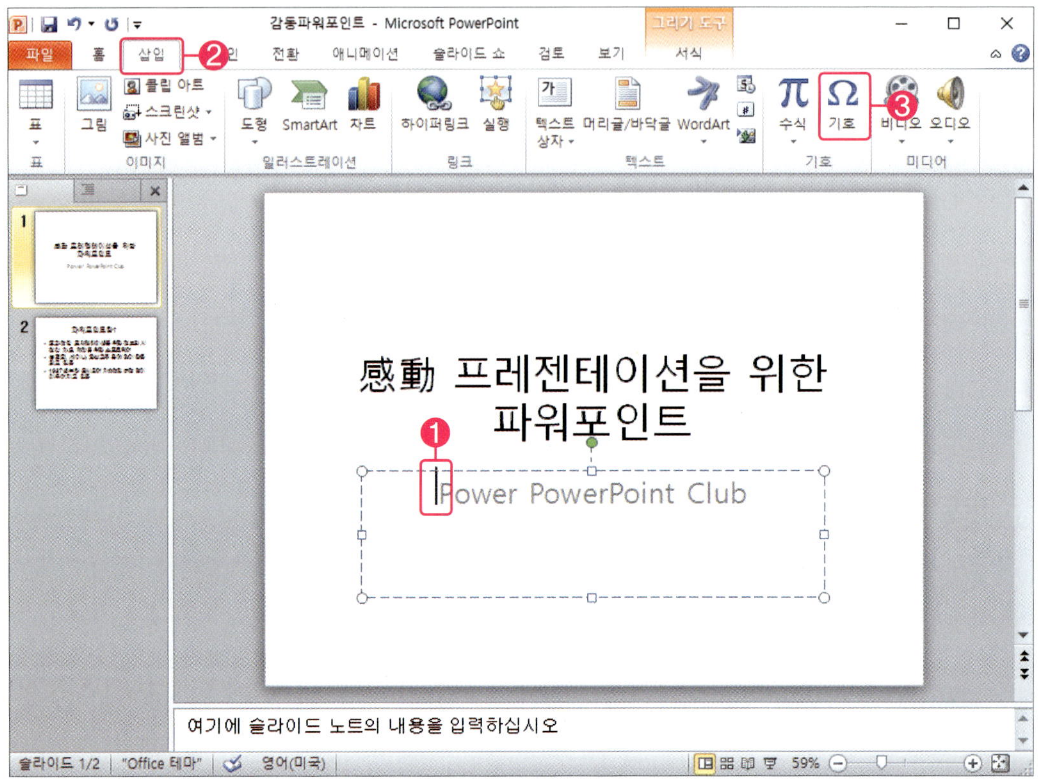

03 [기호] 대화상자가 나타나면 [글꼴]에서 'Wingdings'를 선택합니다.

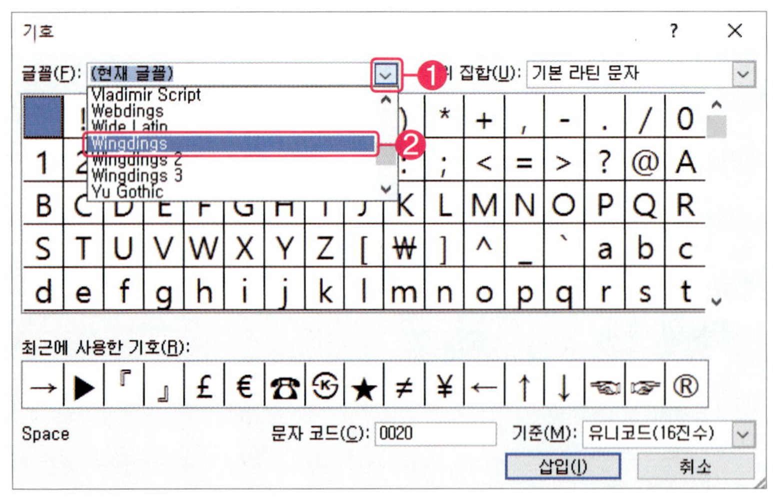

알아두기 선택 글꼴에 따라 표시되는 기호의 종류 또는 모습이 다릅니다.

04 나타나는 기호 목록이 바뀌면 **기호를 선택**한 후 **[삽입]** 버튼을 클릭합니다.
더 이상 삽입하지 않으면 **[닫기]** 버튼을 클릭합니다.

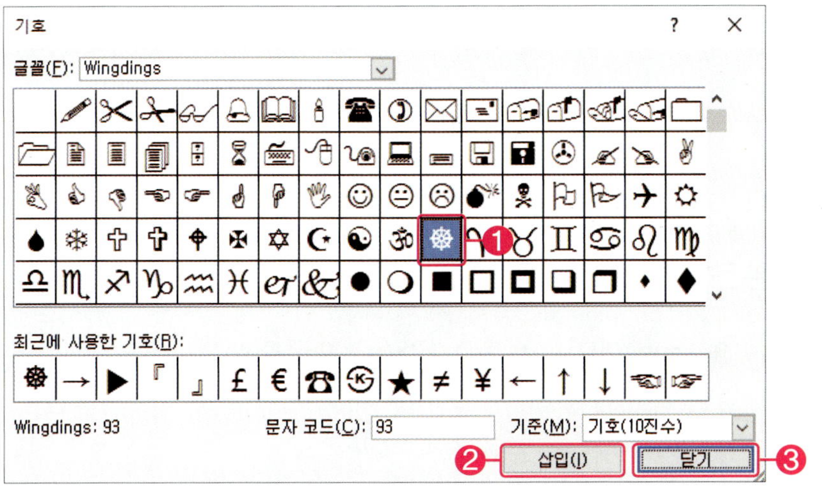

05 슬라이드에 선택한 기호가 삽입된 것을 확인할 수 있습니다.

알아두기 자음(ㄱ, ㄴ, ㄷ, ㄹ, …ㅎ)을 입력한 후 [한자] 키를 눌러 기호를 삽입할 수도 있습니다. 각 자음마다 다른 기호 목록을 제공합니다.

[글꼴] 그룹 살펴보기

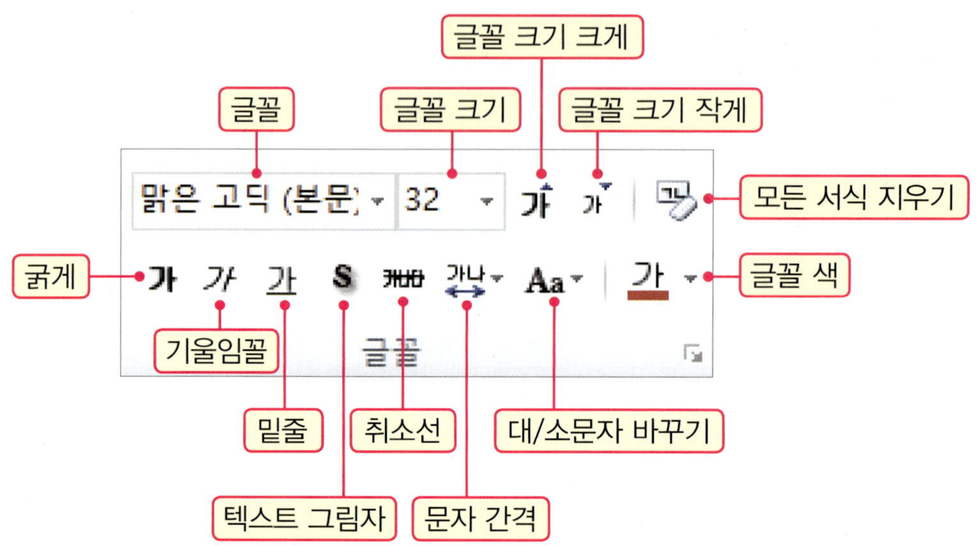

글꼴 변경하기

01 제목 텍스트 상자로 마우스 포인터를 이동한 후, 마우스 포인터의 모습이 I 모양으로 나타나면 드래그하여 제목 텍스트를 모두 선택합니다.

02 [홈] 탭–[글꼴] 그룹–[글꼴(맑은 고딕 (제목))]의 ⏷을 클릭하여 [궁서체]를 선택합니다.

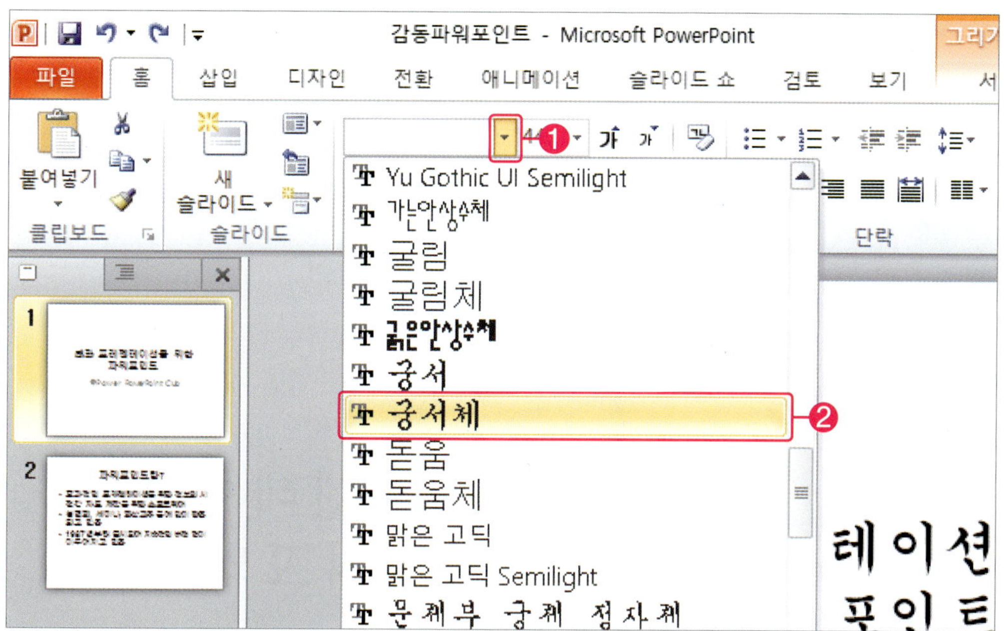

💬 글자 크기 변경하기

01 이번에는 강조할 단어만 드래그하여 블록으로 설정합니다.

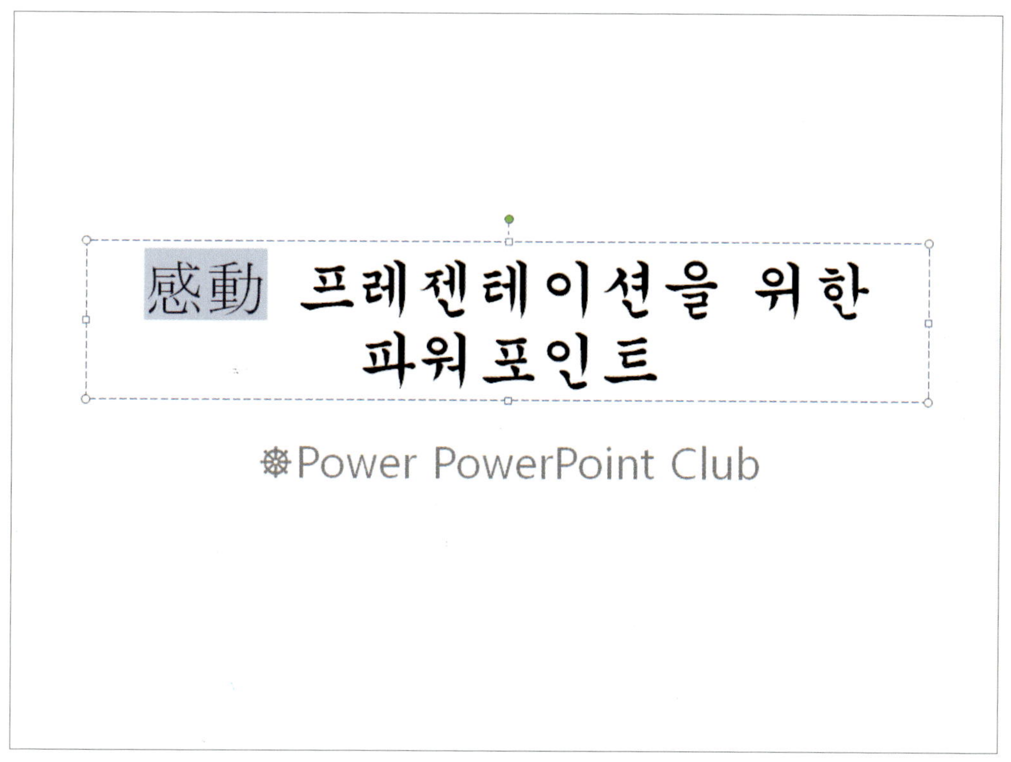

02 [홈] 탭–[글꼴] 그룹–[글꼴 크기(44 ▾)]의 ▾을 클릭하여 [54]를 선택합니다.

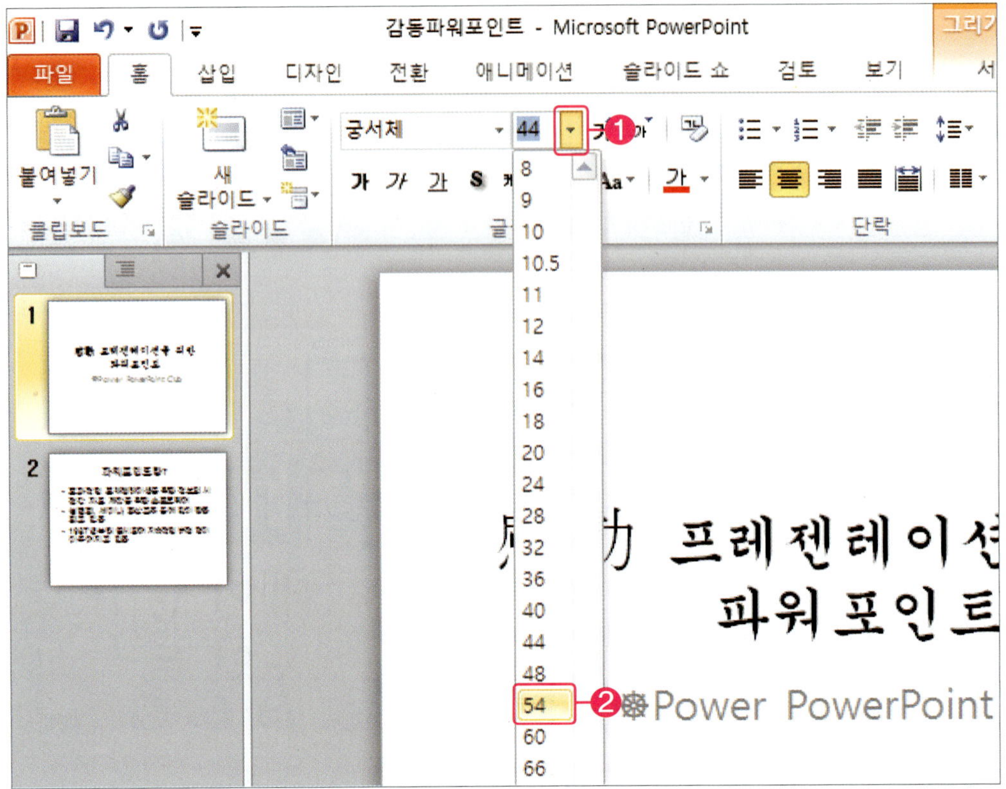

💬 글자 색 변경 및 굵게 강조하기

01 [홈] 탭–[글꼴] 그룹–[글꼴 색(가 ▾)]의 ▾을 클릭하여 [빨강, 강조2]를 선택합니다. 선택한 텍스트의 색상이 변경된 것을 확인합니다.

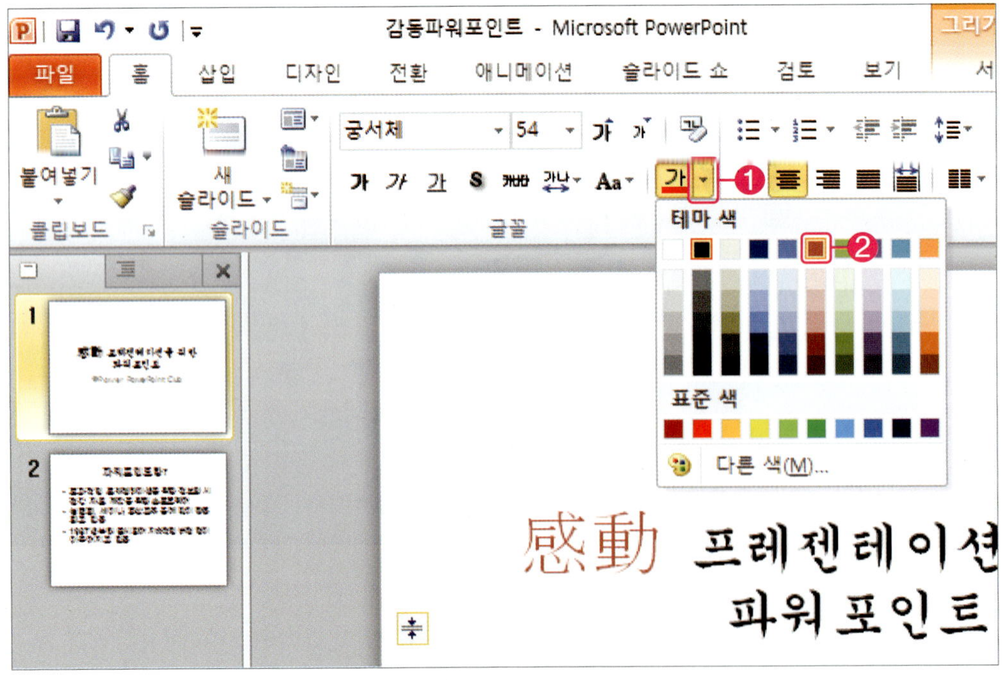

제공되는 색상 목록 외의 색상 고르기

[홈] 탭–[글꼴] 그룹–[글꼴 색(⬚▾)]의 ▾을 클릭한 후 [다른 색]을 선택합니다. [색] 대화
상자가 나타나면 [표준] 탭 또는 [사용자 지정] 탭을 활용하여 원하는 색상을 설정합니다.

02 [홈] 탭–[글꼴] 그룹–[굵게(**가**)]를 클릭합니다. 선택한 텍스트가 조금 진하
게 표현된 것을 확인합니다.

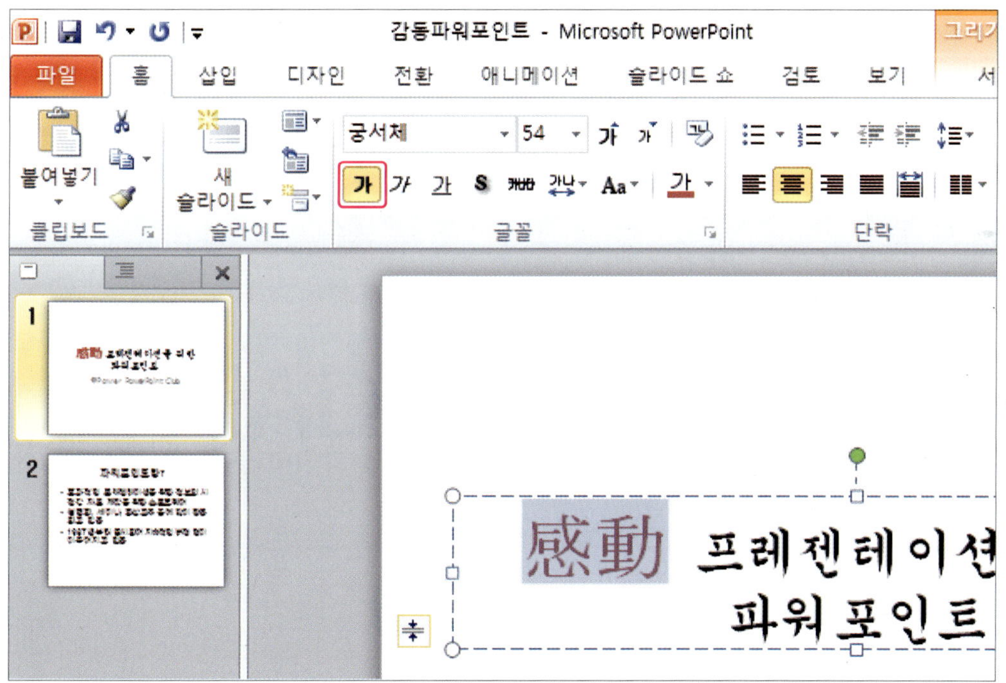

텍스트 서식 지우기

[홈] 탭–[글꼴] 그룹–[모든 서식 지우기(⬚)]를 클릭하면 선택한 텍스트에 적용된 속성
이 해제됩니다.

[글꼴] 대화상자에서는 리본 메뉴의 [글꼴] 그룹에서 제공하는 기능보다 더 많은 서식관련 기능을 제공합니다.

01 부제목 텍스트 상자의 가장자리를 클릭한 후, [홈] 탭-[글꼴] 그룹의 ⬜를 클릭합니다.

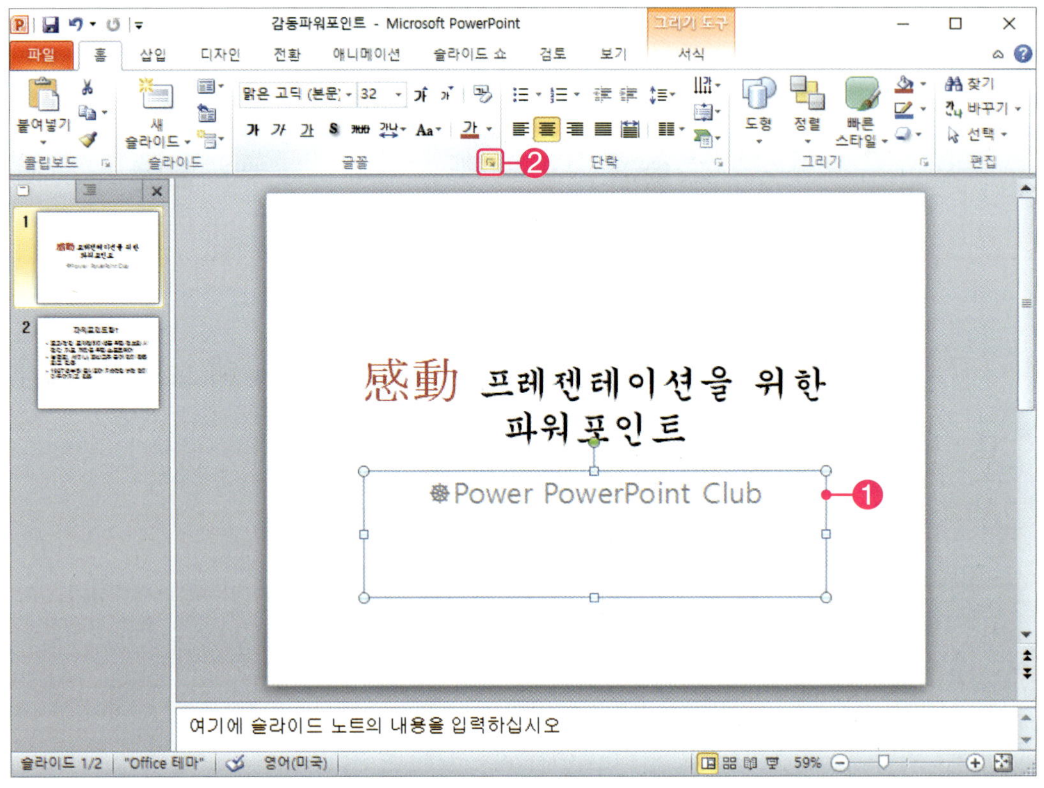

알아두기 | **대화상자 호출하기**

리본 메뉴에서 그룹명의 오른쪽에 표시되어 있는 ⬜를 클릭하면 각 그룹에 해당하는 대화상자가 나타납니다.

알아두기 | **텍스트 모두 선택**

파워포인트에서는 글자를 입력하려면 텍스트 상자를 이용해야 합니다. 텍스트 상자에 입력된 모든 텍스트의 서식을 변경하려면 텍스트 상자 안쪽을 클릭한 후 Ctrl + A 키를 누르거나 전체를 드래그해도 되지만, 위와 같이 텍스트 상자를 클릭하여 선택한 후 지정하는 것도 한 방법입니다.

02 [글꼴] 대화상자가 나타나면 [한글 글꼴]을 '돋움체', [글꼴 스타일]을 '굵은 기울임꼴', [크기]는 '20', [글꼴 색]은 '자주, 강조4'로 설정하고 [효과]에서 '소문자를 작은 대문자로'에 체크한 후 [확인] 버튼을 클릭합니다.

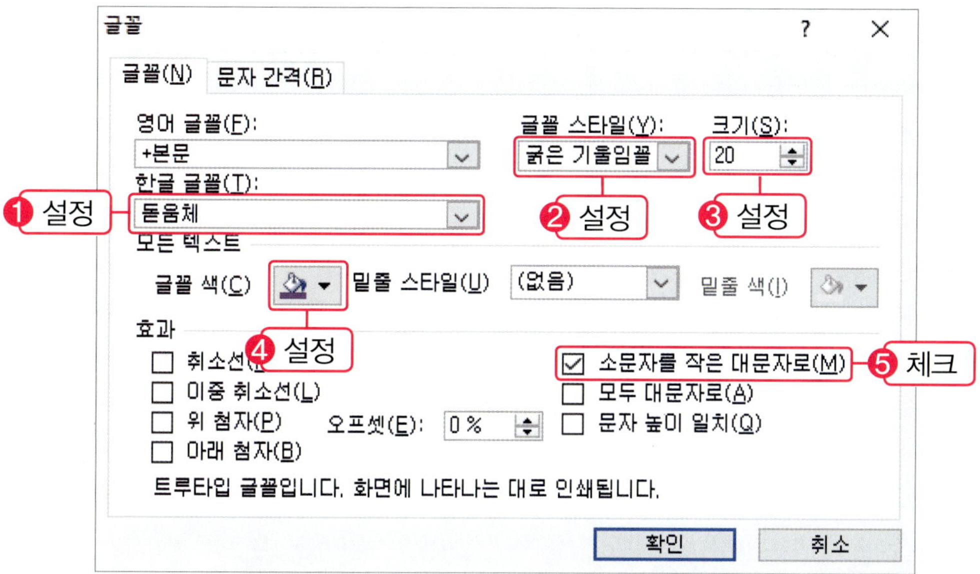

03 부제목 텍스트 상자의 텍스트 서식이 변경된 것을 확인합니다.

같은 서식을 여러 곳에서 사용해야 하는 경우 '서식 복사' 기능을 활용하면 빠르게 적용할 수 있습니다. 텍스트 및 다른 개체(도형, 그림 등)에도 활용되는 기능입니다.

01 복사할 서식이 적용되어 있는 텍스트를 클릭하거나 드래그합니다.

02 [홈] 탭-[클립보드] 그룹-[서식 복사( )]를 클릭합니다.

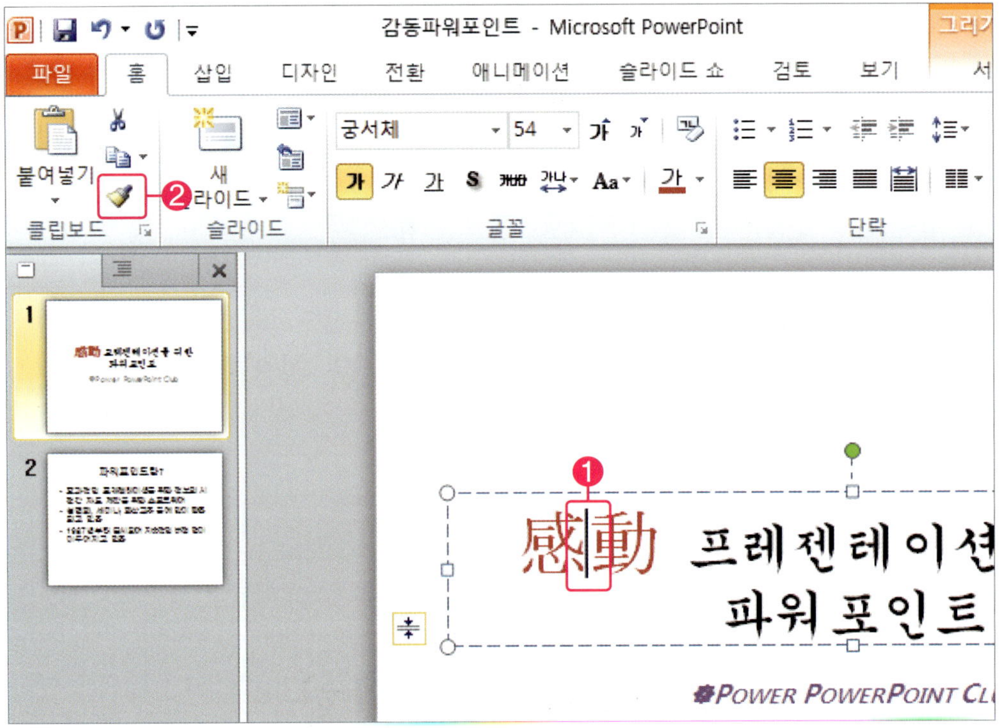

03 마우스 포인터의 모습이 ▲ 로 변경됩니다. 서식을 붙여넣기할 텍스트를 드래그합니다.

1 다음과 같은 내용의 슬라이드를 작성해 봅니다.

2 다음과 같이 슬라이드의 텍스트를 수정한 후, '미래전략.pptx' 파일로 저장해 봅니다.

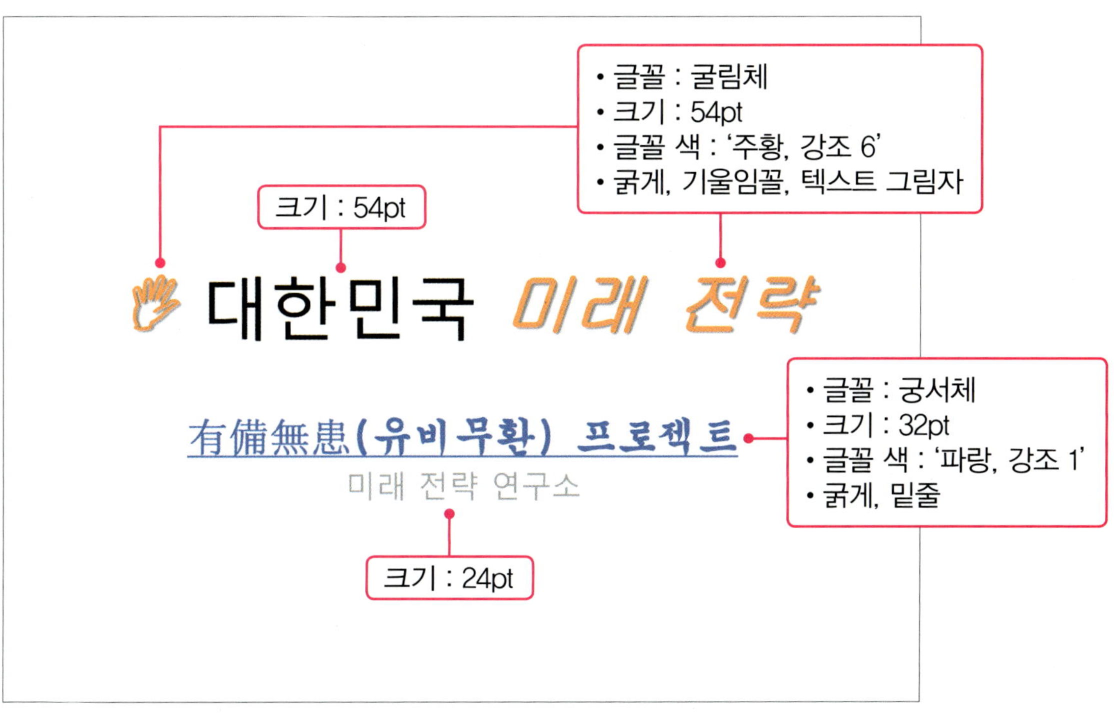

04 워드아트 삽입하기

워드아트는 텍스트에 장식이나 강조 효과를 주어 특별하게 만들어 줍니다.

01 파워포인트를 실행한 후, 빈 프레젠테이션 문서에서 1번 슬라이드의 제목 텍스트 상자와 부제목 텍스트 상자를 삭제합니다.

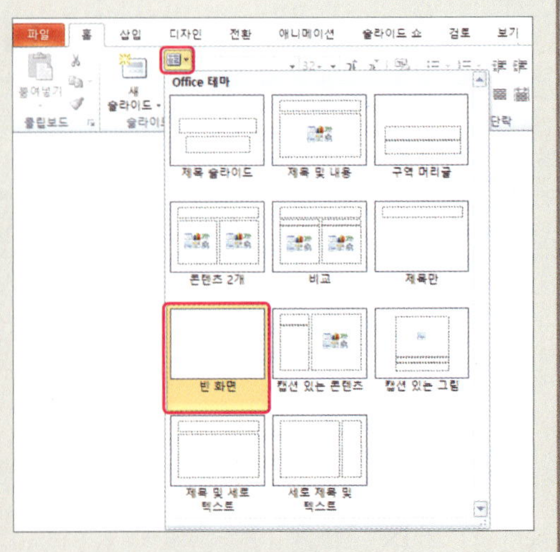

알아두기 레이아웃을 이용하여 '빈 화면' 레이아웃으로 변경해도 됩니다.

02 [삽입] 탭–[텍스트] 그룹–[WordArt]를 클릭합니다.

03 스타일 갤러리에서 [채우기–주황, 강조 6, 부드러운 무광택 입체(A)]를 선택합니다.

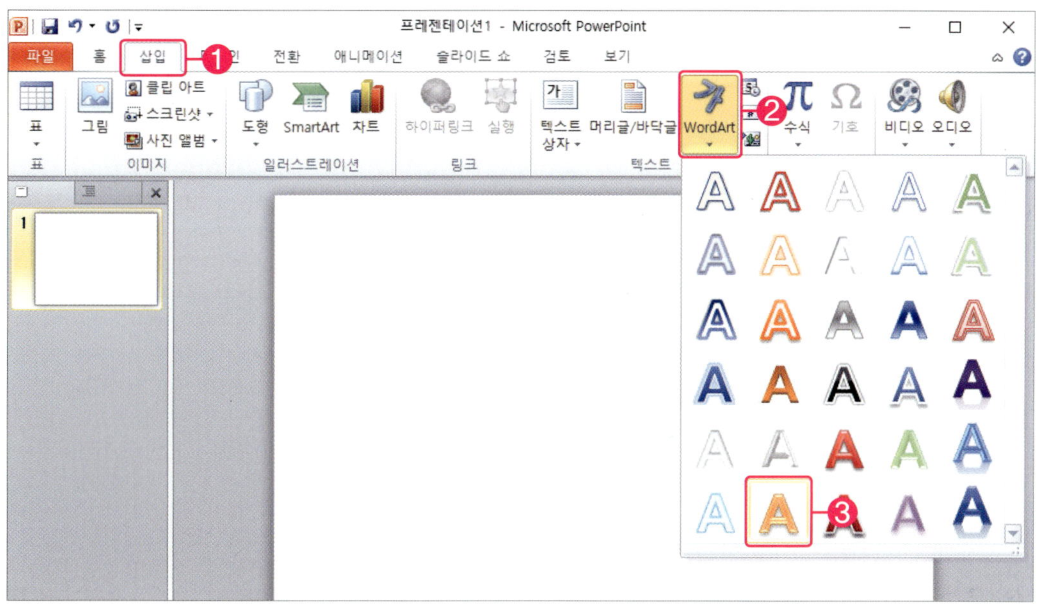

04 '필요한 내용을 적으십시오.'라고 입력되어 있는 워드아트가 삽입됩니다.

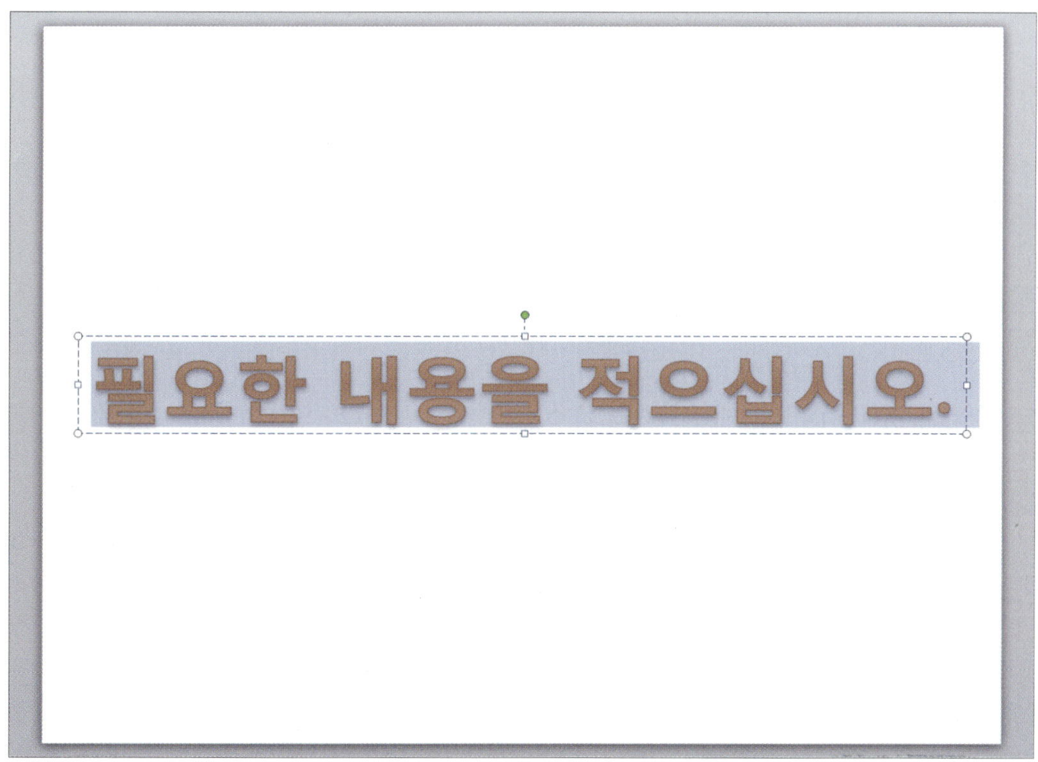

05 'Coffee & Bread'라고 입력한 후, 빈 공간을 클릭합니다.

06 삽입된 워드아트의 모습을 확인합니다.

02 워드아트 스타일 지우기

01 워드아트 개체의 틀(가장자리)이 보이지 않으므로 워드아트 개체가 포함되도록 드래그하여 워드아트를 선택합니다.

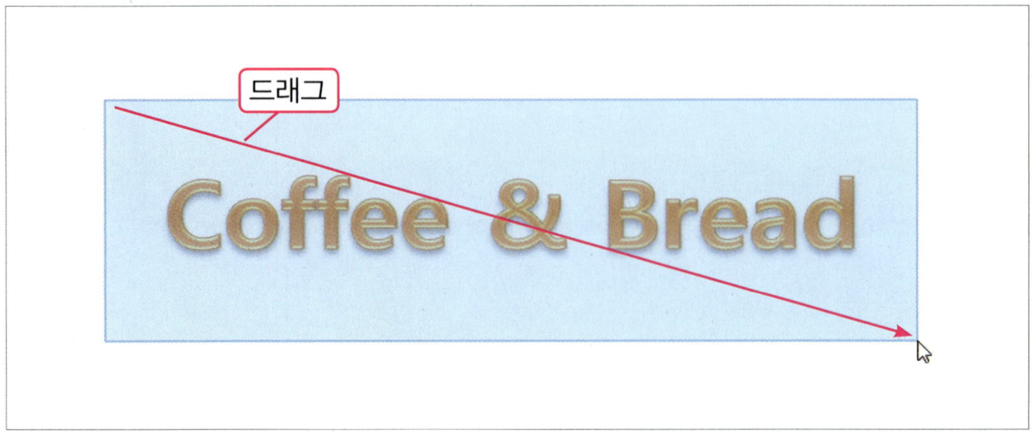

02 [그리기 도구]–[서식] 탭–[WordArt 스타일] 그룹–[빠른 스타일]을 클릭합니다. 나타난 스타일 갤러리에서 [WordArt 서식 지우기]를 선택합니다.

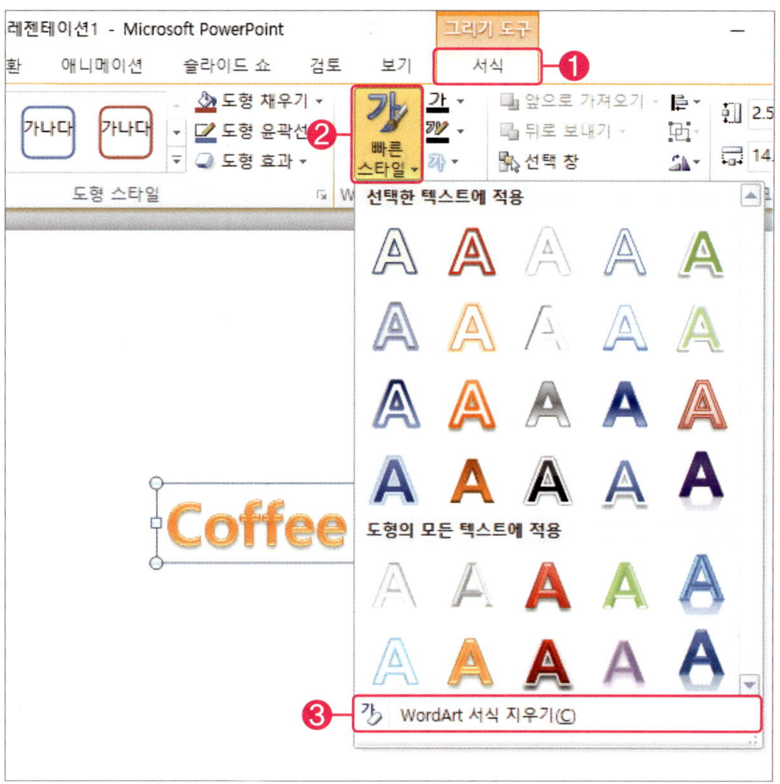

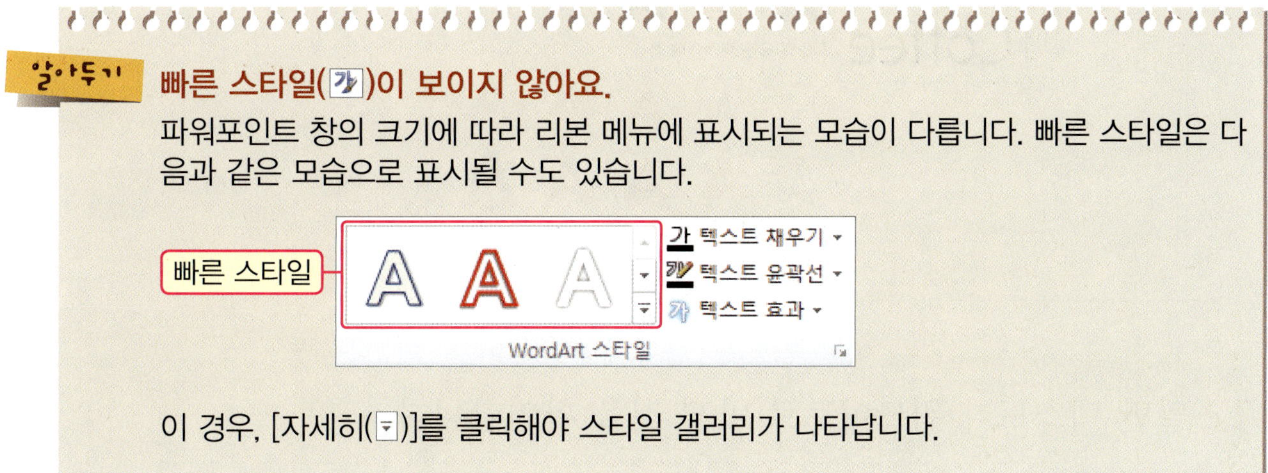

03 워드아트 개체가 일반 텍스트 개체로 바뀐 것을 확인합니다.

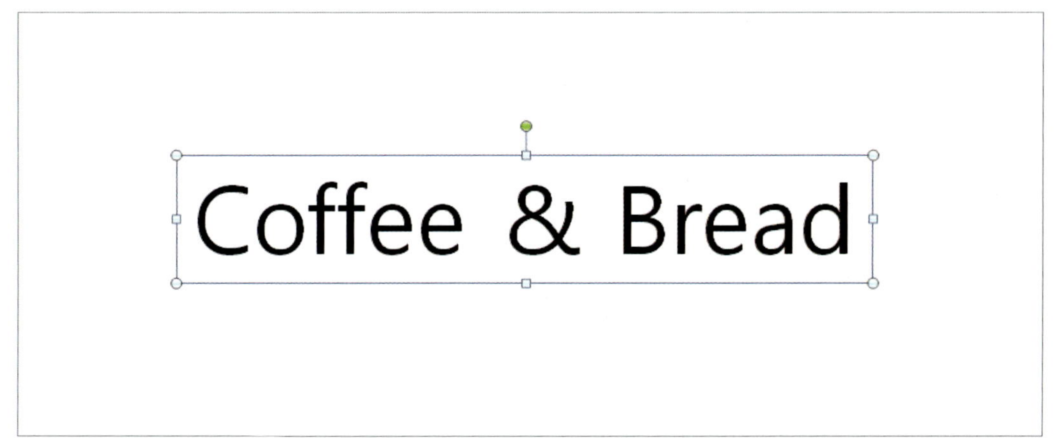

01 텍스트 개체가 선택된 상태로 [그리기 도구]–[서식] 탭–[WordArt 스타일] 그룹–[빠른 스타일]을 클릭합니다. 나타난 스타일 갤러리에서 [채우기–황록색, 강조 3, 윤곽선–텍스트 2(A)]를 선택합니다.

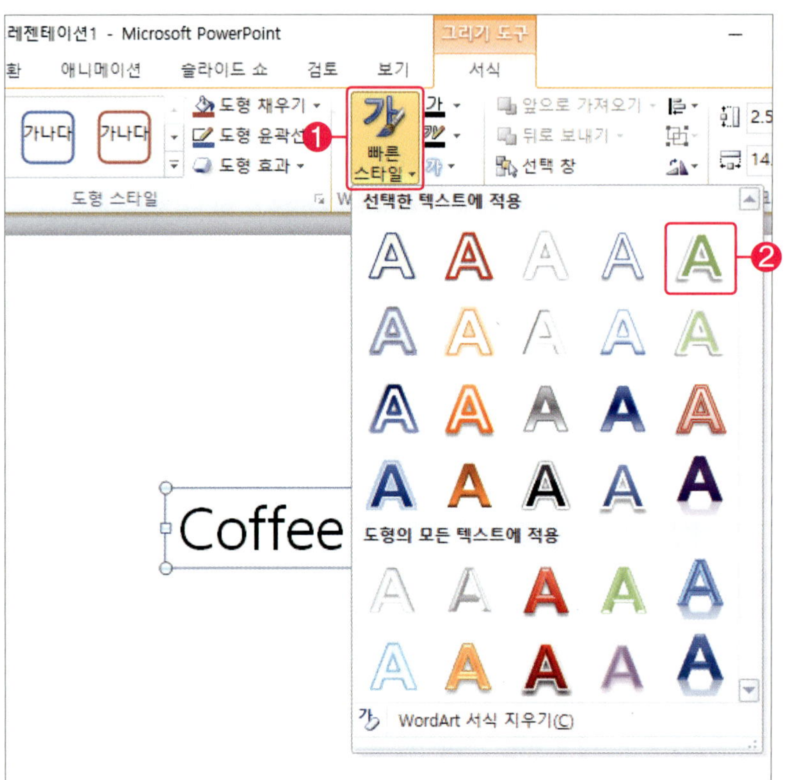

02 일반 텍스트가 워드아트로 바뀐 것을 확인합니다.

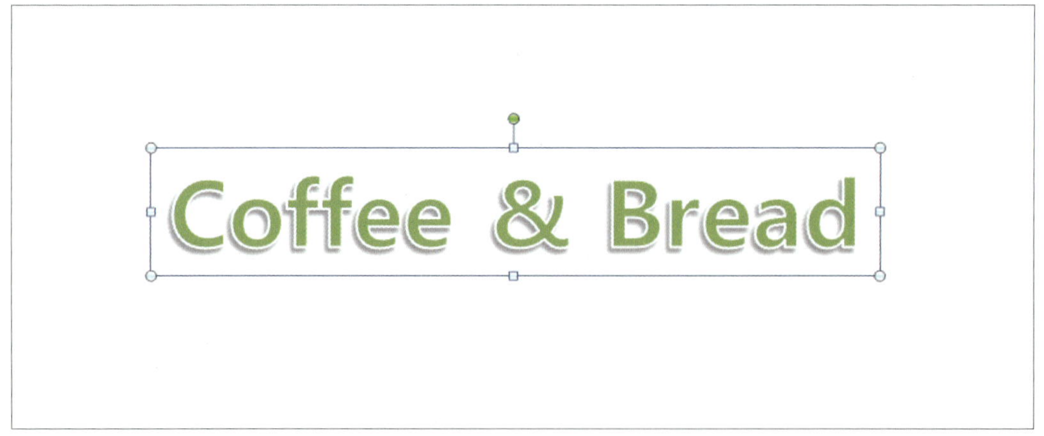

💬 빠른 스타일 활용하기-1 : 모든 텍스트에 적용

01 워드아트의 'C'자 부분을 드래그하여 선택합니다.

02 [그리기 도구]-[서식] 탭-[WordArt 스타일] 그룹-[빠른 스타일]을 클릭합니다. 나타난 스타일 갤러리에서 [도형의 모든 텍스트에 적용]의 [채우기-파랑, 강조 1, 무광택 입체, 반사(A)]를 선택합니다.

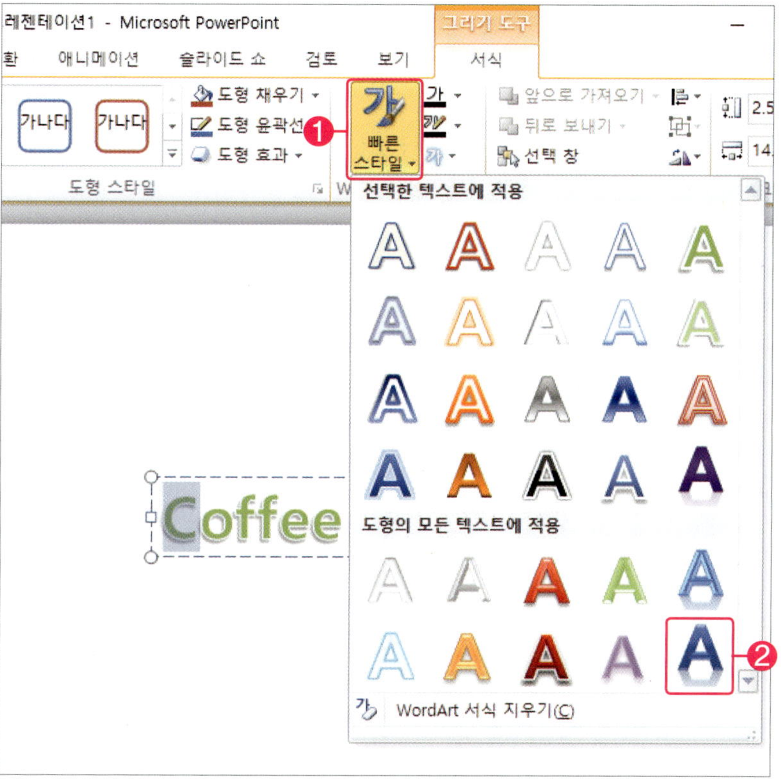

03 블록을 설정했지만 워드아트의 모든 텍스트의 모습이 변경된 것을 확인합니다.

빠른 스타일 활용하기-2 : 선택한 텍스트에만 적용

01 'C'만 선택된 상태에서 [그리기 도구]-[서식] 탭-[WordArt 스타일] 그룹-[빠른 스타일]을 클릭합니다. 스타일 갤러리 중 [선택한 텍스트에 적용]에서 [그라데이션 채우기-주황, 강조 6, 안쪽 그림자(A)]를 선택합니다.

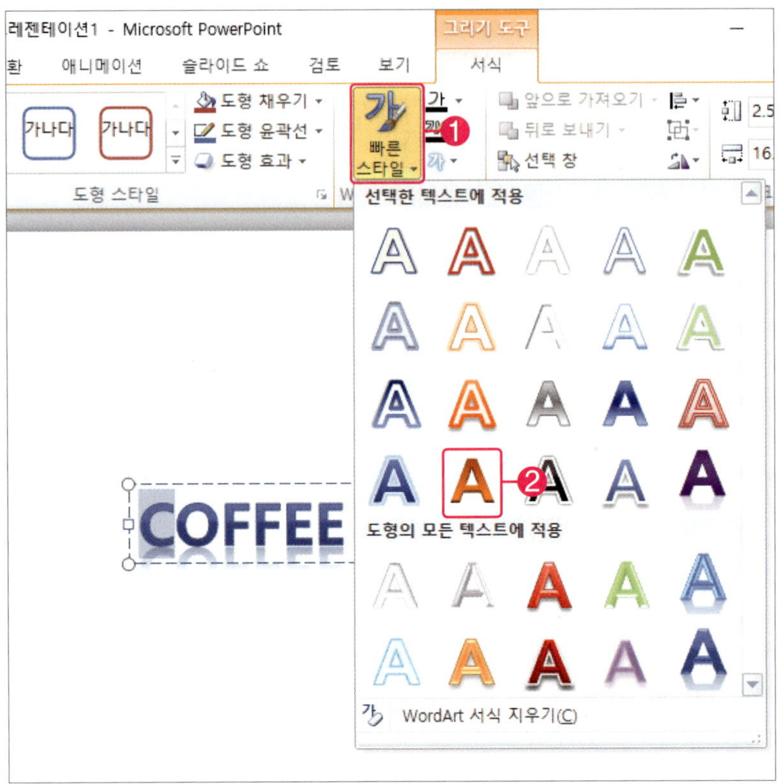

02 선택한 텍스트의 워드아트 스타일만 변경된 것을 확인합니다.

▲ 결과 확인을 위해 선택을 해제한 상태의 모습

 ## 텍스트 효과 적용하기

01 'C'만 선택된 상태에서 [그리기 도구]-[서식] 탭-[WordArt 스타일] 그룹-
[텍스트 효과(가▾)]를 클릭합니다. 효과 중 [네온]-[주황, 18 pt 네온, 강조색
6(A)]을 선택합니다.

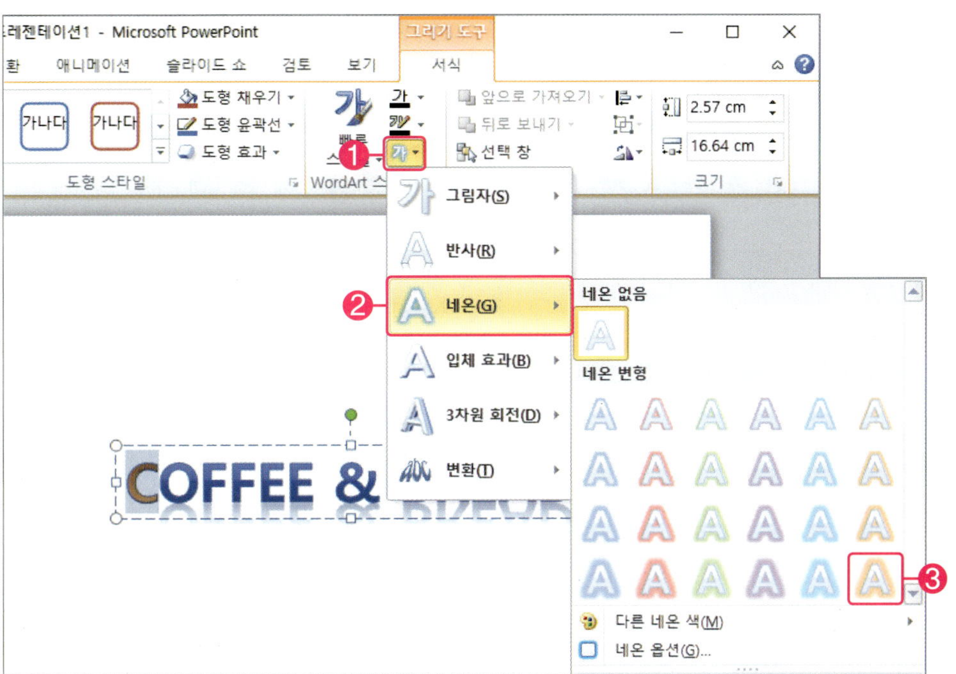

02 네온 효과가 적용된 것을 확인합니다.

▲ 결과 확인을 위해 선택을 해제한 상태의 모습

알아두기 블록 설정을 했어도 일부 효과(입체 효과, 3차원 회전, 변형 등)의 경우 전체에 영향을
줄 수도 있습니다.

01 복사할 서식이 적용된 'C'가 선택된 상태에서 [홈] 탭–[클립보드] 그룹–[서식 복사( )]를 더블 클릭합니다.

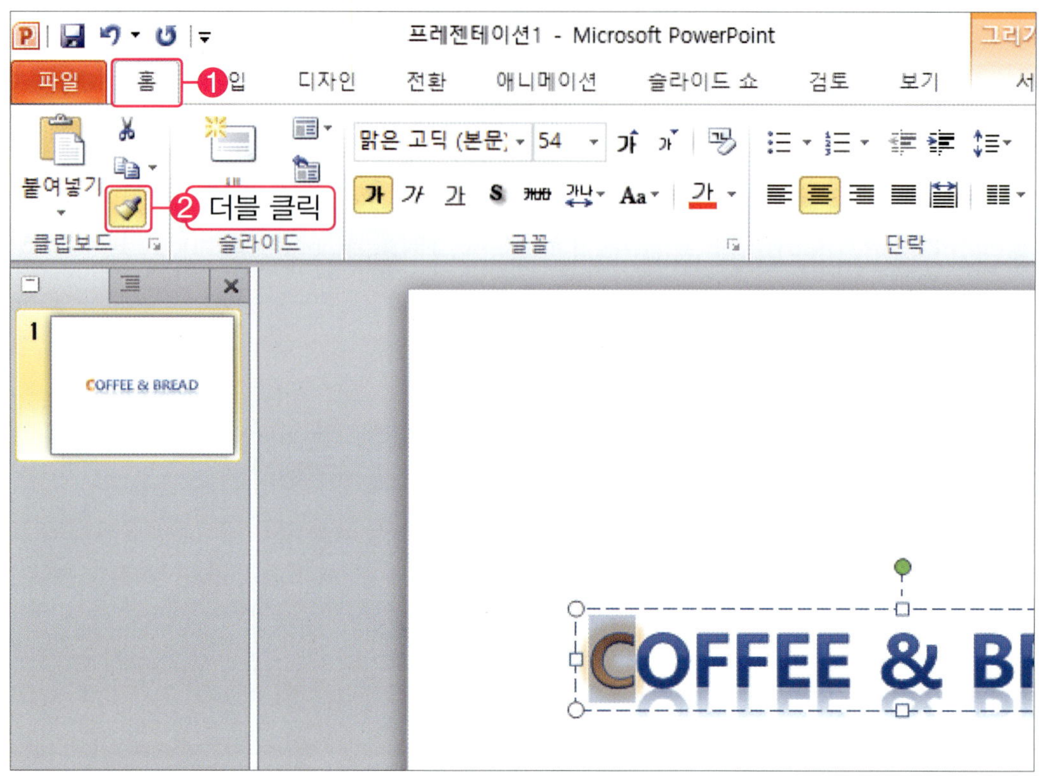

02 'O'자를 드래그합니다. 워드아트 스타일이 적용된 것을 확인합니다.

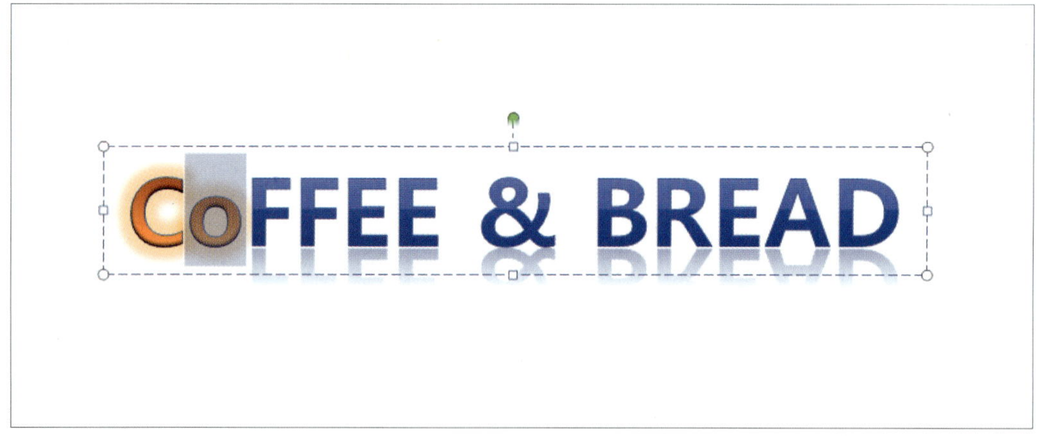

03 마우스 포인터의 모습이 계속 ⚗ 인 상태임을 확인한 후, 'B'자를 드래그합니다.

04 [홈] 탭-[클립보드] 그룹-[서식 복사(✎)]를 클릭하여 서식 복사 기능을 중단합니다.

06 워드아트 크기 및 위치 조정하기

01 워드아트 개체의 가장자리를 클릭합니다.

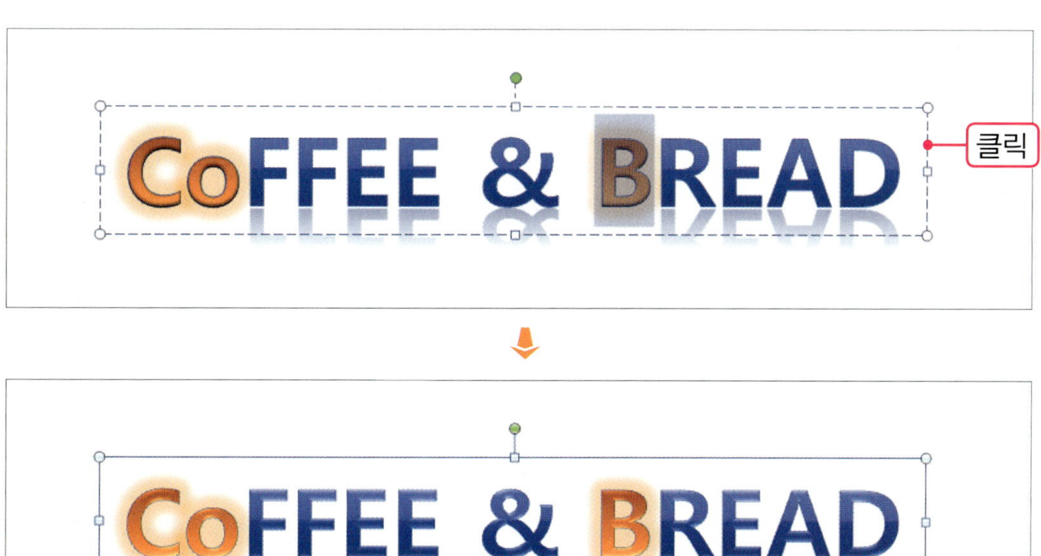

02 [홈] 탭-[글꼴] 그룹-[글꼴 크기(54 ▾)]의 숫자 부분을 클릭하여 '110'을 입력한 후, Enter 키를 누릅니다.

03 가장자리의 조절점으로 마우스 포인터를 이동합니다. 마우스 포인터가 ↖ 모양으로 바뀌면 드래그하여 2줄로 표시되도록 조정합니다.

개체 조절점
- 🟢 : 개체 회전
- ⚪ : 개체 상/하/좌/우 크기 조정
- ⬜ : 개체 상/하 또는 좌/우 크기 조정

04 가장자리의 선으로 마우스 포인터를 이동합니다. 마우스 포인터가 ✥ 모양 으로 바뀌면 드래그하여 위치를 조정합니다.

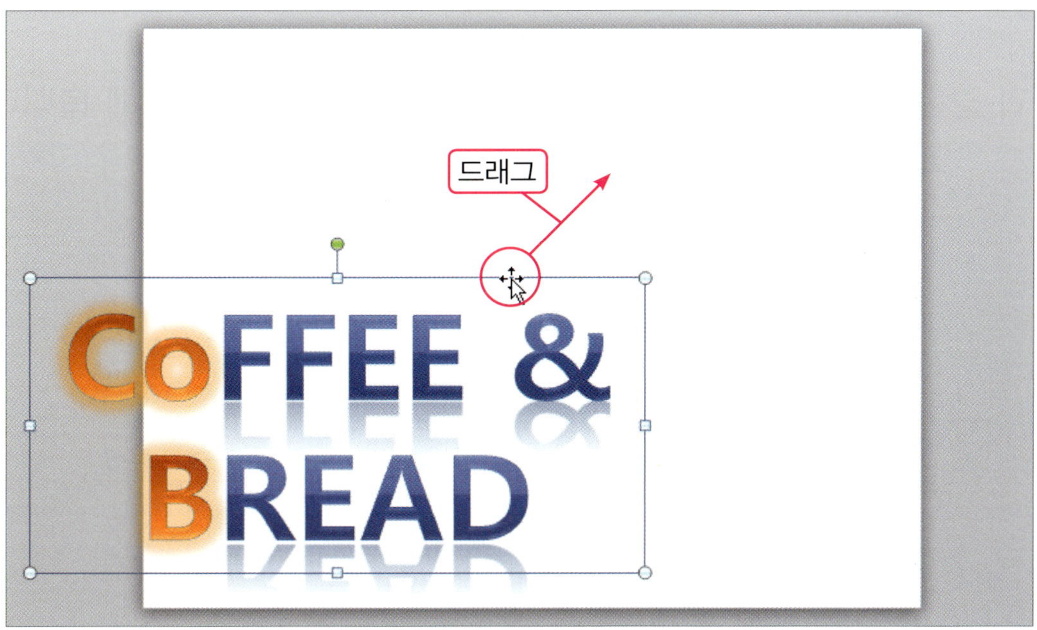

05 빠른 실행 도구 모음의 [저장(💾)]을 클릭해 '커피와빵'으로 저장합니다.

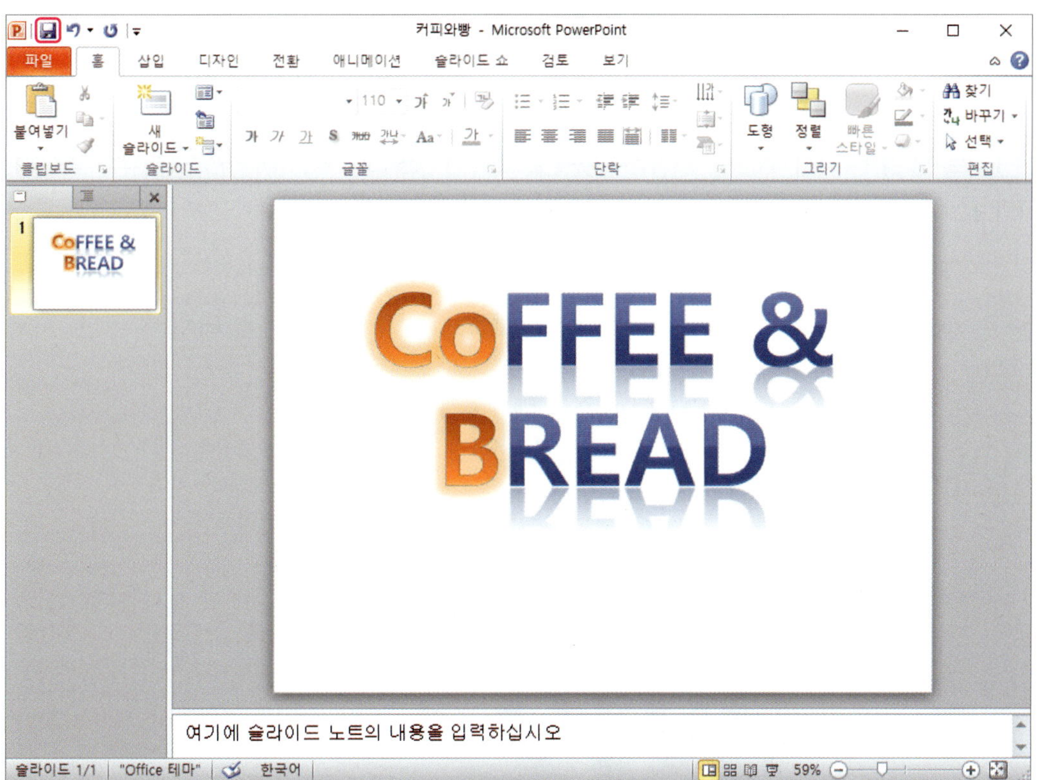

1 다음과 같은 2개의 워드아트로 작성된 표지 슬라이드를 작성해 봅니다.

2 다음과 같이 워드아트의 일부 스타일을 수정한 후, 각각 텍스트 효과를 적용하고 '워드아트.pptx' 파일로 저장해 봅니다.

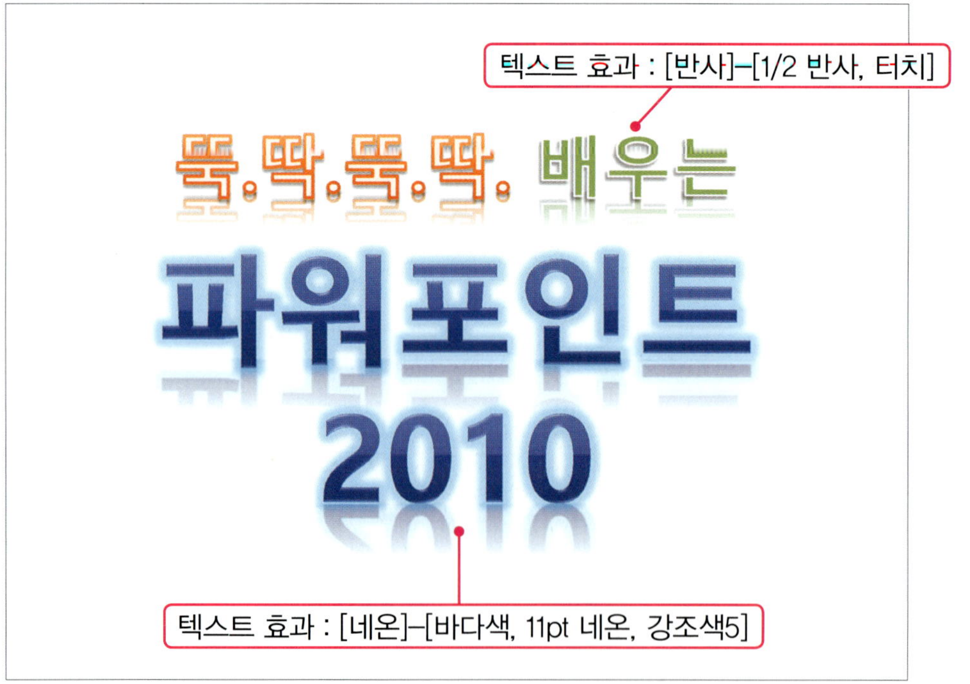

05 슬라이드 및 단락 꾸미기

01 슬라이드 배경 꾸미기

모든 슬라이드 또는 일부 슬라이드의 배경을 색이나 그림, 질감, 패턴 등으로 채울 수 있습니다.

◎ 예제 파일 : 단계별학습.pptx

💬 **배경 색 지정하기-1 : [배경] 그룹 활용하기**

01 파워포인트를 실행한 후, [파일] 탭-[열기]를 선택하여 '단계별학습.pptx' 파일을 불러옵니다.

02 [디자인] 탭-[배경] 그룹에서 [배경 스타일]-[스타일 9( )]를 선택합니다.

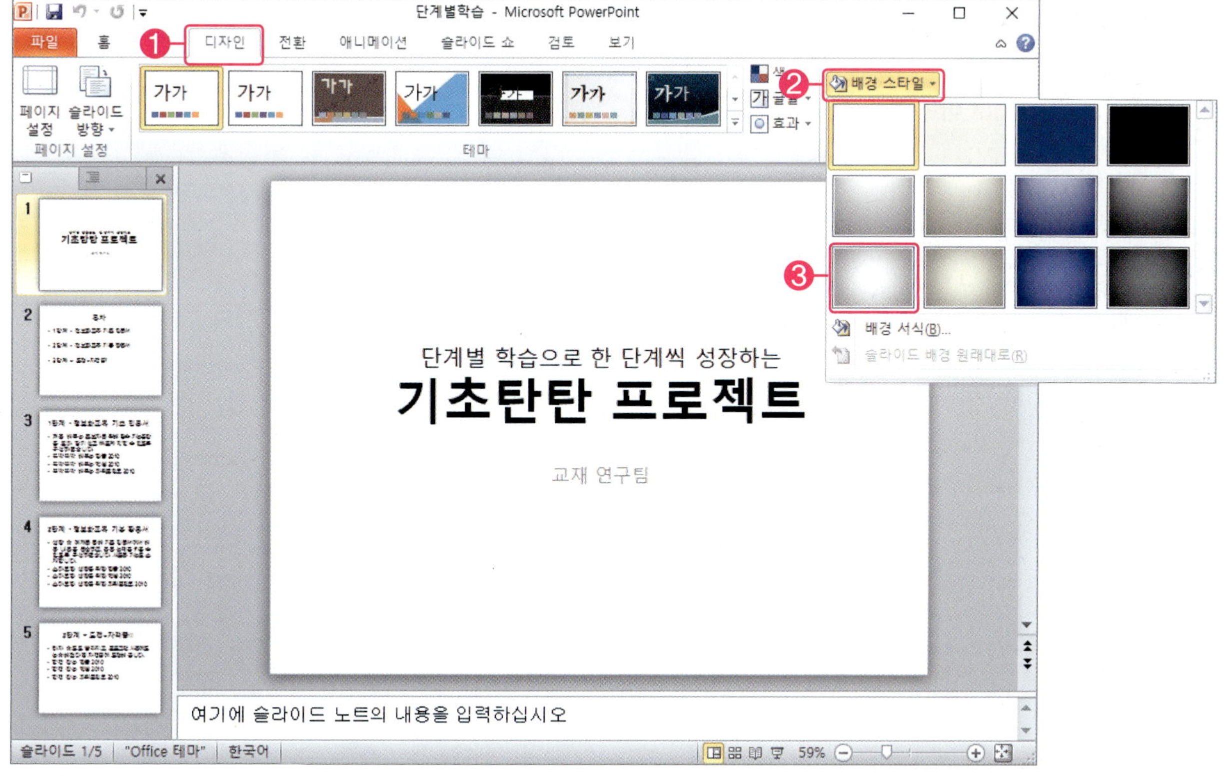

03 선택한 스타일이 전체 슬라이드 배경에 적용된 것을 확인합니다.

배경 색 지정하기-2 : [배경 서식] 대화상자 활용하기

01 슬라이드에서 마우스 오른쪽 버튼을 클릭한 후, [배경 서식]을 선택합니다.

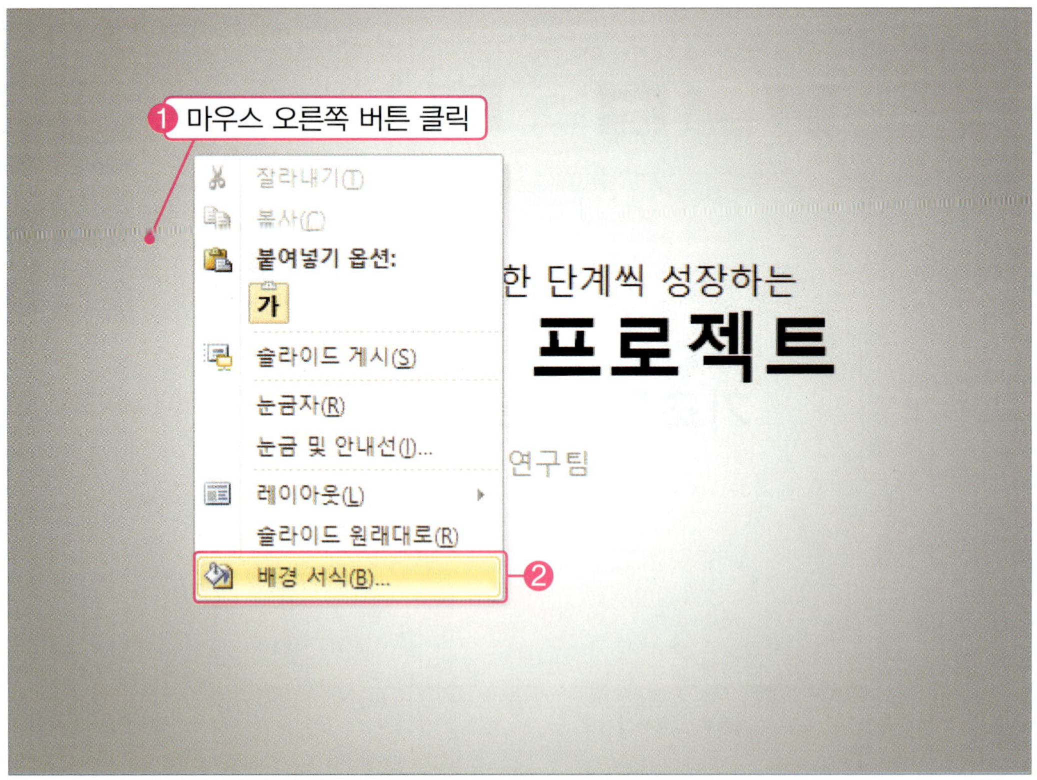

02 [배경 서식] 대화상자가 나타나면 [채우기]의 '단색 채우기'를 선택한 후 [색]을 '황록색, 강조3'으로 설정하고 [닫기] 버튼을 클릭합니다.

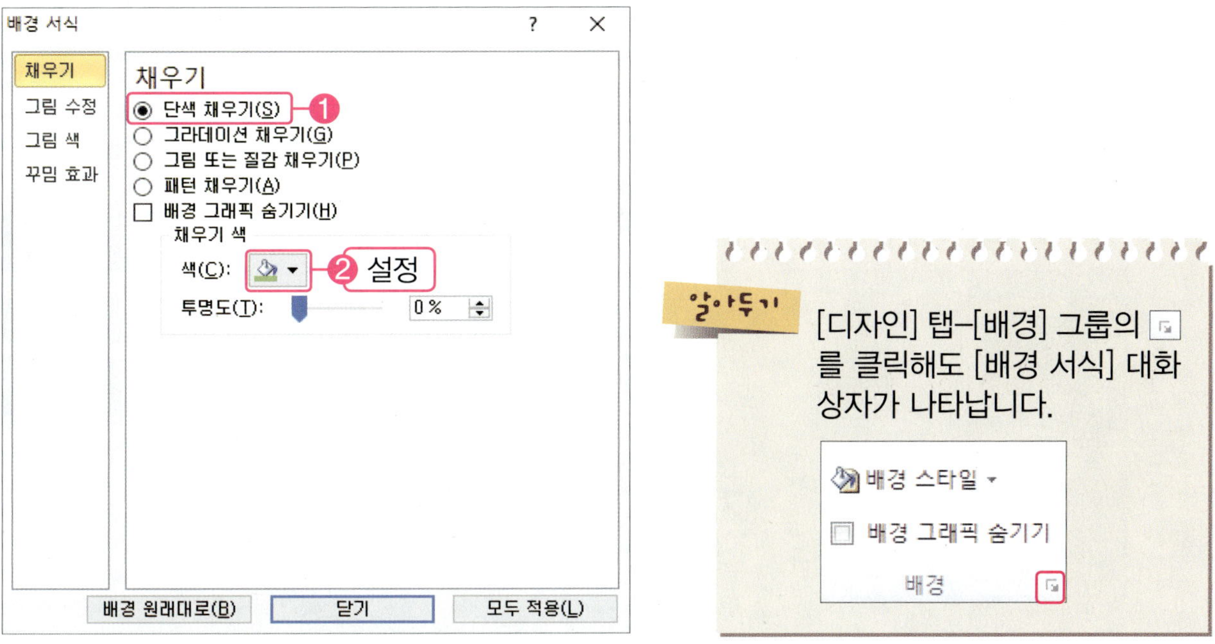

03 현재 선택되어 있는 슬라이드의 배경만 바뀐 것을 확인합니다.

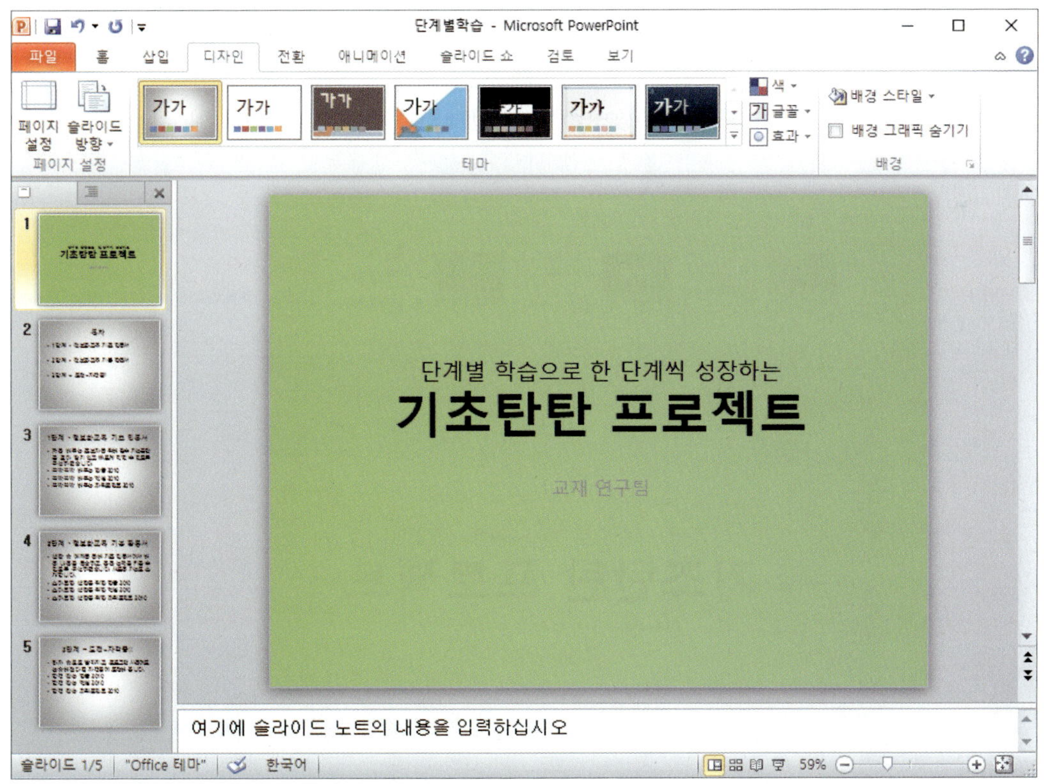

배경 슬라이드 원래대로

01 [디자인] 탭-[배경] 그룹에서 [배경 스타일]-[슬라이드 배경 원래대로]를 선택합니다.

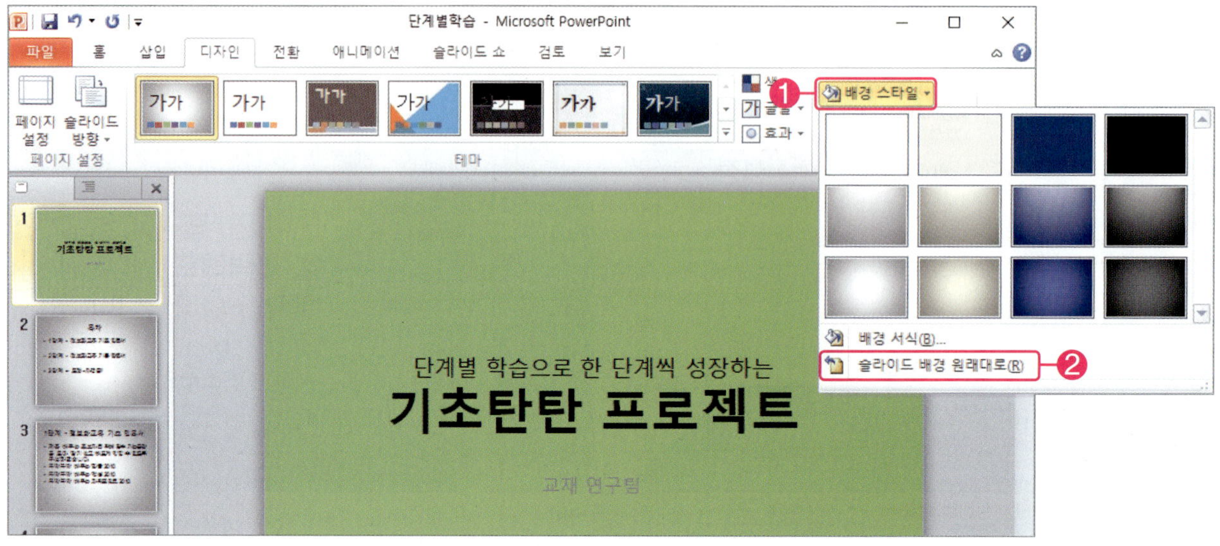

알아두기 [배경 서식] 대화상자를 불러온 후, [배경 원래대로] 버튼을 클릭해도 됩니다.

02 전체 슬라이드에 적용되었던 배경으로 변경된 것을 확인합니다.

'테마'는 배경, 색, 글꼴, 효과 등이 지정된 레이아웃 집합을 말합니다. 한 번의 클릭으로 서식 지정을 할 수 있어 좀 더 간단하게 프레젠테이션을 작성할 수 있습니다.

테마 갤러리 활용하기

01 [디자인] 탭-[테마] 그룹에서 [자세히(▼)]를 클릭합니다. 테마 갤러리에서 [파형(가가)]을 선택합니다.

02 모든 슬라이드의 배경이 변경된 것을 확인합니다.

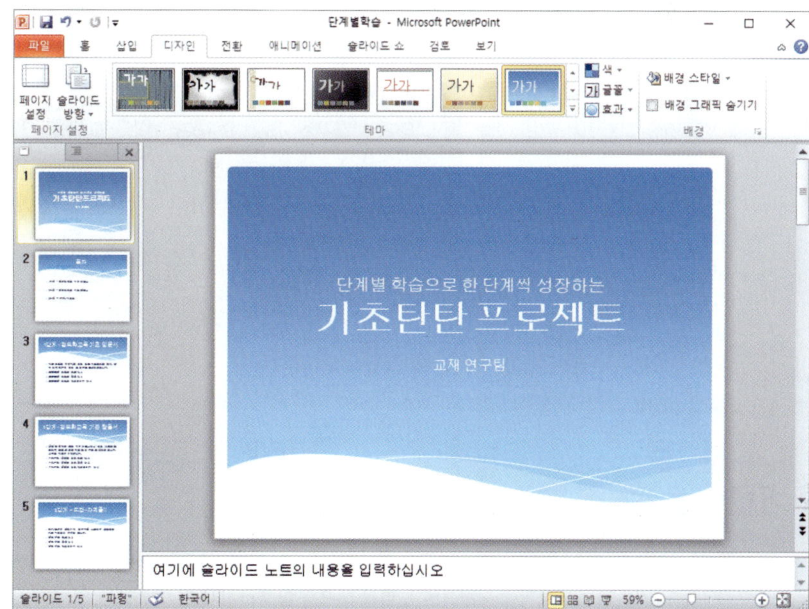

 테마 색 변경하기

01 [디자인] 탭-[테마] 그룹에서 [색]-[기류]를 선택합니다.

02 모든 슬라이드의 색상이 변경된 것을 확인합니다.

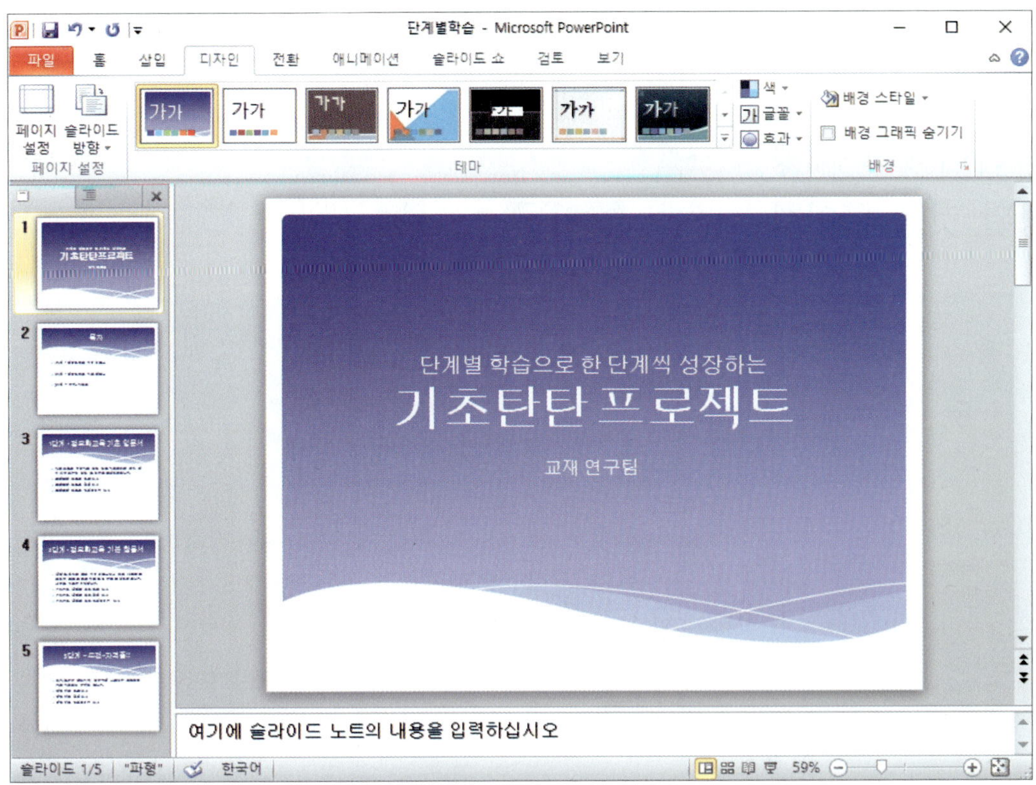

테마 글꼴 변경하기

01 [디자인] 탭−[테마] 그룹에서 [글꼴]−[Office]를 선택합니다.

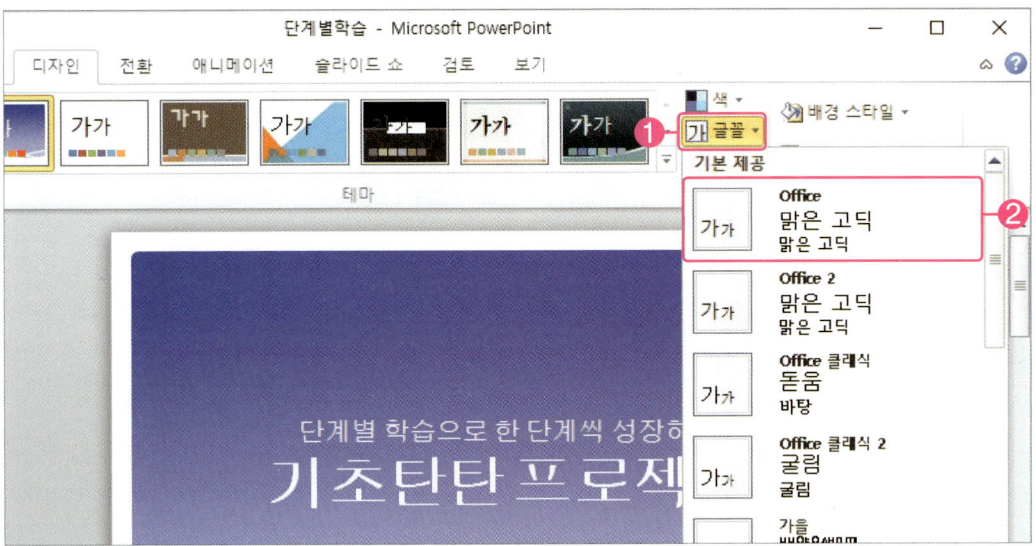

02 모든 슬라이드의 글꼴이 변경된 것을 확인합니다.

알아두기

테마 해제하기

[디자인] 탭−[테마] 그룹의 테마 갤러리에서 [Office 테마( )]를 클릭하면 기본으로 제공되는 서식으로 되돌아 갑니다.

[단락] 그룹 살펴보기

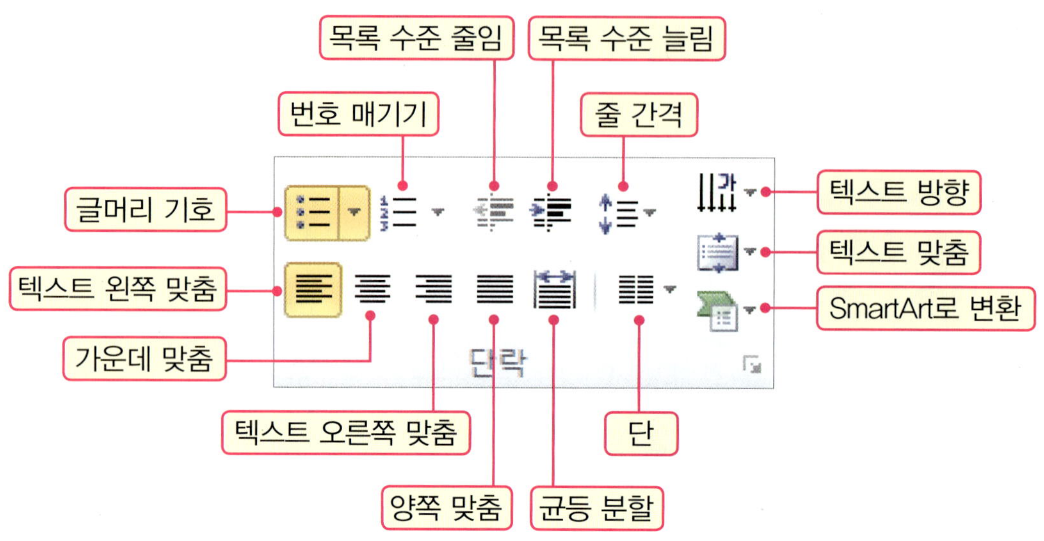

텍스트 맞춤 지정하기

01 제목 텍스트 상자를 선택한 후, [홈] 탭–[단락] 그룹–[텍스트 왼쪽 맞춤(≡)]을 클릭합니다. 텍스트 위치가 텍스트 상자 왼쪽으로 이동된 것을 확인합니다.

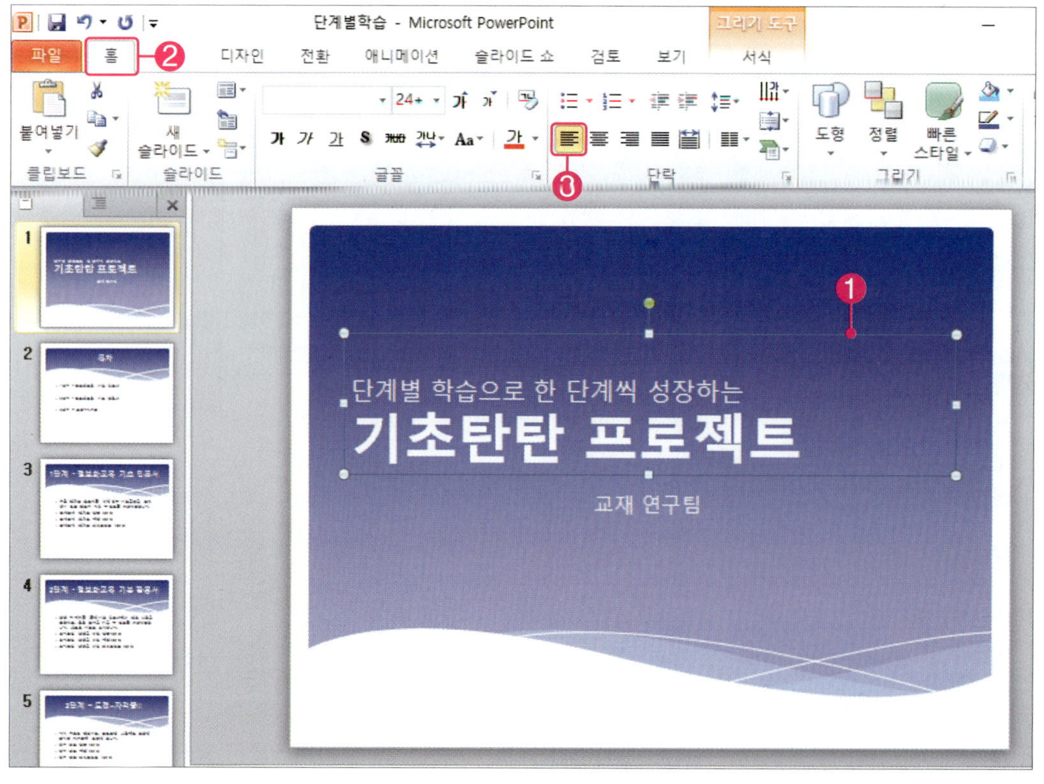

02 부제목 텍스트 상자를 선택한 후, [홈] 탭-[단락] 그룹-[텍스트 오른쪽 맞춤(▤)]을 클릭합니다.

03 [홈] 탭-[단락] 그룹에서 [텍스트 맞춤(▤▾)]-[아래쪽]을 선택합니다.

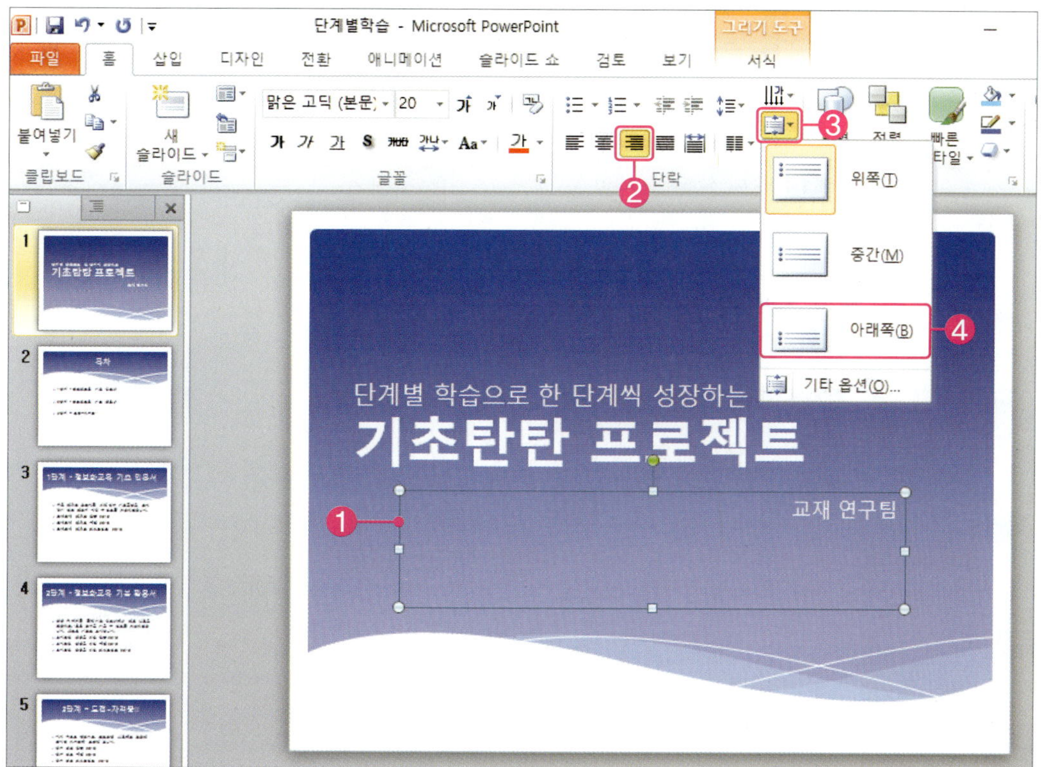

04 입력된 내용이 텍스트 상자 오른쪽, 아래에 배치된 것을 확인합니다.

01 슬라이드 탭에서 2번 슬라이드를 클릭한 후, 내용 텍스트 상자를 선택합니다.

02 [홈] 탭-[단락] 그룹-[번호 매기기(▤▾)]에서 ▾를 클릭한 후, [I. II. III.]를 선택합니다.

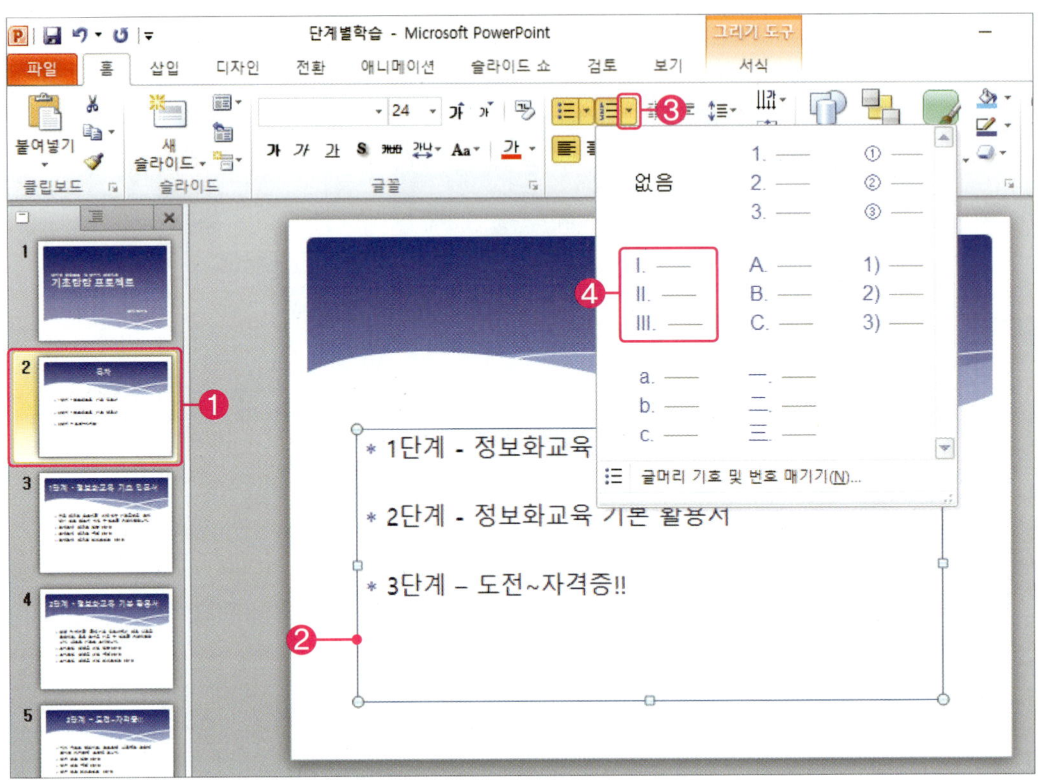

03 글머리 기호가 번호 형태로 바뀐 것을 확인합니다.

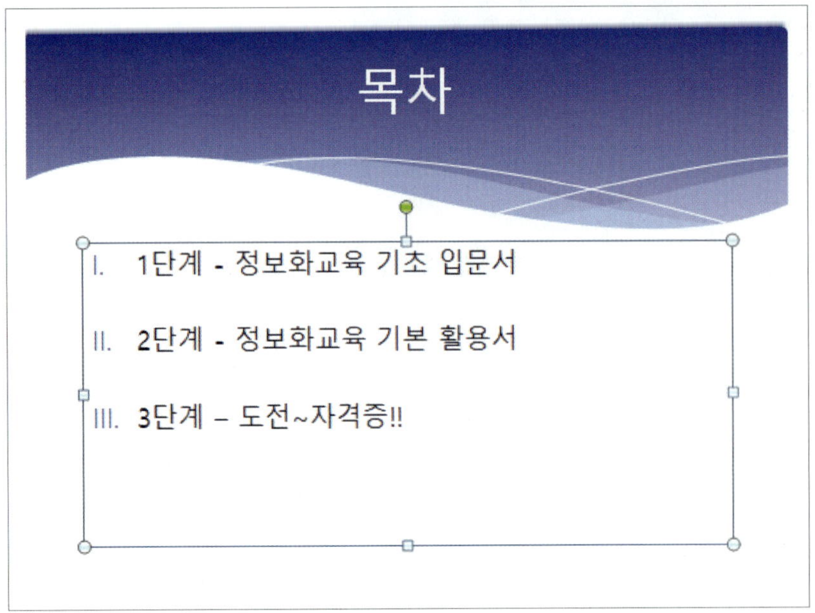

💬 글머리 기호 변경하기

■ 글머리 기호 해제하기

01 슬라이드 탭에서 3번 슬라이드를 선택합니다. 첫 번째 단락의 임의의 위치를 클릭합니다.

02 [홈] 탭-[단락] 그룹-[글머리 기호(≡▾)]의 그림 부분(≡)을 클릭합니다.

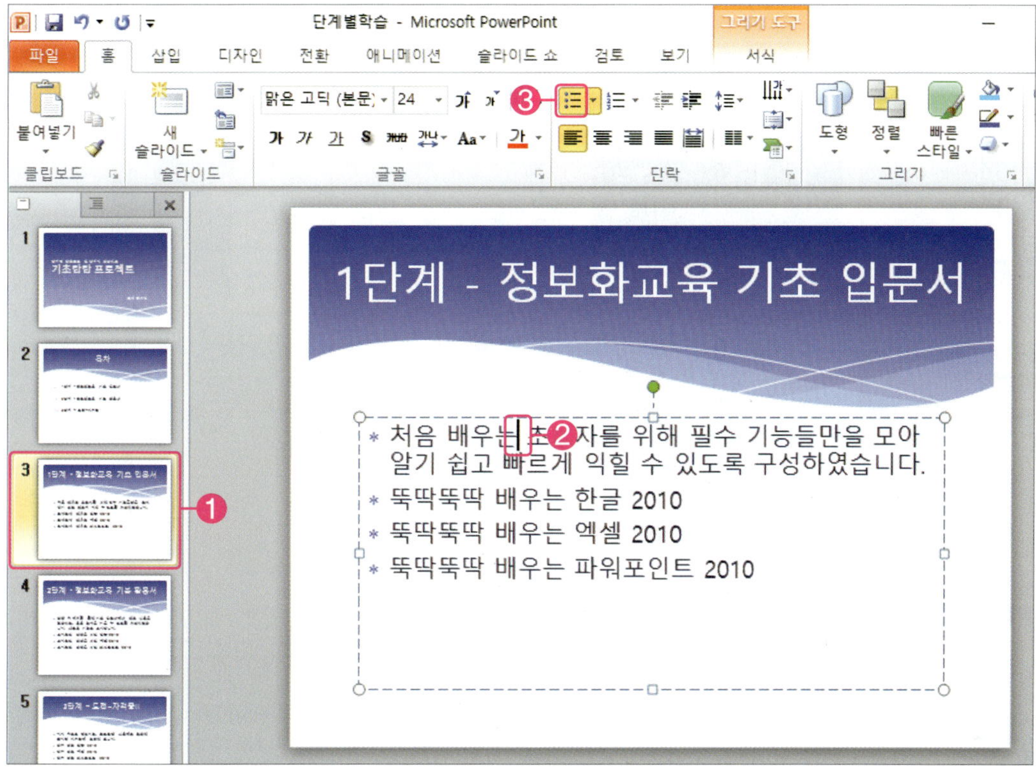

03 글머리 기호가 해제된 것을 확인합니다.

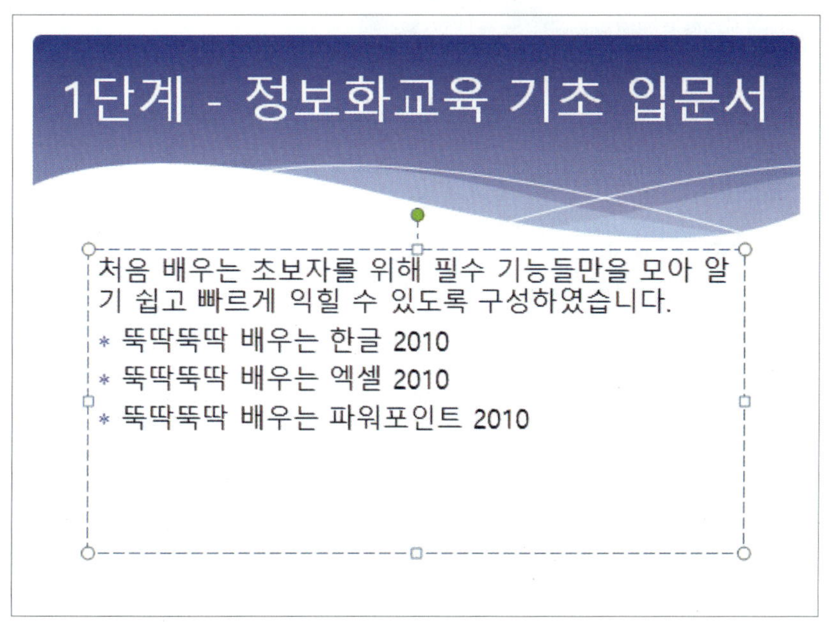

■ 다른 모양 글머리 기호로 변경하기

01 2~4번째 단락을 드래그하여 블록으로 설정합니다.

02 [홈] 탭–[단락] 그룹–[글머리 기호(▤▾)]의 ▾를 클릭한 후, [별표 글머리 기호(❖)]를 선택합니다.

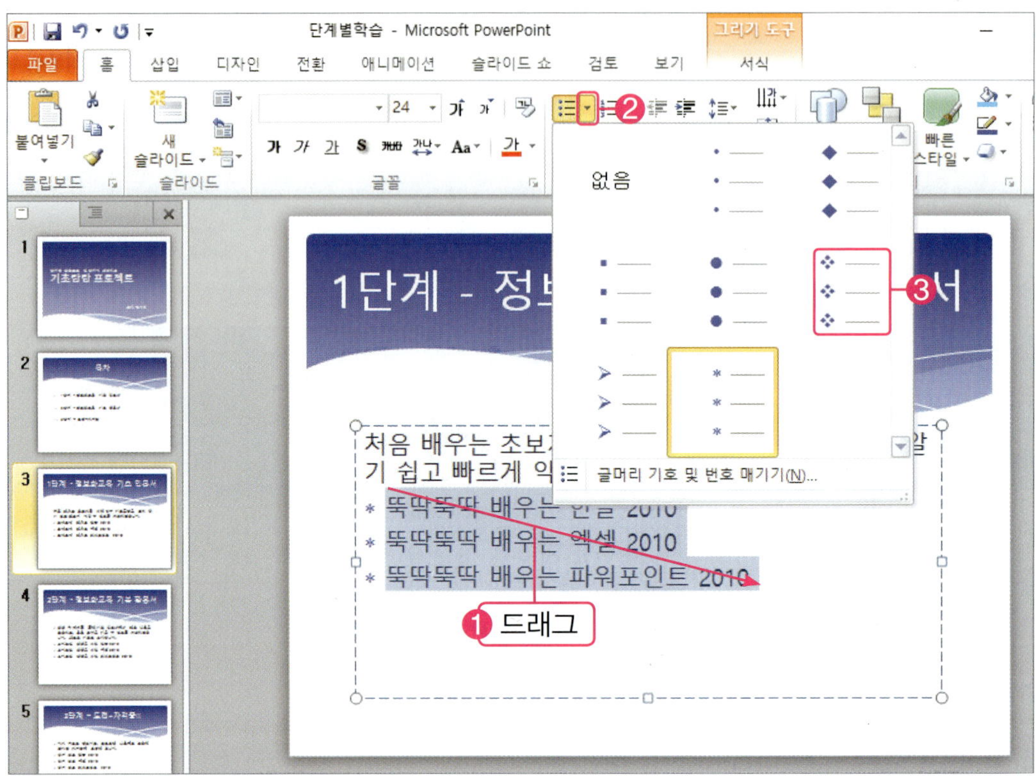

03 글머리 기호가 변경된 것을 확인합니다.

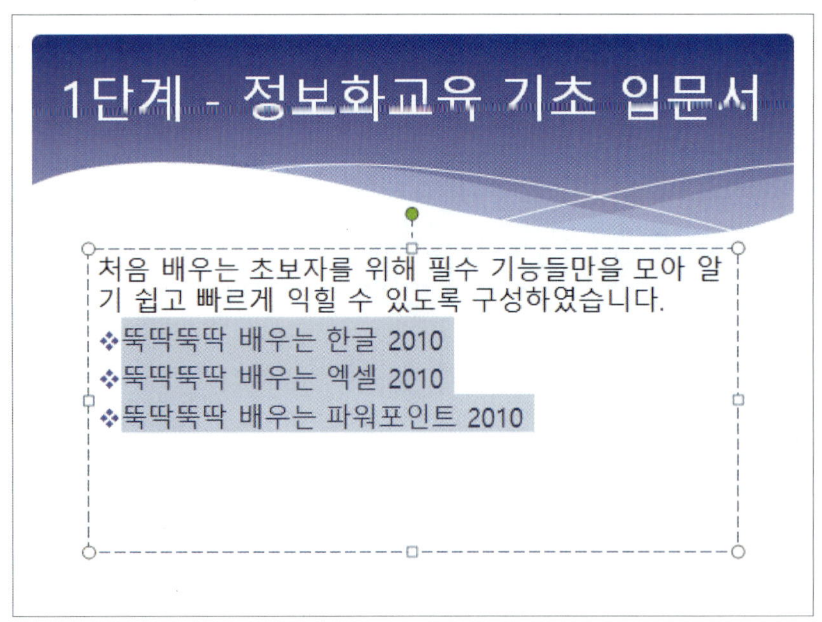

■ 사용자 지정 글머리 기호로 변경하기

01 블록이 설정된 상태에서 [홈] 탭–[단락] 그룹–[글머리 기호(≣▼)]의 ▼를 클릭한 후, [글머리 기호 및 번호 매기기]를 선택합니다.

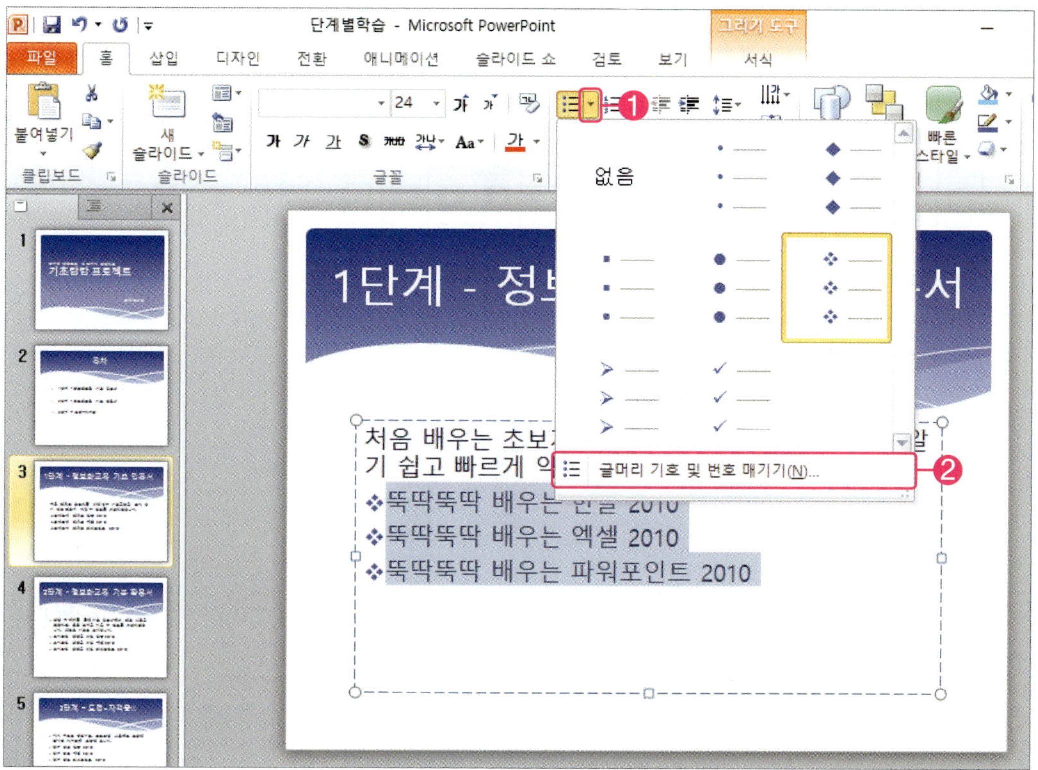

02 [글머리 기호 및 번호 매기기] 대화상자가 나타나면 [사용자 지정] 버튼을 클릭합니다.

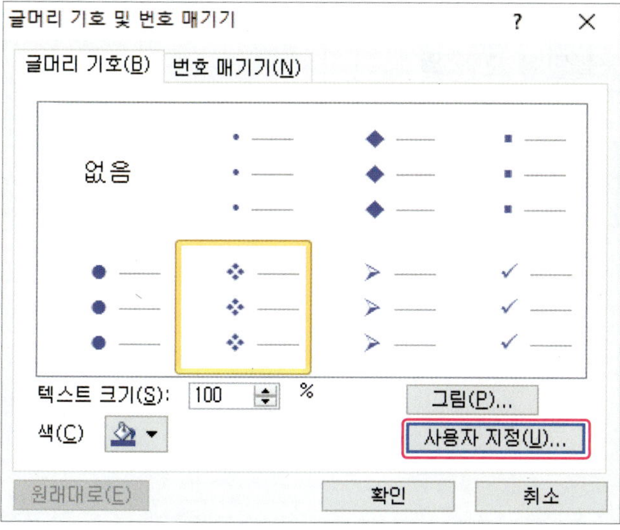

03 [기호] 대화상자가 나타나면 글머리 기호로 사용하고 싶은 모양(여기서는 [Wingdings 2]-[ ])을 선택한 후 [확인] 버튼을 클릭합니다.

04 다시 [글머리 기호 및 번호 매기기] 대화상자가 나타나면 [확인] 버튼을 클릭합니다.

05 슬라이드의 글머리 기호가 변경된 것을 확인합니다.

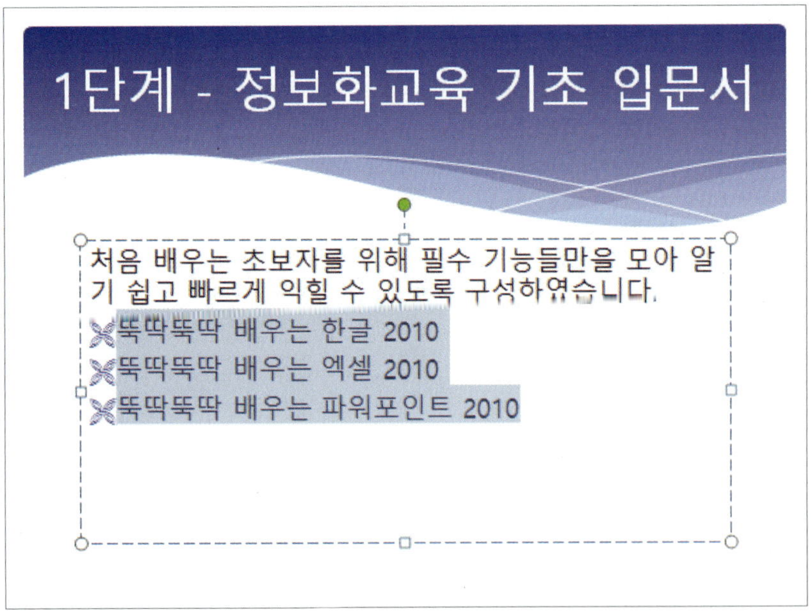

■ 그림 글머리 기호로 변경하기

01 블록이 설정된 상태에서 [홈] 탭–[단락] 그룹–[글머리 기호( )]의 를 클릭한 후, [글머리 기호 및 번호 매기기]를 선택합니다.

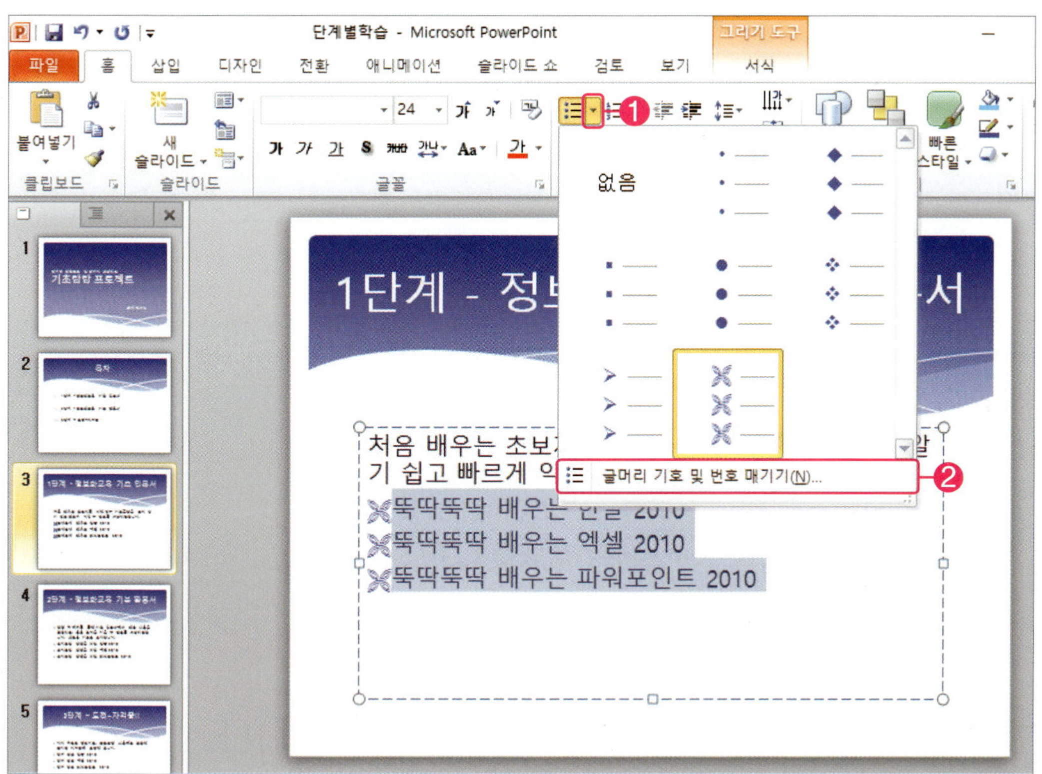

02 [글머리 기호 및 번호 매기기] 대화상자가 나타나면 [그림] 버튼을 클릭합니다.

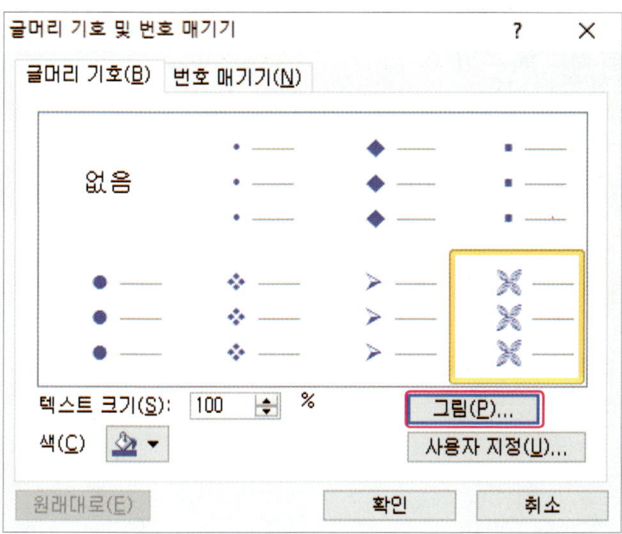

03 [그림 글머리 기호] 대화상자가 나타나면 글머리 기호로 사용하고 싶은 모양(여기서는 ☺)을 선택한 후 [확인] 버튼을 클릭합니다.

04 글머리 기호가 선택한 그림으로 변경된 것을 확인합니다.

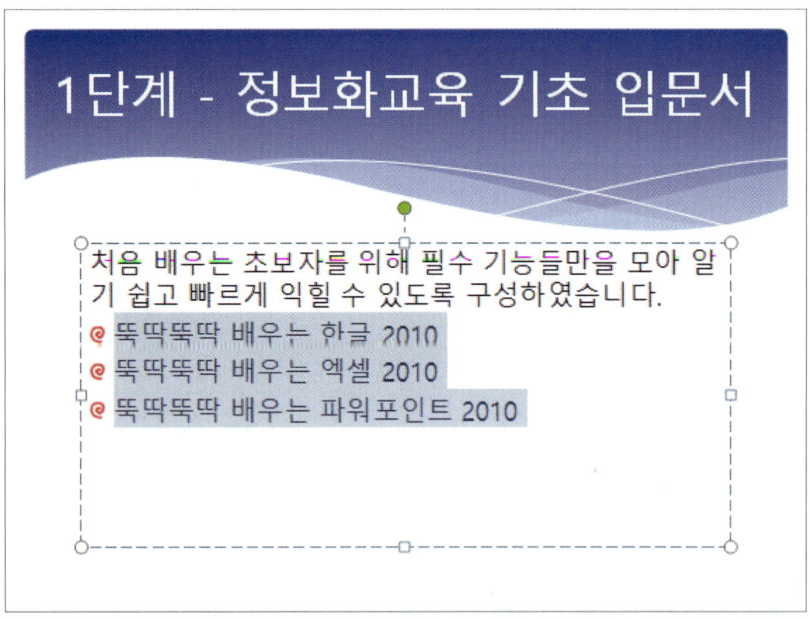

01 블록이 설정된 상태에서 [홈] 탭–[단락] 그룹에서 [줄 간격(☰▾)]–[2.0]을 선택합니다.

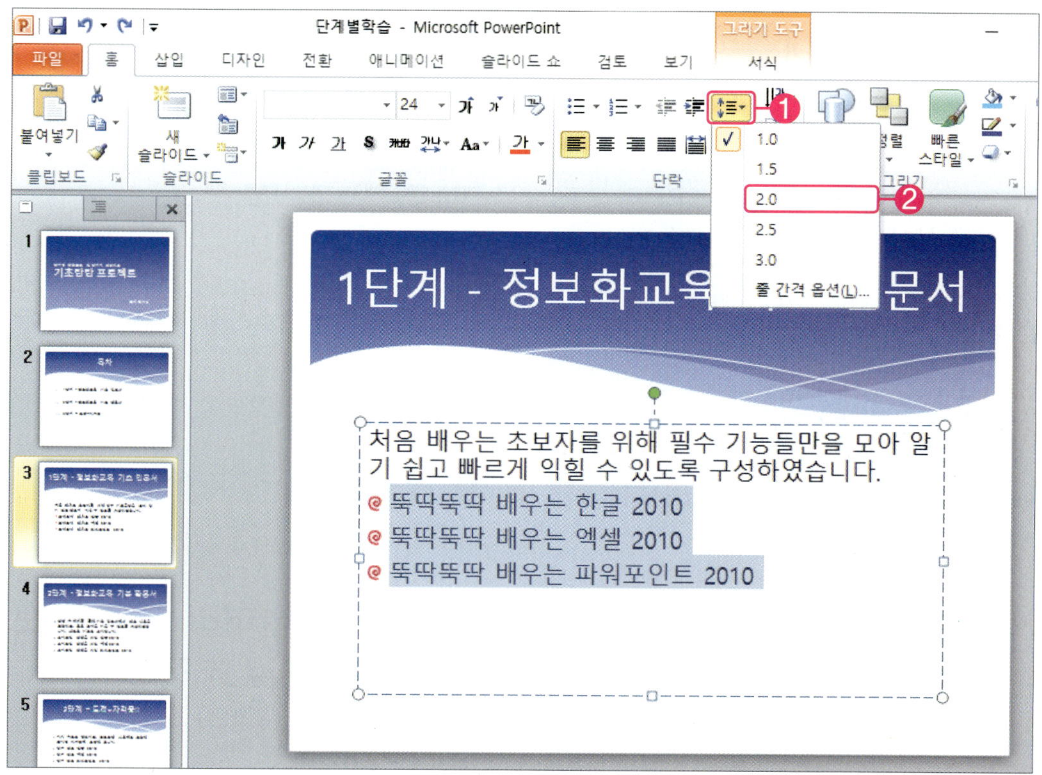

02 줄 간격이 변경된 것을 확인합니다.

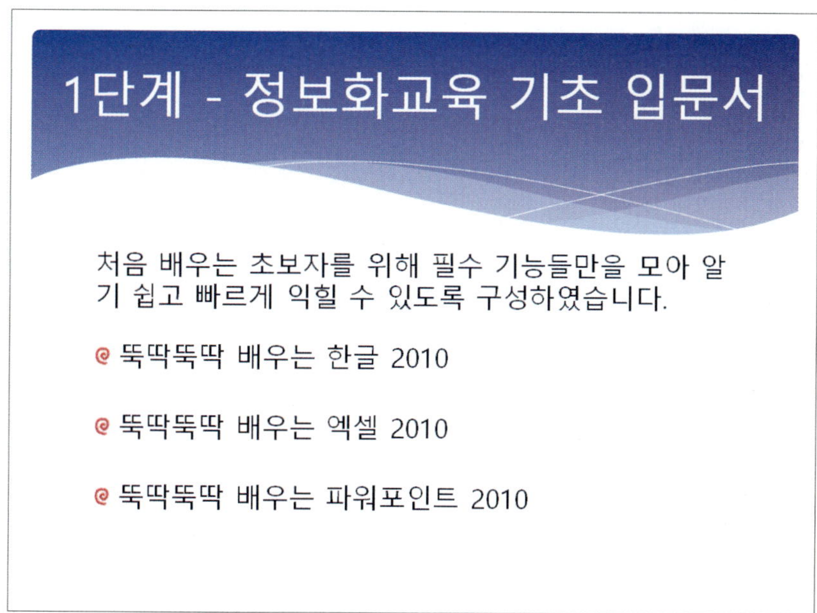

03 같은 방법으로 4번, 5번 슬라이드도 3번 슬라이드 모양처럼 단락을 수정한 후 저장합니다.

◎ 예제파일 : 감동파워포인트.pptx

1 '감동파워포인트.pptx' 파일을 불러와 '각' 테마를 적용해 봅니다.

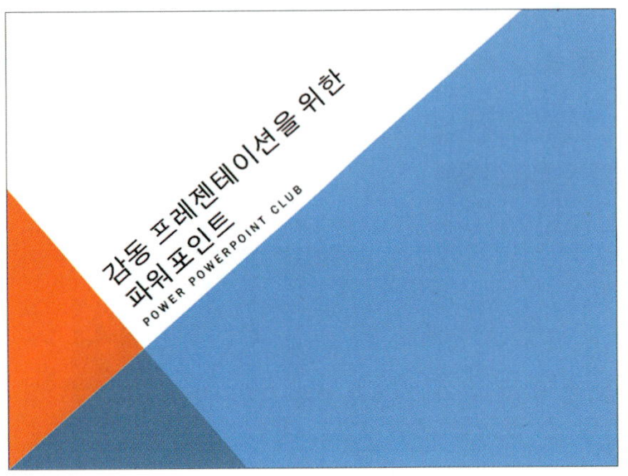

2 다음과 같이 테마색(눈금), 테마 글꼴(검정 타이), 글머리 기호의 모양 과 색상을 수정한 후 '감동파워포인트-2.pptx' 파일로 저장해 봅니다.

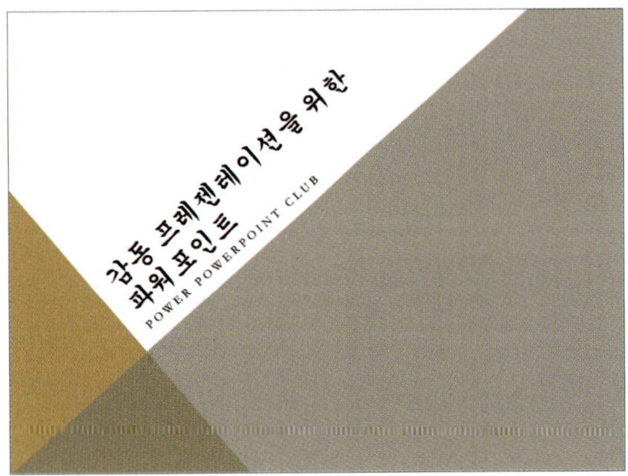

3 다음과 같이 1번 슬라이드의 배경 서식을 단색(주황)으로 적용한 후, '감동파워포인트-3.pptx' 파일로 저장해 봅니다.

06 그림 삽입하기

01 그림 삽입하기

◎ 예제파일 : 단어학습.pptx, 커피.jpg, 차.jpg, 빵.jpg

01 파워포인트를 실행한 후, '단어학습.pptx' 파일을 불러옵니다.

02 [삽입] 탭–[이미지] 그룹–[그림]을 클릭합니다.

슬라이드 레이아웃 내의 내용 개체 틀에서 █를 클릭하여 삽입할 수도 있습니다.

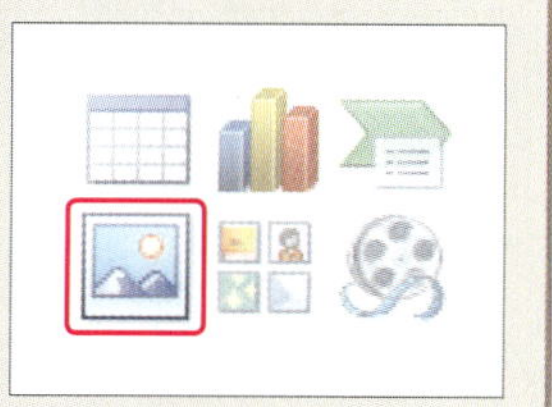

03 [그림 삽입] 대화상자가 나타나면 '커피.jpg' 파일을 선택한 후, [삽입] 버튼을 클릭합니다.

04 그림이 삽입되고 리본 메뉴에 [그림 도구]–[서식] 탭이 나타납니다.

01 [그림 도구]–[서식] 탭–[크기] 그룹–[자르기(▧)]를 클릭합니다. 그림의 가장 자리에 자르기 조절점들이 나타나면 **자르기 조절점을 드래그**하여 불필요한 부분을 지정합니다.

02 불필요한 부분이 회색 영역으로 표시됩니다. [그림 도구]–[서식] 탭 –[크기] 그룹–[자르기 (▧)]를 **클릭**해 자르기 를 완료합니다.

03 회색 영역으로 표시된 부분이 더 이상 표시되지 않음을 확인합니다. 크기 조절점을 드래그하여 크기를 축소합니다.

04 드래그하여 위치를 조정합니다.

03 그림 배경 제거하기

투명한 색 설정

01 2번 슬라이드를 클릭한 후, [삽입] 탭–[이미지] 그룹–[그림]을 클릭합니다.

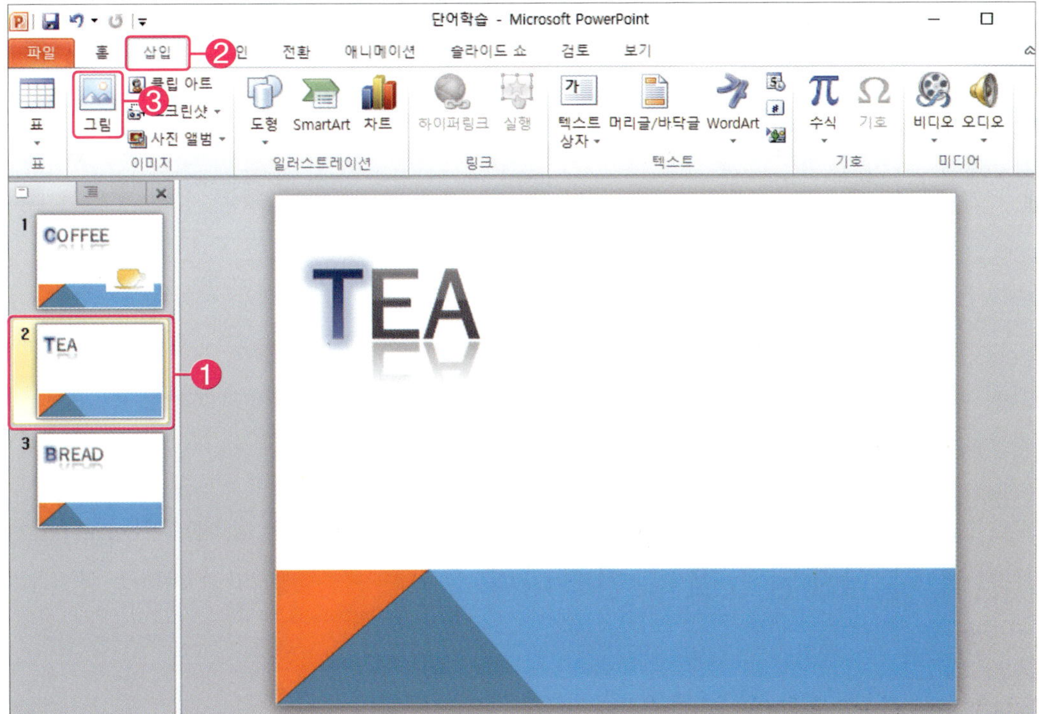

02 '차.jpg' 파일을 삽입하고 다음과 같이 위치와 크기를 조절합니다.

03 [그림 도구]–[서식] 탭–[조정] 그룹
에서 [색]–[투명한 색 설정]을 선택합
니다.

04 마우스 포인터의 모습이 인 상태에서 삭제할 색상 부분을 클릭합니다. 선
택한 색(흰색)이 삭제된 것을 확인합니다.

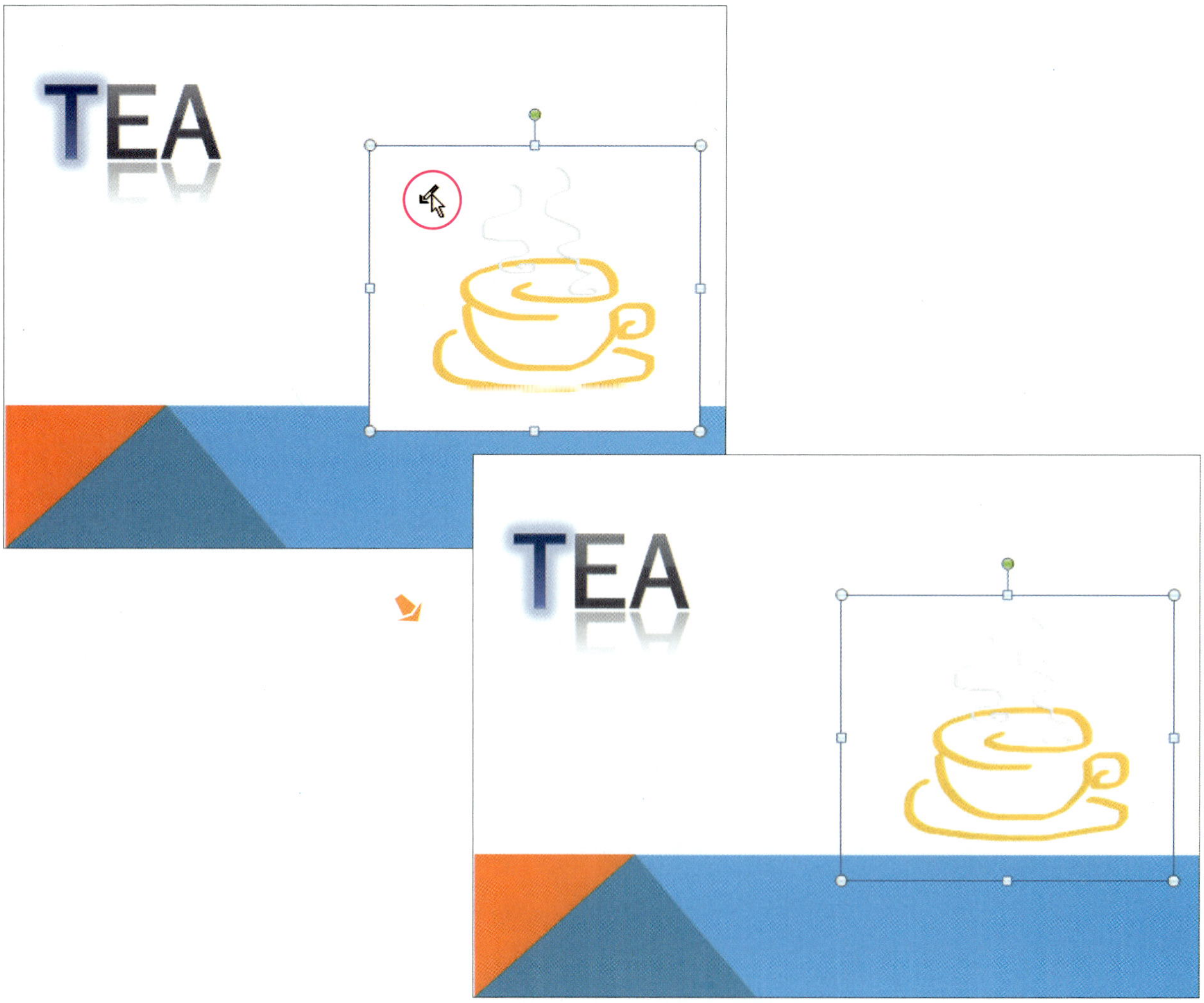

'투명한 색 설정' 기능은 단색일 때 유용하며, 떨어진 영역의 같은 색상도 제거되므로 주의합니다.

💬 배경 제거

01 3번 슬라이드를 클릭한 후 '빵.jpg' 파일을 삽입하고, 다음과 같이 크기와 위치를 조절합니다. 회전 조절점을 이용하여 각도를 조정합니다.

02 [그림 도구]–[서식] 탭–[조정] 그룹–[배경 제거]를 클릭합니다.

03 제거되는 영역이 다른 색(배경색 때문에 여기서는 '보라색')으로 표시됩니다. 여기서는 수정사항이 없으므로 [배경 제거] 탭–[닫기] 그룹–[변경 내용 유지]를 클릭합니다.

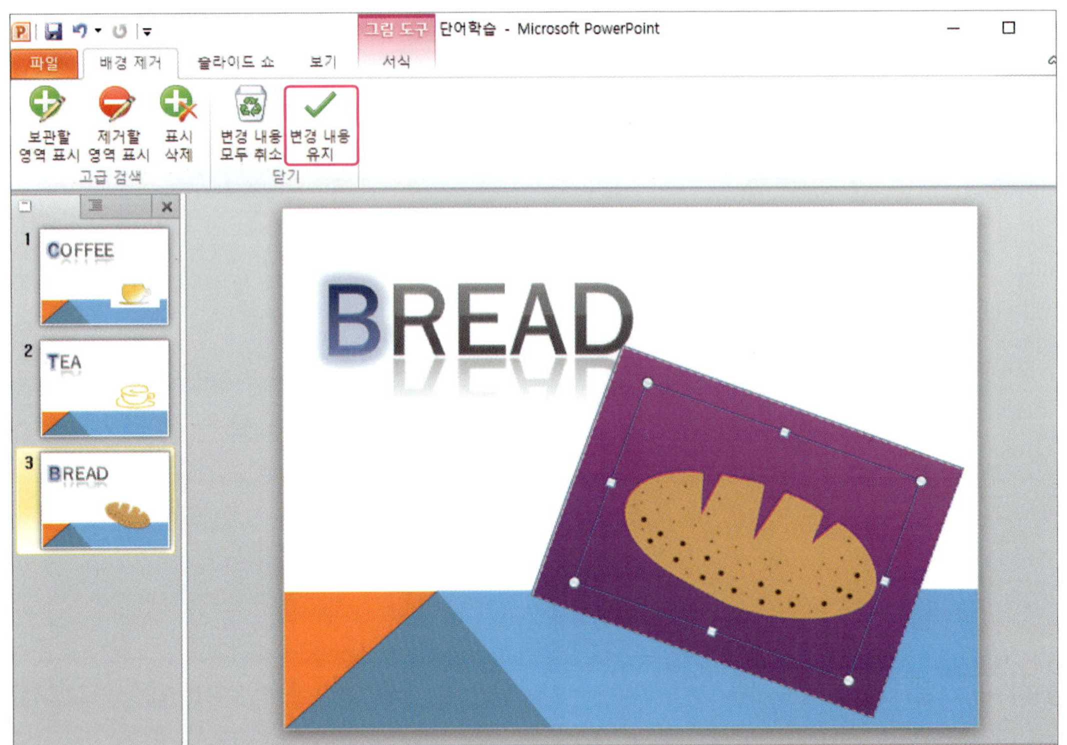

04 배경이 제거된 것을 확인합니다.

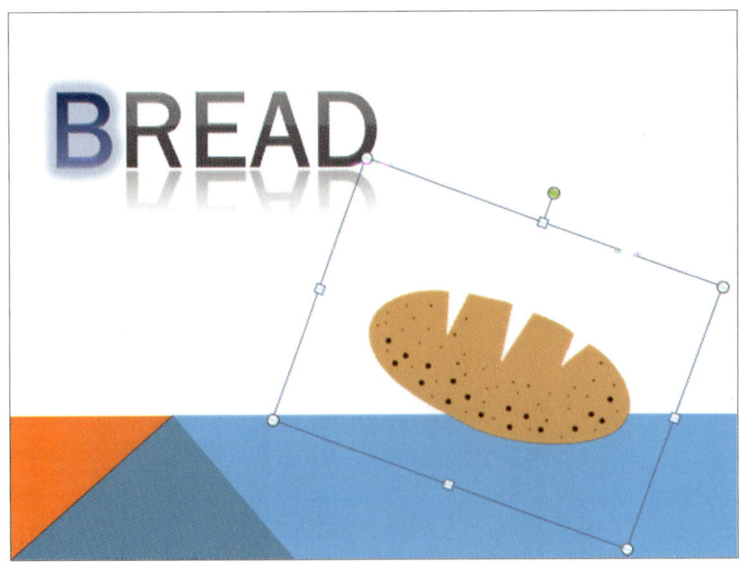

01 1번 슬라이드의 삽입 그림(커피.jpg)을 클릭한 후, [그림 도구]–[서식] 탭–
[조정] 그룹–[배경 제거]를 클릭합니다.

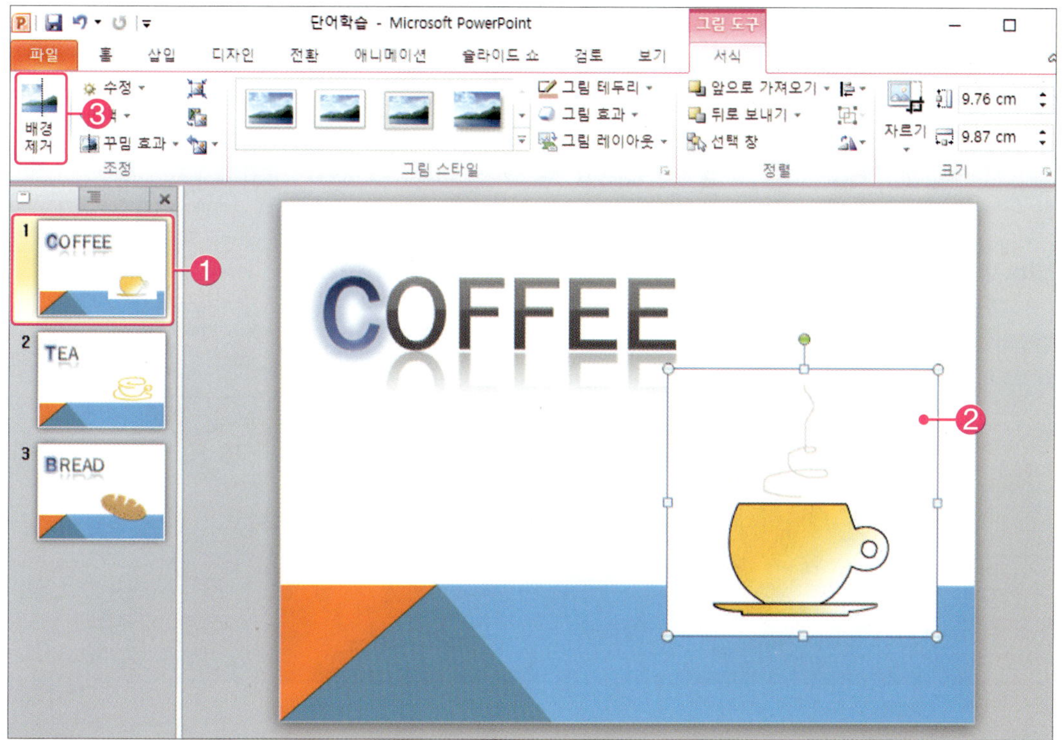

02 제거되는 영역이 원래 색과 다른 색으로 표시됩니다. 배경 외의 부분도 제
거 영역에 포함됨을 확인할 수 있습니다.

03 먼저, 크기 조절점을 드래그하여 슬라이드에 표시하고 싶은 부분이 삭제 영
역에서 모두 제외되는지 확인합니다.

04 아직도 표시하고 싶은 부분이 삭제 영역에 포함되어 있다면 [배경 제거] 탭-[고급 검색] 그룹-[보관할 영역 표시]를 클릭합니다. 마우스 포인터의 모습이 ✎ 로 바뀌면 보관할 영역을 클릭하여 선택합니다.

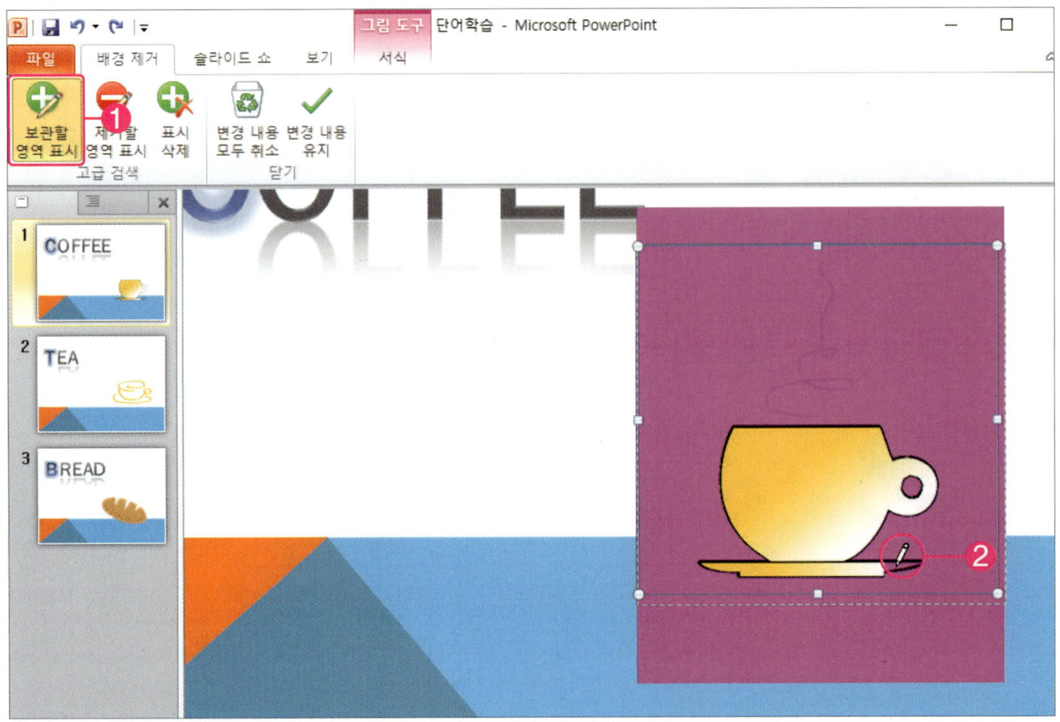

05 계속 클릭하여 보관할 영역을 모두 표시합니다.

06 제거할 영역은 [배경 제거] 탭-[고급 검색] 그룹-[제거할 영역 표시]를 클릭한 후, 제거 위치를 선택합니다.

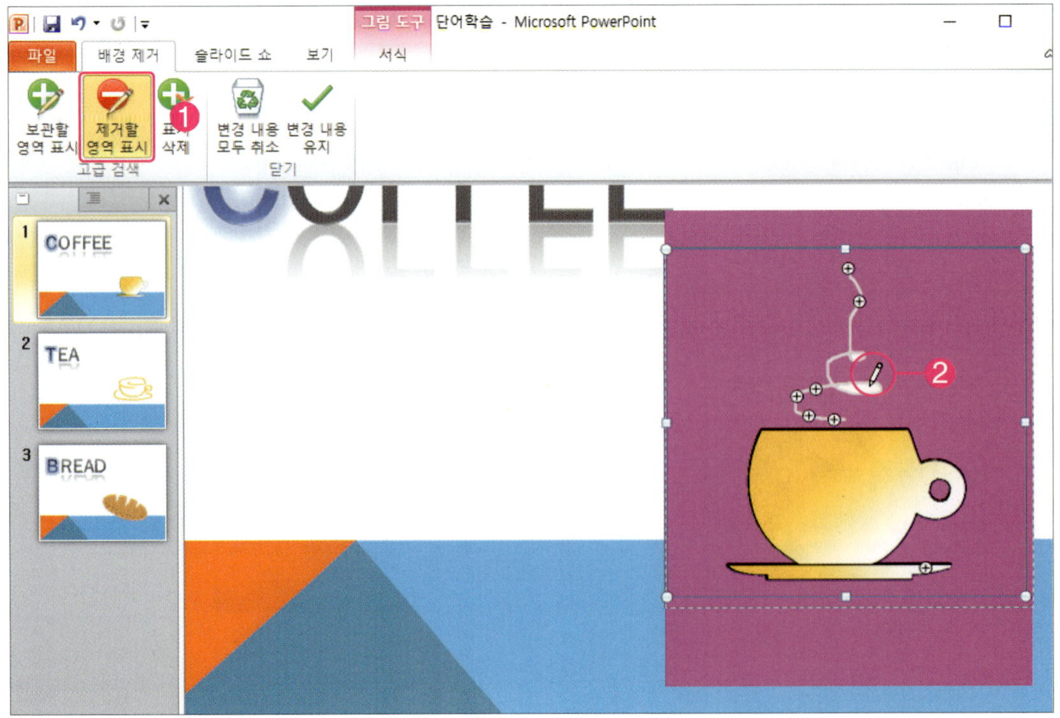

07 [보관할 영역 표시]와 [제거할 영역 표시]를 적절히 활용하여 슬라이드에 표시하고 싶은 부분을 설정합니다. 더 이상 변경 사항이 없으면 [배경 제거] 탭-[닫기] 그룹-[변경 내용 유지]를 클릭합니다.

08 배경이 제거된 것을 확인합니다.

01 2번 슬라이드의 삽입 그림(차.jpg)을 선택한 후, [그림 도구]–[서식] 탭–[조정] 그룹에서 [색]–[황갈색, 어두운 강조색 5(☕)]를 선택합니다.

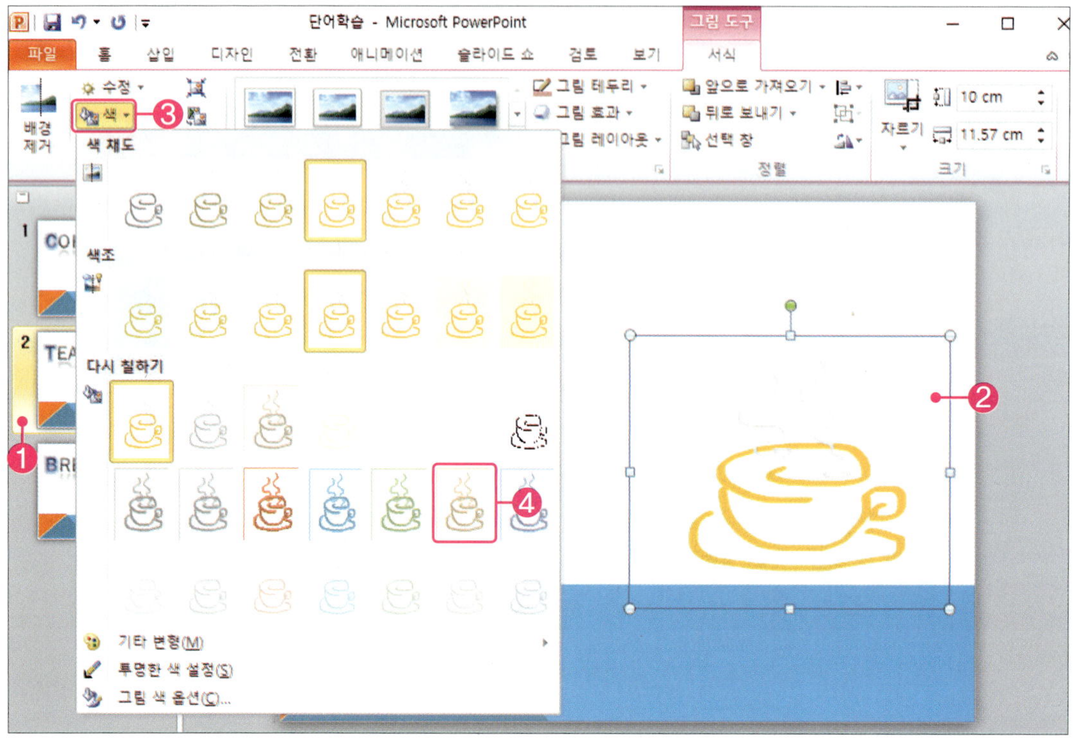

02 색상이 변경된 것을 확인합니다.

01 3번 슬라이드의 삽입 그림(빵.jpg)을 선택한 후, [그림 도구]–[서식] 탭–[조정] 그룹에서 [꾸밈 효과]–[시멘트( )]를 선택합니다.

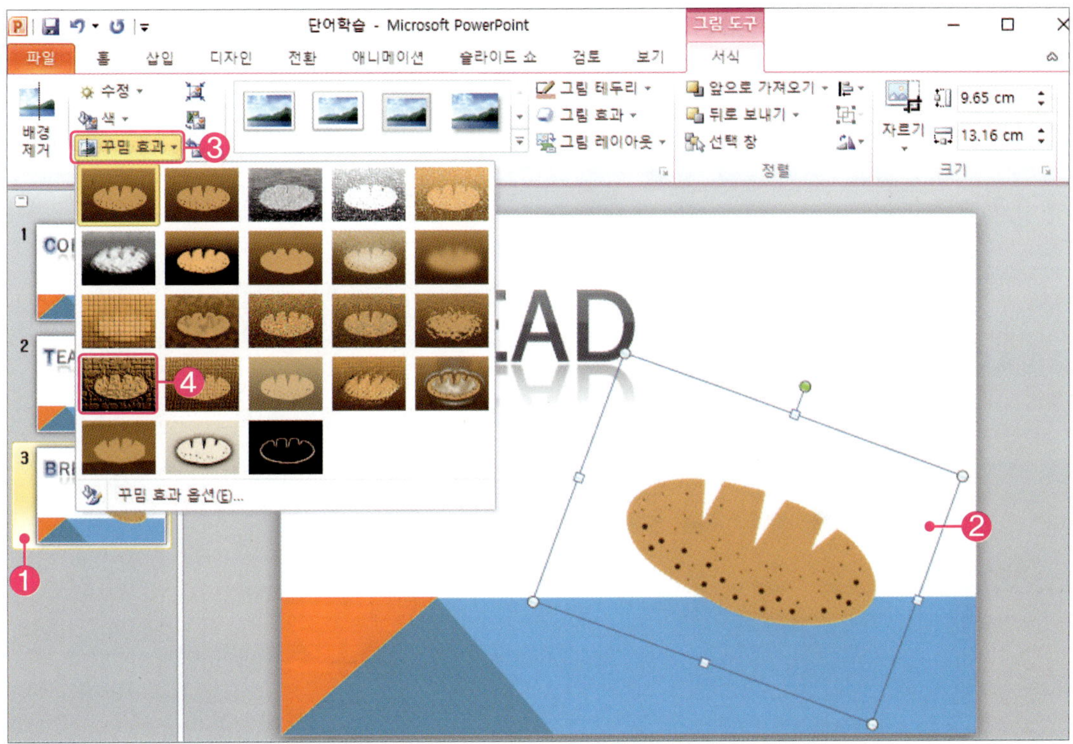

02 적용된 효과를 확인합니다.

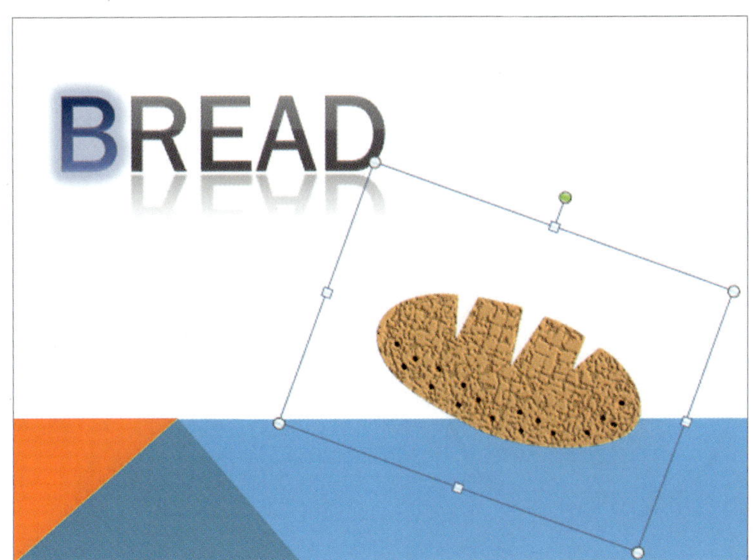

01 1번 슬라이드의 삽입 그림(커피.jpg)을 선택한 후, [그림 도구]–[서식] 탭– [그림 스타일] 그룹에서 [자세히(▼)]를 클릭한 후, [입체 타원, 검정(◕)]을 선택합니다.

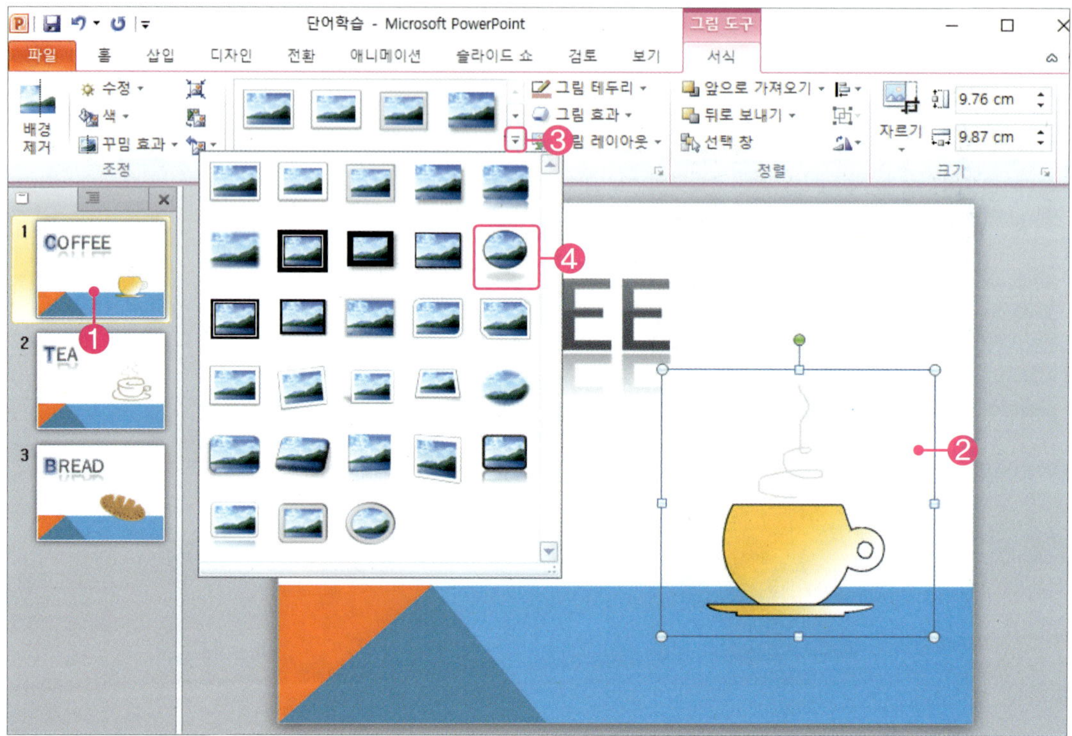

02 빠른 그림 스타일 효과가 적용된 것을 확인합니다.

◎ 예제파일 : 컴퓨터첫걸음.pptx, 컴퓨터.bmp

1 '컴퓨터첫걸음.pptx' 파일을 불러온 후, 2번 슬라이드에 '컴퓨터.bmp' 파일을 삽입해 봅니다.

2 다음과 같이 3번 슬라이드에도 같은 그림을 삽입한 후, '자르기' 기능을 이용하여 일부만 나타나도록 조정해 봅니다.

③ 다음과 같이 4번 슬라이드에도 같은 그림을 삽입한 후, '자르기'와 '투명한 색 설정' 기능을 이용하여 일부만 나타나도록 조정하고, '사각형 그림자' 그림 스타일을 적용해 봅니다.

④ 다음과 같이 5번 슬라이드에도 같은 그림을 삽입한 후, '배경 제거' 기능을 이용하여 일부만 나타나도록 조정하고, '플라스틱 워프' 꾸밈 효과를 적용해 봅니다.

07 도형 삽입하기

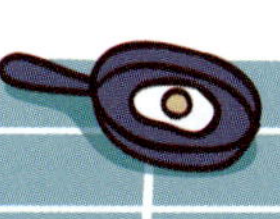

01 도형 만들기

도형 기능은 [홈] 탭-[그리기] 그룹과 [삽입] 탭-[일러스트레이션] 그룹에서 제 공되고 있습니다. 여기서는 [삽입] 탭을 활용하는 방법을 중심으로 살펴보도록 하겠습니다.

01 파워포인트를 실행한 후, 제목 슬라이드를 다음과 같이 작성합니다.

02 [삽입] 탭-[일러스트레이션] 그룹의 [도형]-[직사각형(□)]을 선택합니다.

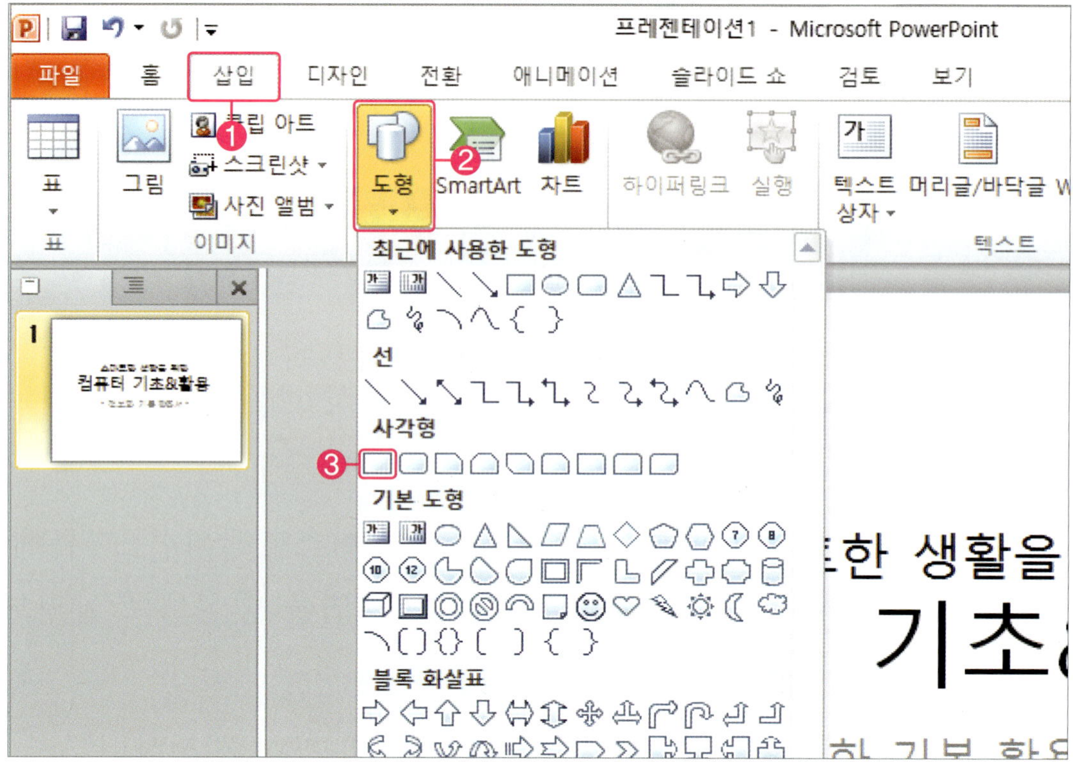

03 마우스 포인터의 모습이 + 모양으로 나타나면 드래그하여 삽입합니다.

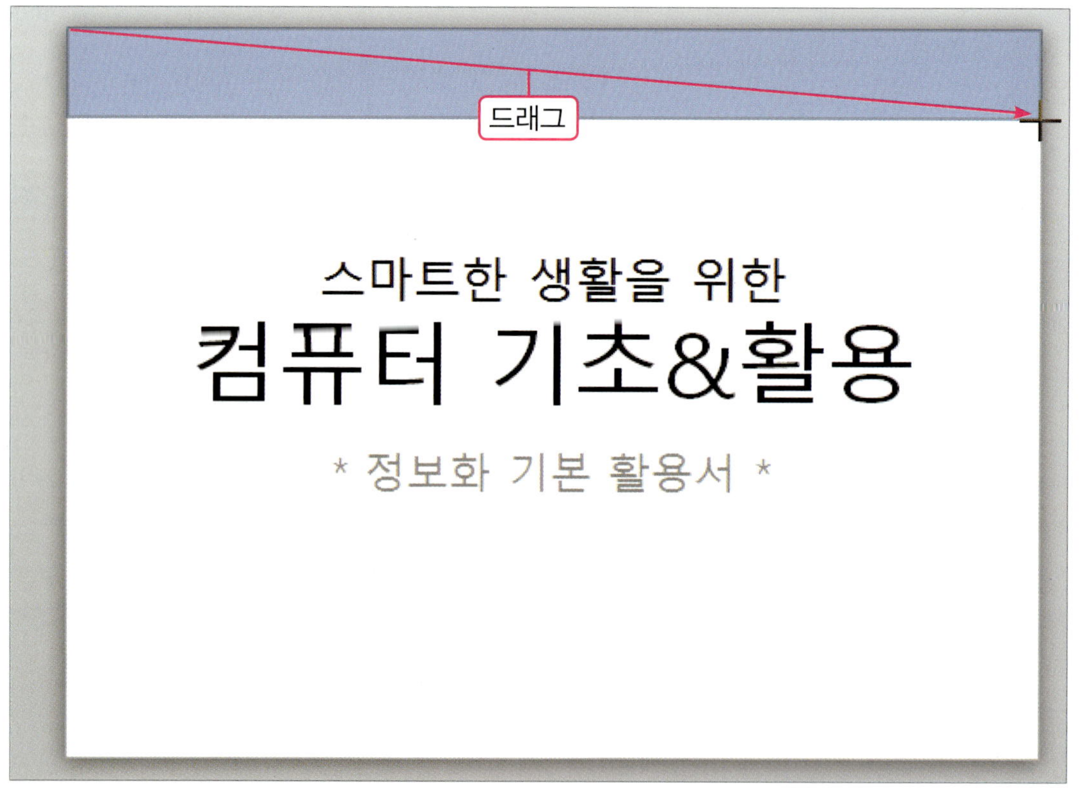

01 [그리기 도구]–[서식] 탭–[도형 스타일] 그룹에서 [자세히(▾)]를 클릭해 [색 채우기 – 바다색, 강조 5(가나다)]를 선택합니다.

02 도형 서식이 바뀐 것을 확인합니다.

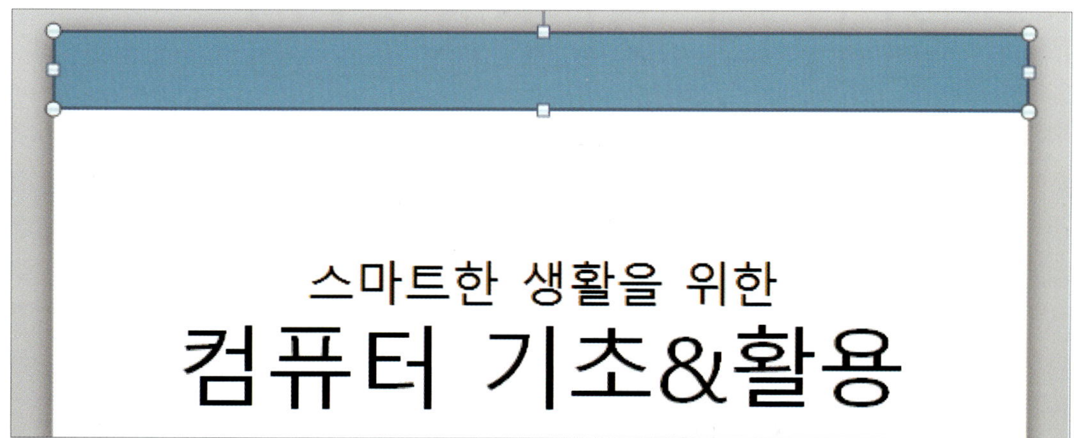

알아두기 [도형 채우기], [도형 윤곽선], [도형 효과]를 활용하여 사용자만의 새로운 스타일을 만들어 적용할 수도 있습니다.

01 마우스 포인터를 도형으로 가져가 모양으로 나타나면 Ctrl + Shift 키를 누른 채 아래로 드래그합니다.

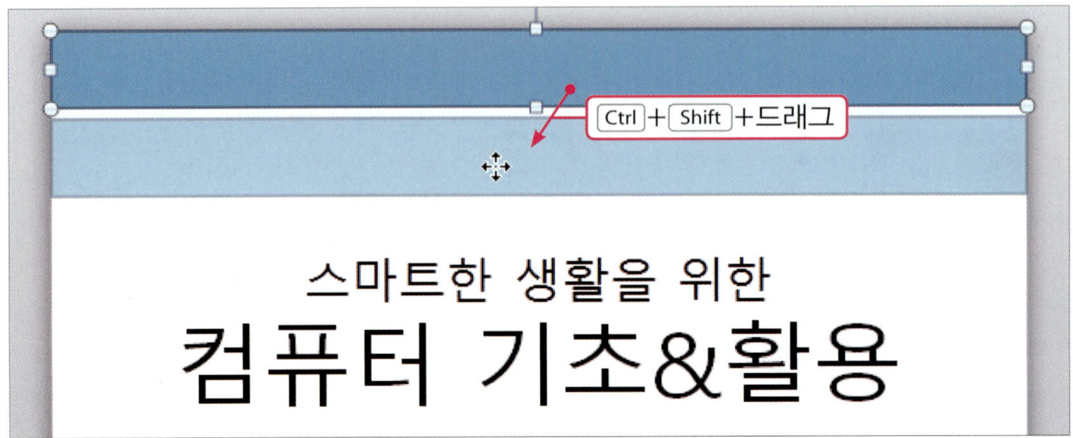

02 아래쪽에도 같은 모양, 같은 크기의 도형이 생긴 것을 확인합니다.

03 크기 조절점을 드래그하여 높이를 조절합니다.

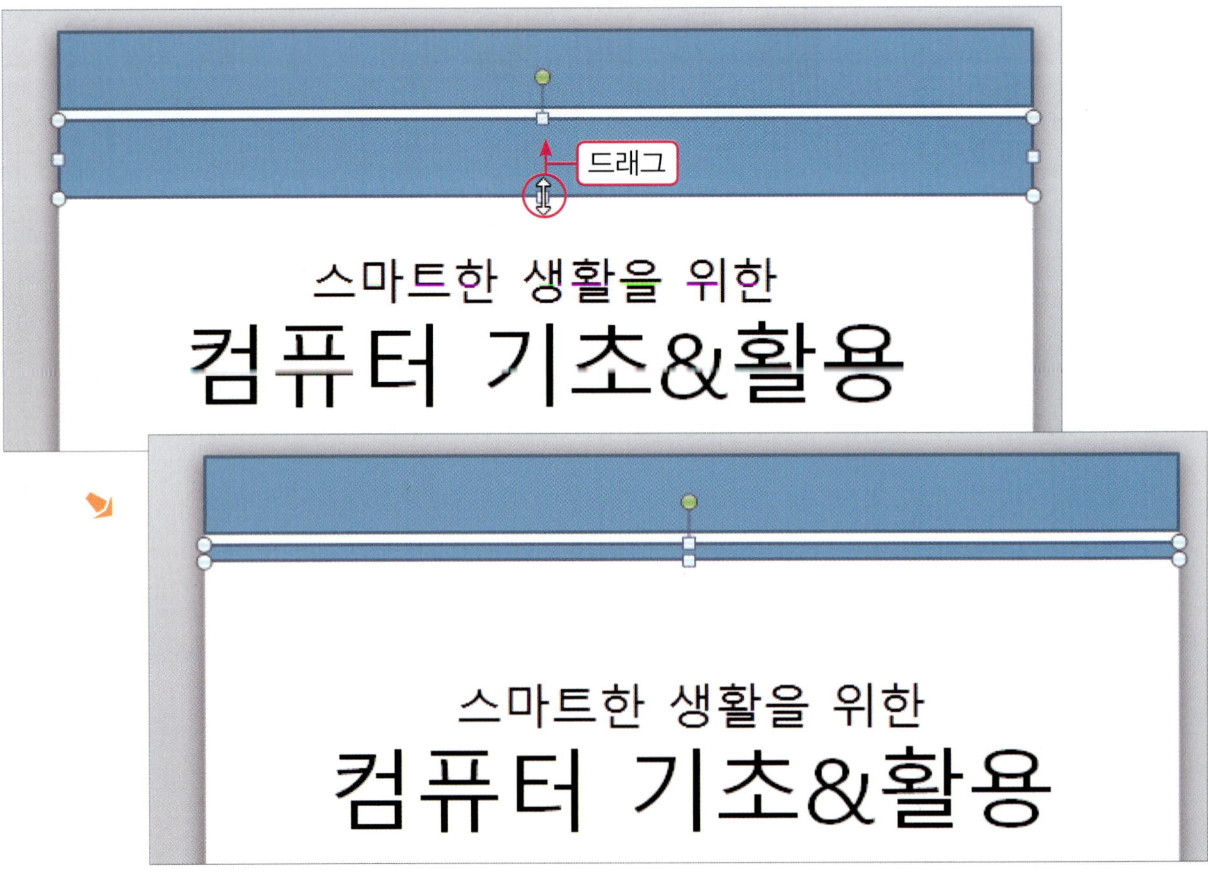

01 Ctrl + Shift 키를 활용하여 위쪽 직사각형 도형을 아래쪽에 복사합니다.

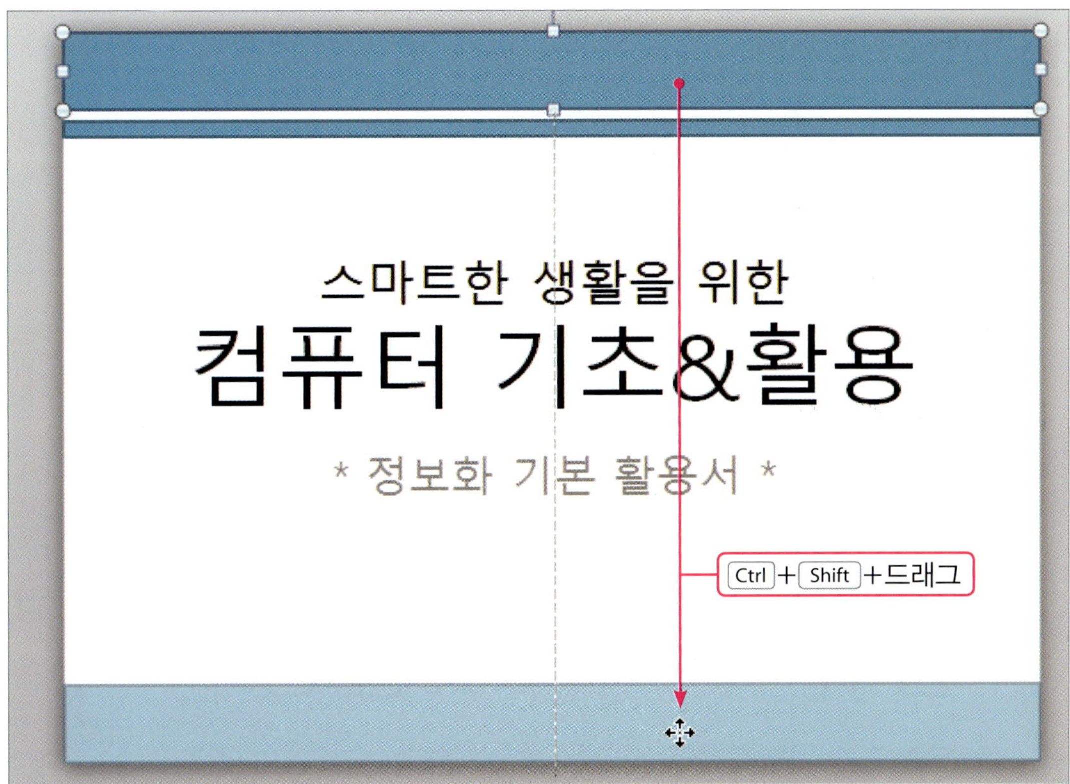

02 [그리기 도구]-[서식] 탭-[도형 삽입] 그룹의 [도형 편집( )]-[도형 모양 변경]에서 [직각 삼각형( )]을 선택합니다.

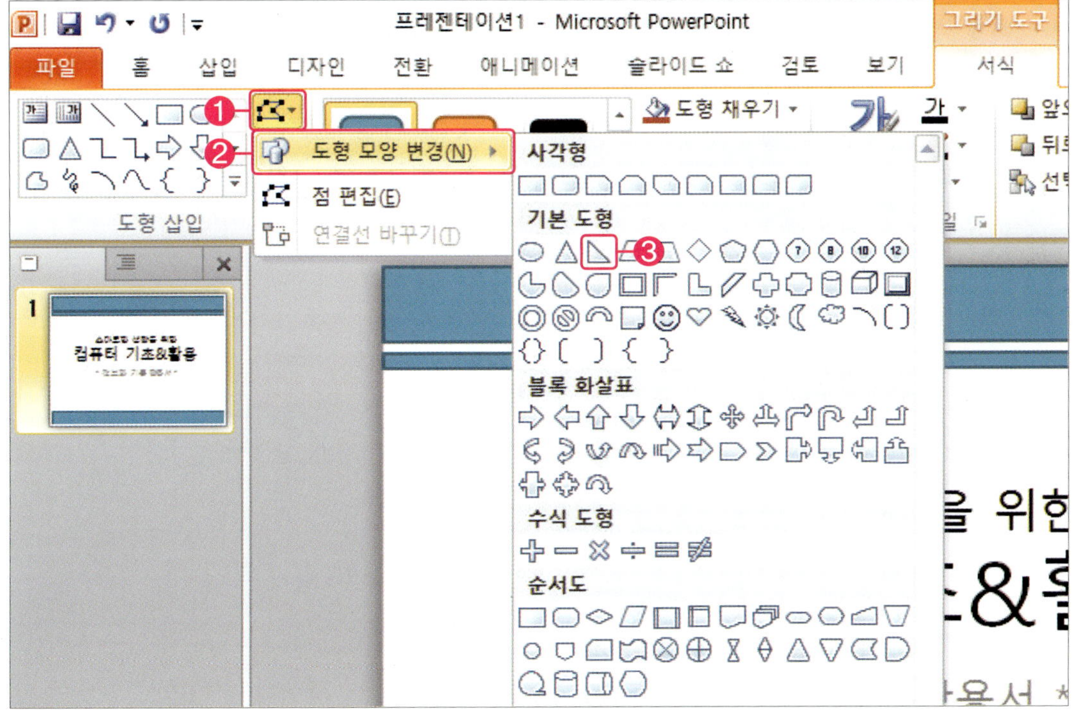

03 직사각형 모양이 직각 삼각형으로 바뀐 것을 확인합니다.

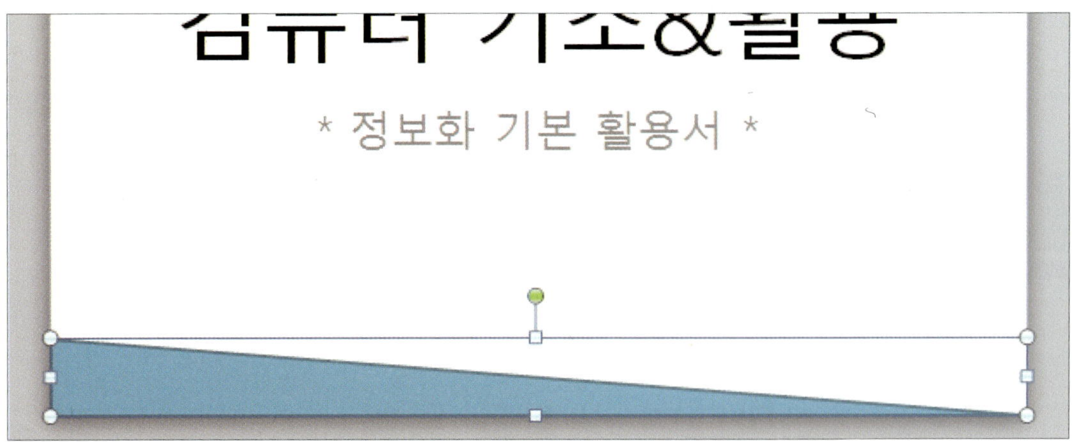

05 도형 점 편집하기

01 직각 삼각형의 위쪽 조절점(□)을 위로 드래그하여 높이를 조정합니다.

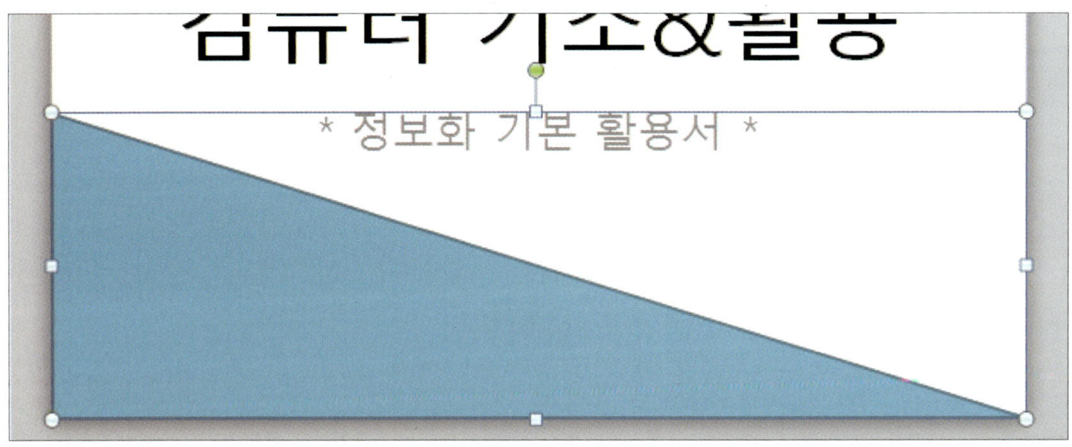

02 [그리기 도구]-[서식] 탭-[도형 삽입] 그룹의 [도형 편집(   )]-[점 편집]을 선택합니다.

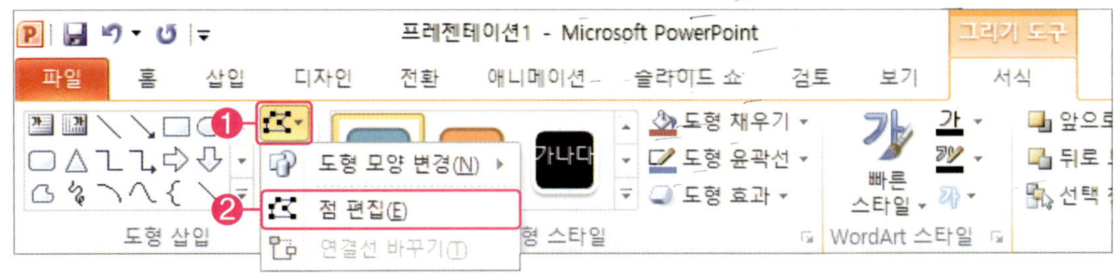

03 도형에 검은 색 점들이 표시되는 것을 확인합니다.

04 대각선 중앙 부분으로 마우스 포인터를 이동한 후, ✛ 모양으로 바뀌면 아래쪽으로 드래그합니다.

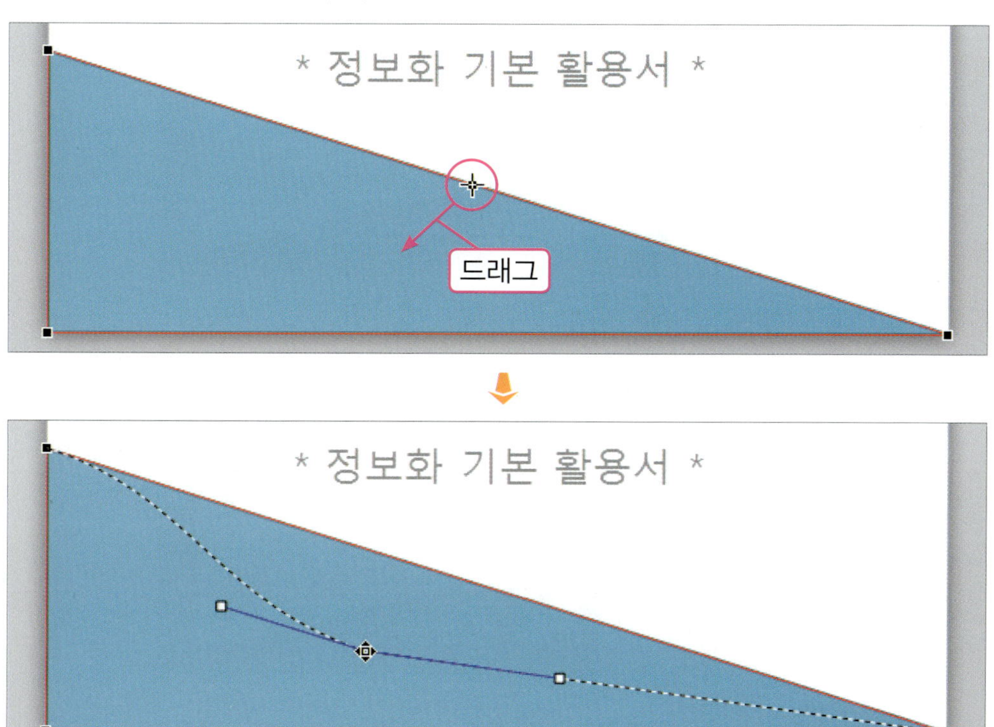

05 새로운 편집 점이 생성되고, 모양이 바뀐 것을 확인합니다.

06 하얀 색 방향점의 위치를 조정하여 곡선 모양을 변경합니다.

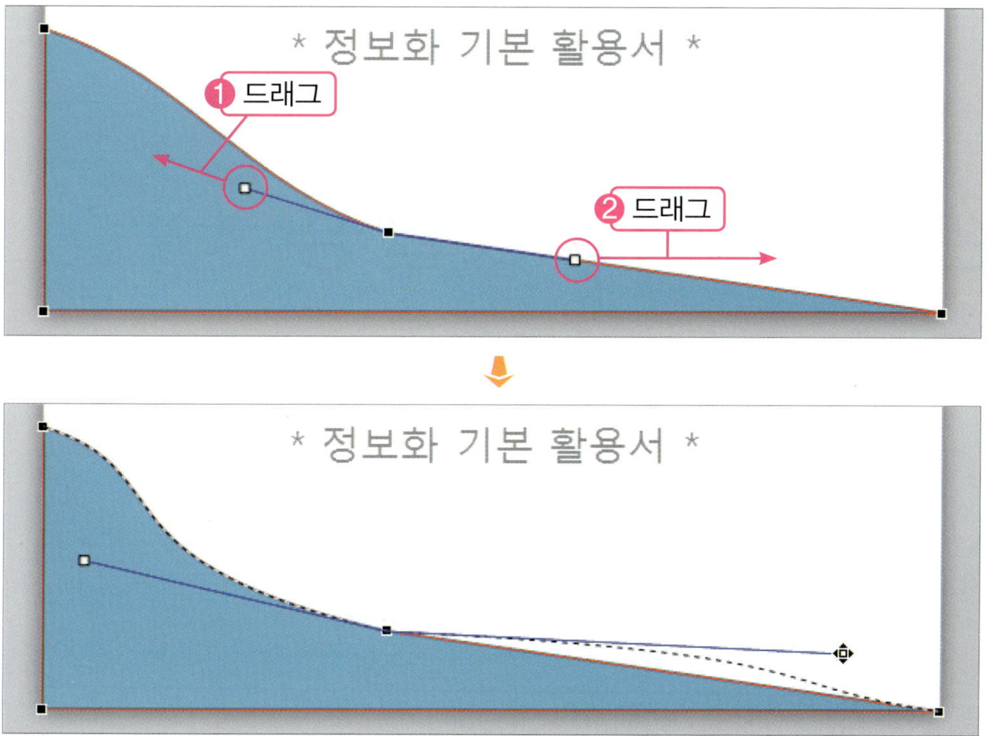

07 추가된 검은 색 점 위로 마우스 포인터를 이동하여 ✛ 모양으로 바뀌면 **왼쪽 아래로 드래그**하여 점 위치를 이동합니다.

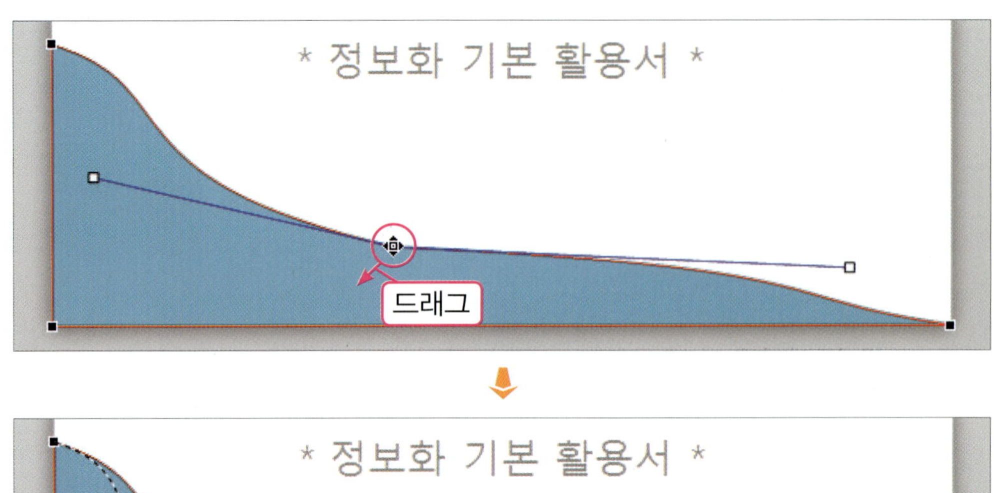

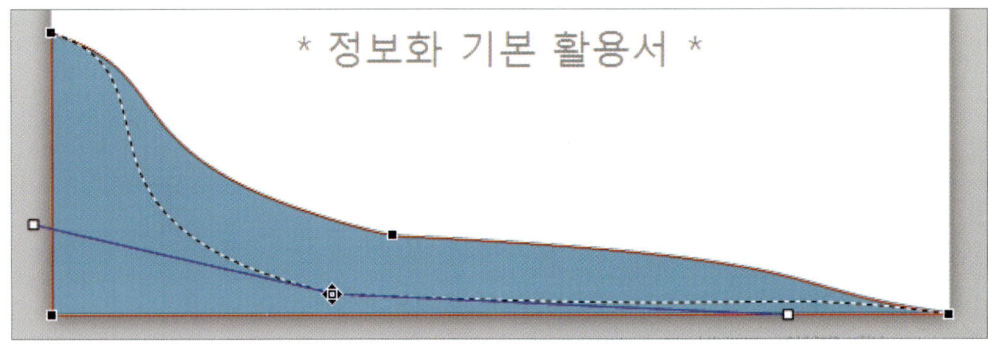

08 임의의 **빈 영역을 클릭**하여 점 편집을 마무리하고 변경된 모양을 확인합니다.

편집 점 삭제

Ctrl 키를 누른 채 검은 색 편집 점으로 마우스 포인터를 이동하면 x 표시가 나타납니다. 이때 클릭하면 편집 점이 사라지고, 모양이 변경됩니다.

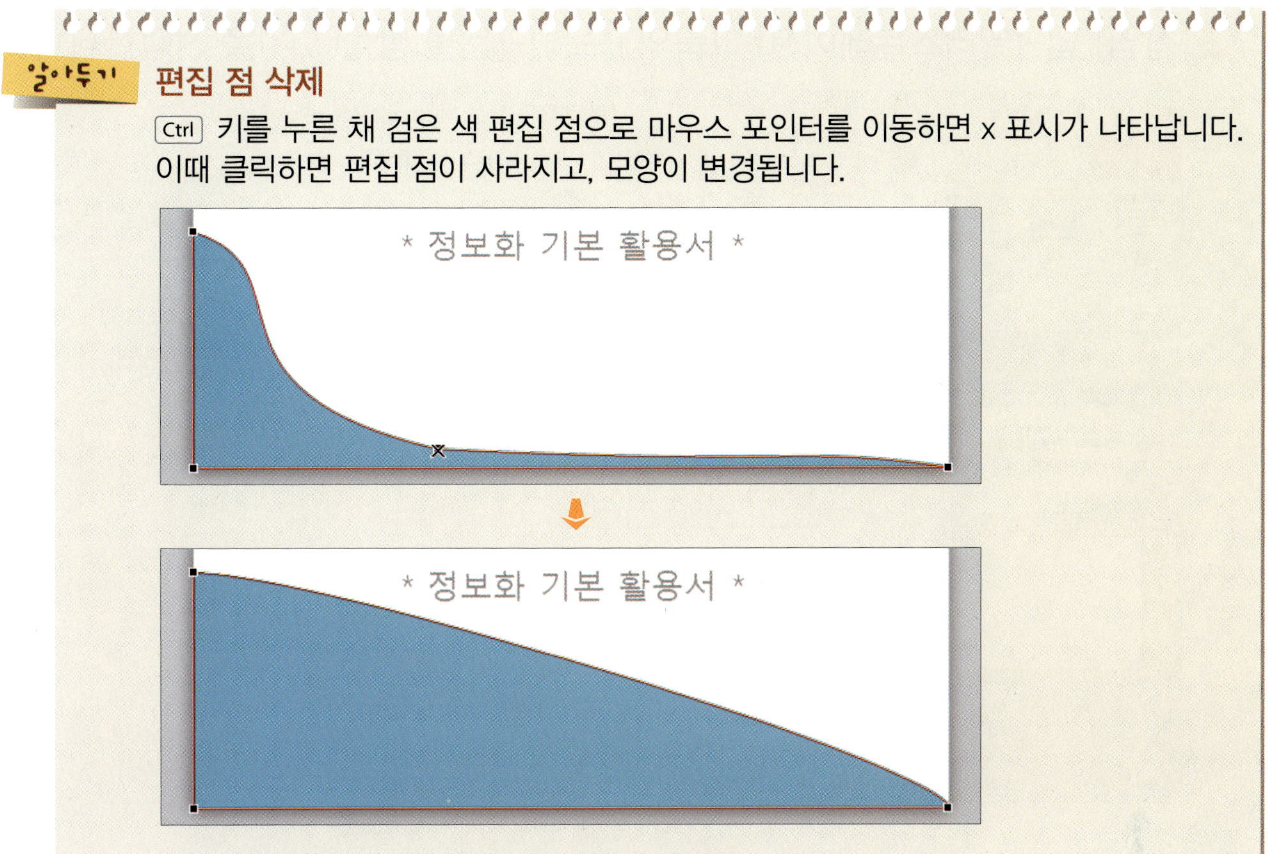

06 도형에 텍스트 입력하기

01 [홈] 탭–[슬라이드] 그룹–[새 슬라이드(새 슬라이드)]를 클릭하여 [빈 화면] 레이아웃을 선택하여 빈 슬라이드를 추가합니다.

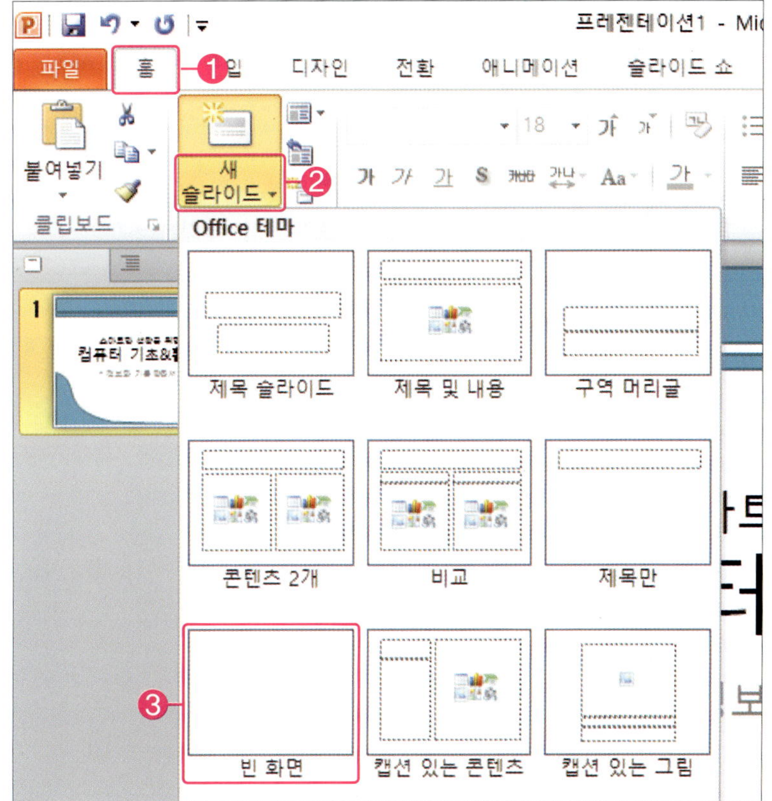

02 [삽입] 탭–[일러스트레이션] 그룹의 [도형]–[눈물 방울(◯)]을 선택합니다.

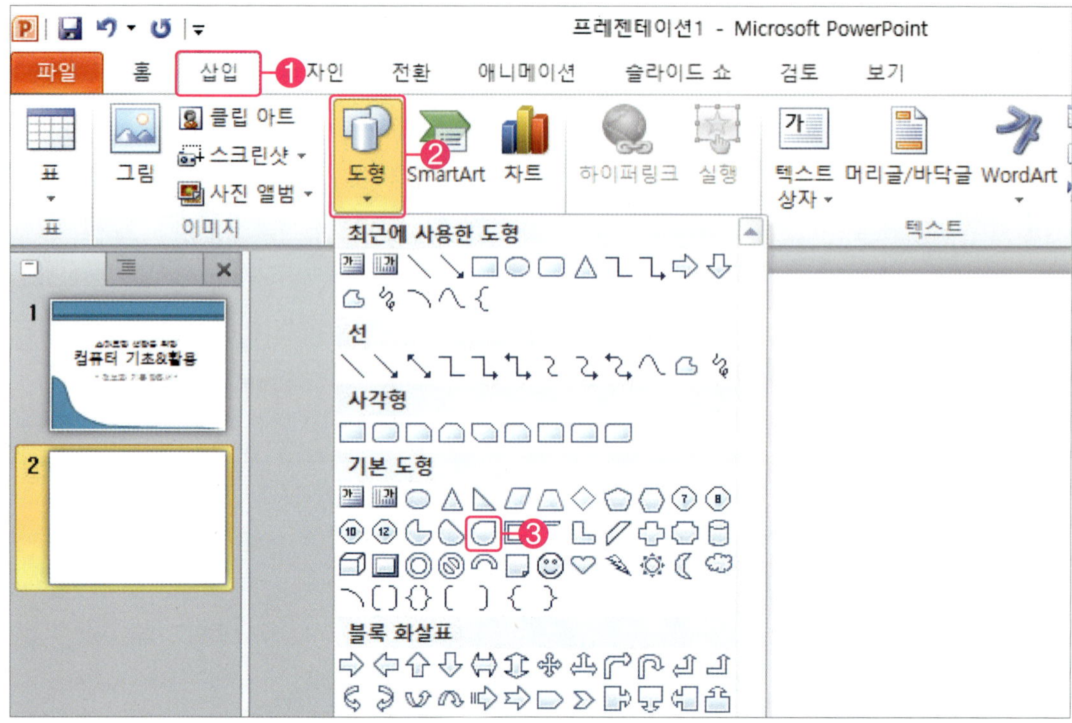

03 적당한 위치에 도형을 드래그하여 삽입한 후, [홈] 탭–[글꼴] 그룹에서 글꼴 크기, 글꼴 색 등을 지정하고 '1'을 입력합니다.

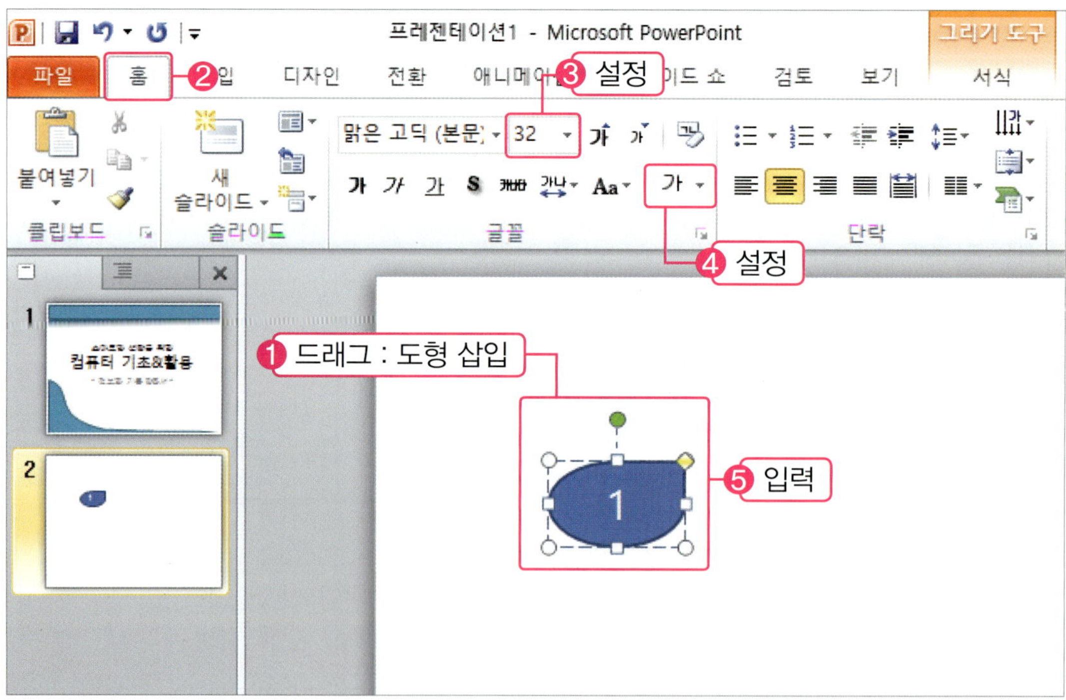

04 [그리기 도구]–[서식] 탭–[도형 스타일] 그룹에서 [자세히(▾)]를 클릭해 [강한 효과 – 자주, 강조4(가나다)]를 선택합니다.

05 [그리기 도구]–[서식] 탭–[도형 삽입] 그룹에서 [모서리가 둥근 직사각형(▢)]을 선택합니다.

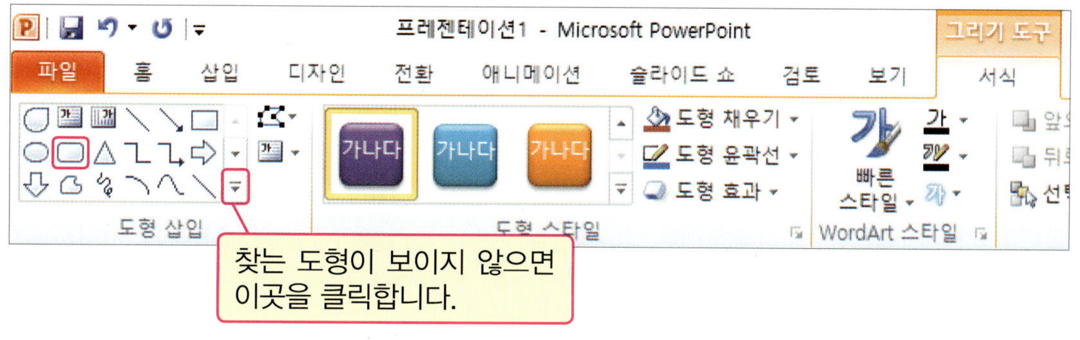

알아두기 [삽입] 탭–[일러스트레이션] 그룹–[도형]에서 삽입해도 됩니다.

06 드래그하여 삽입한 후, 노란색 모양 조절점(◇)을 드래그하여 모서리의 둥근
정도를 조정합니다.

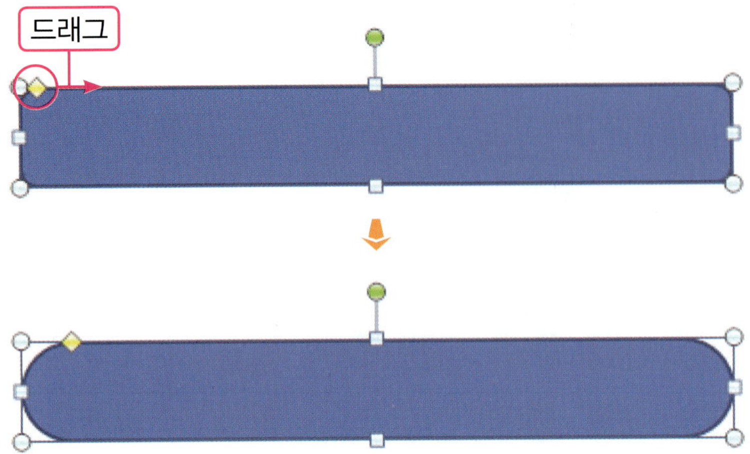

07 텍스트를 입력한 후, 도형 스타일 및 글꼴 스타일을 지정합니다. 여기서는
앞의 도형과 같은 서식을 적용할 것이므로 눈물 방울 도형을 선택한 후, [홈]
탭–[클립보드] 그룹–[서식 복사( )]를 클릭하고 모서리가 둥근 직사각형 도
형을 클릭합니다.

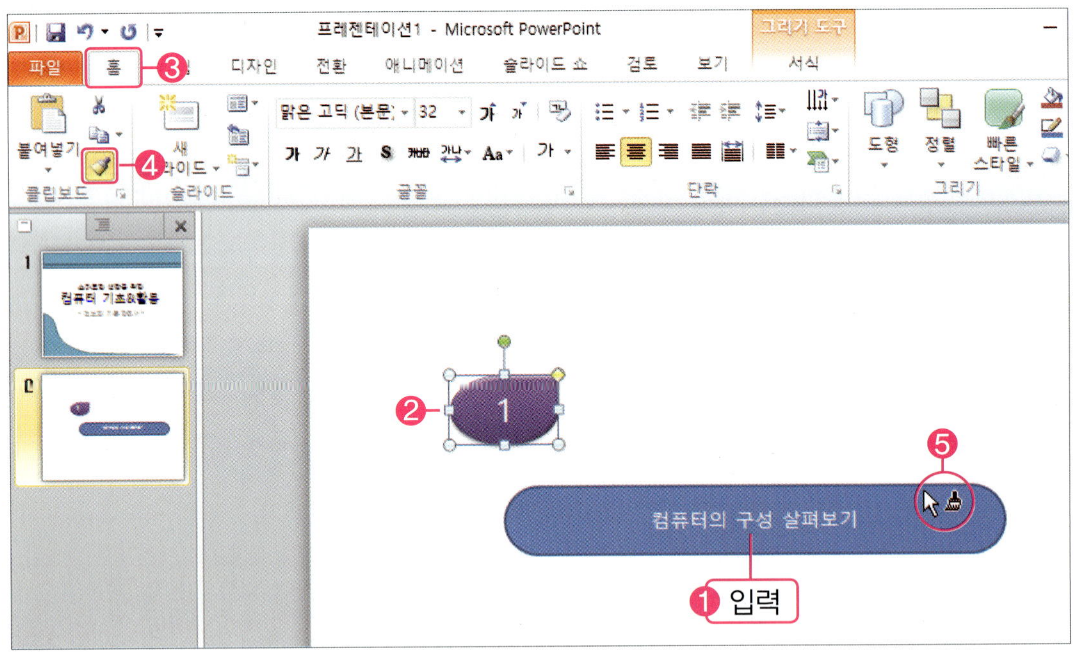

01 Ctrl 키를 누른 채 도형을 클릭하여 눈물 방울과 모서리가 둥근 사각형 도형을 함께 선택합니다.

02 [그리기 도구]-[서식] 탭-[정렬] 그룹에서 [맞춤( )]-[위쪽 맞춤]을 선택합니다.

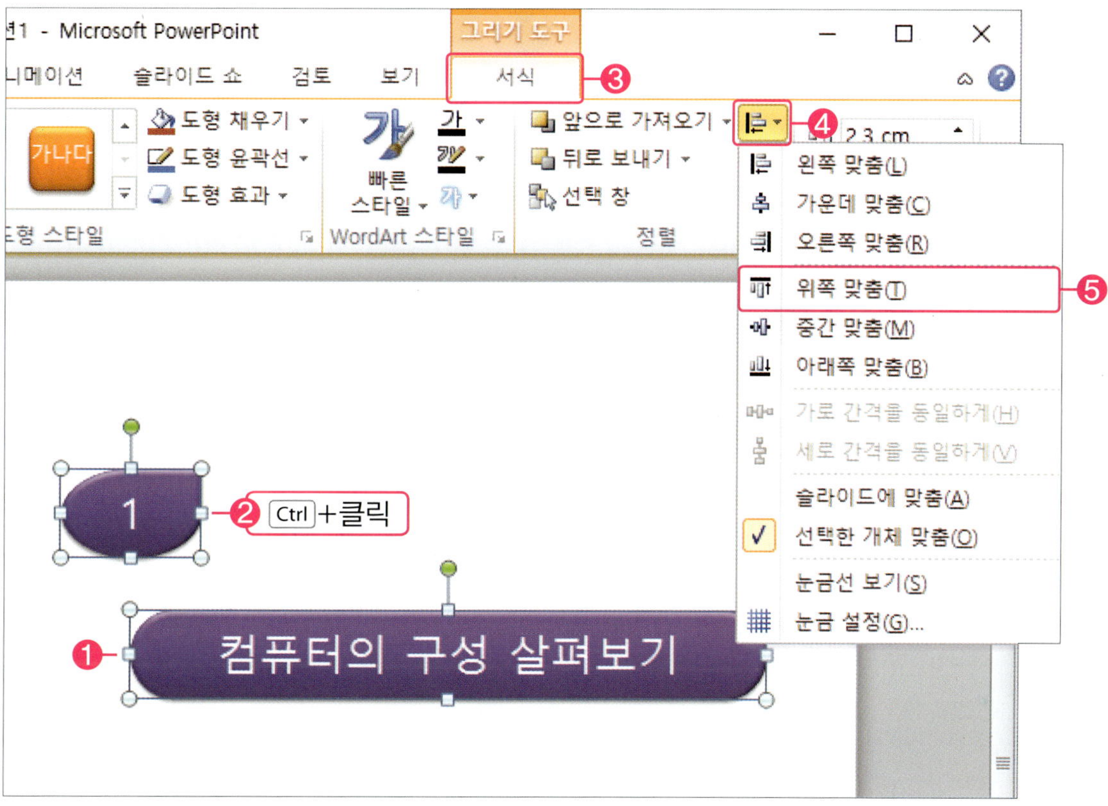

03 위쪽이 도형에 맞춰 아래쪽 도형이 이동된 것을 확인합니다. 나중에 작성된 도형이 앞에 위치한 것을 확인합니다.

알아두기 Ctrl 키를 누른 채 선택되어 있는 개체를 클릭하면 선택에서 빠집니다.

01 모서리가 둥근 사각형만 선택한 후, [그리기 도구]-[서식] 탭-[정렬] 그룹-[뒤로 보내기]를 클릭합니다.

02 드래그하거나 방향키를 이용하여 도형의 위치를 조정하여 완성합니다.

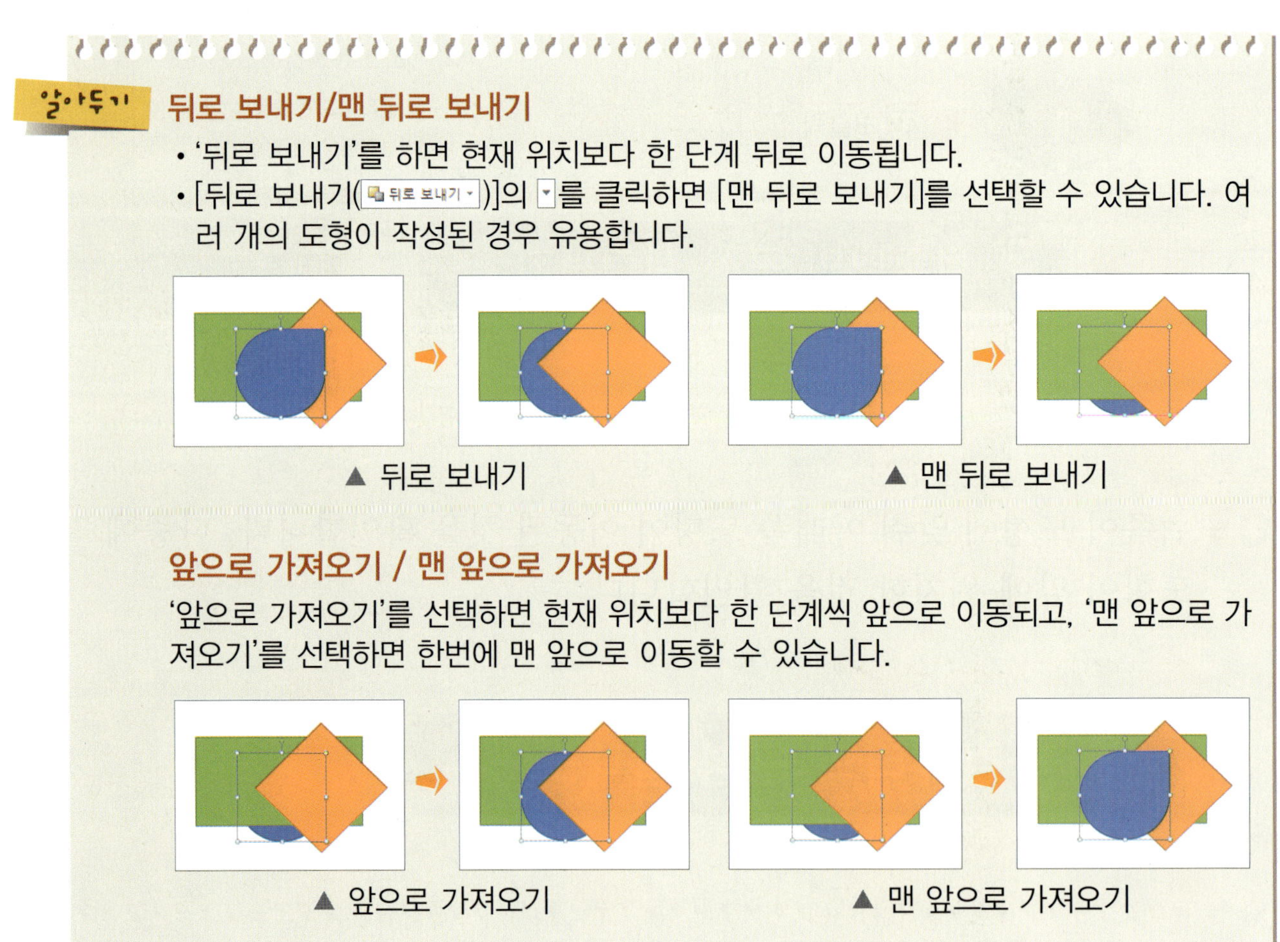

01 눈물 방울과 모서리가 둥근 사각형 도형을 함께 선택한 후, [그리기 도구]–
[서식] 탭–[정렬] 그룹에서 [그룹(⊞)]–[그룹]을 선택합니다.

02 드래그하여 위치를 조정합니다.

03 Ctrl + Shift 키를 누른 채 아래로 드래그하여 복사합니다.

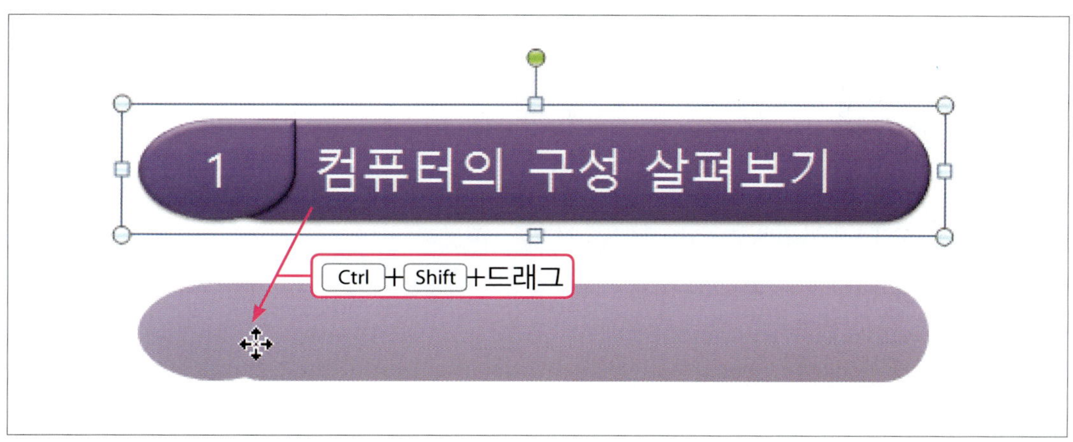

알아두기
- Ctrl +드래그 : 복사
- Shift +드래그 : 수평/수직 방향으로 이동
- Ctrl + Shift +드래그 : 수평/수직 방향으로 복사

04 같은 방법으로 5개의 도형을 작성합니다.

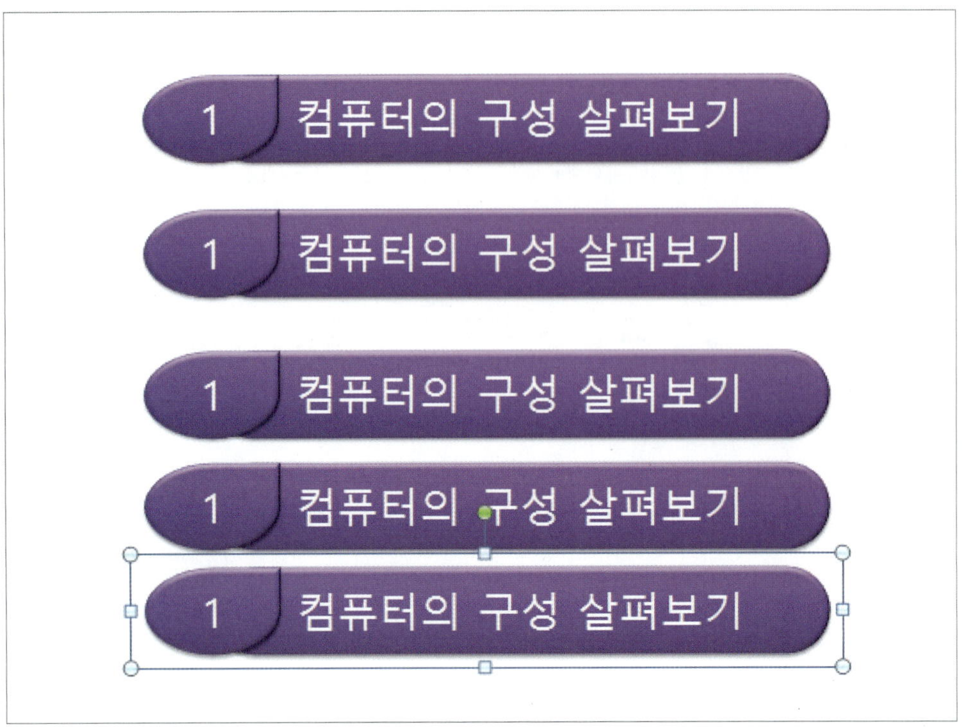

05 [도형 스타일] 그룹의 빠른 스타일 갤러리를 활용하여 각 도형 그룹의 색상을 변경합니다.

06 마우스 포인터를 도형의 텍스트 부분으로 이동한 후 I 모양이 나타나면 클릭하여 각 도형의 내용을 수정합니다.

간격 동일하게 배치하기

01 드래그하거나 Ctrl 키를 누른 채 클릭하여 도형 그룹을 모두 선택합니다.

02 [그리기 도구]–[서식] 탭–[정렬] 그룹에서 [맞춤()]–[세로 간격을 동일하게]를 선택합니다.

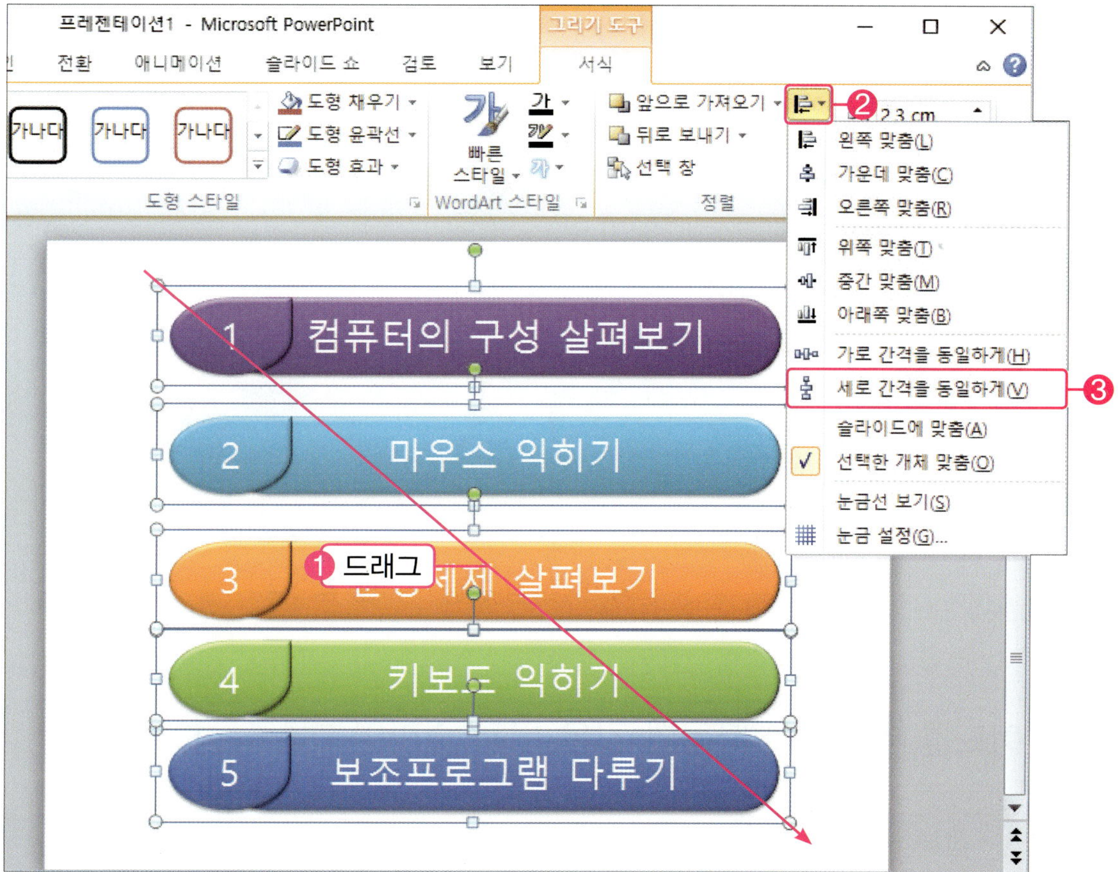

03 간격이 균등하게 배치된 것을 확인합니다.

활용마당

◎ 예제파일 : 표지와목차.pptx

1 '표지와목차.pptx' 파일을 불러와 다음과 같이 도형의 모양, 위치를 변경해 봅니다.

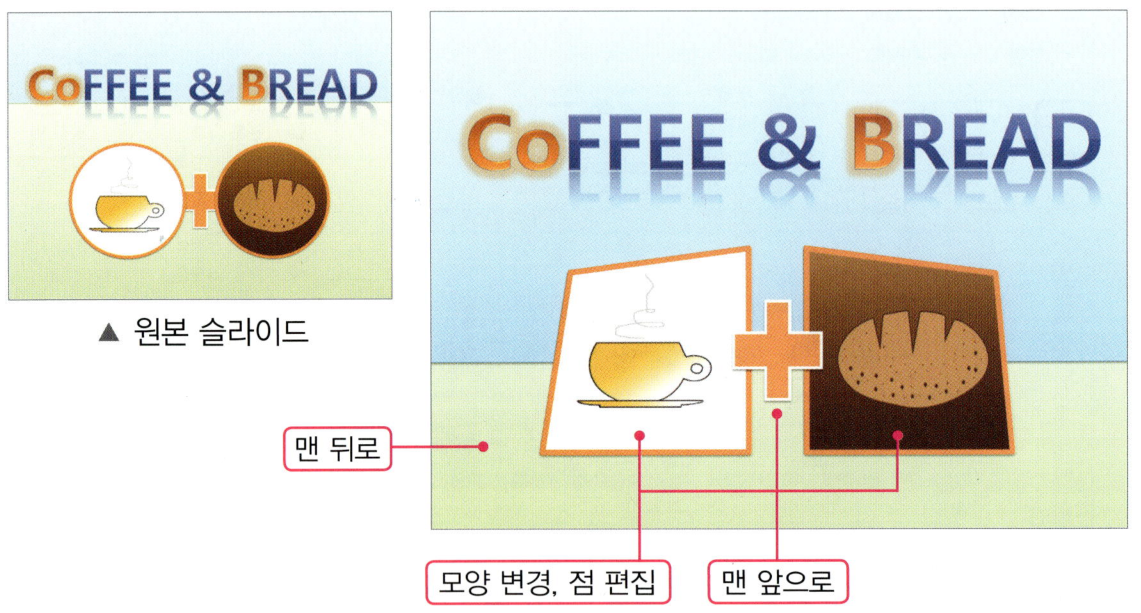

2 슬라이드를 추가하여 다음과 같은 목차 슬라이드를 작성해 봅니다.

08 스마트아트 삽입하기

 스마트아트 만들기

01 파워포인트를 실행한 후, 제목 슬라이드를 '제목 및 내용' 레이아웃으로 수정합니다.

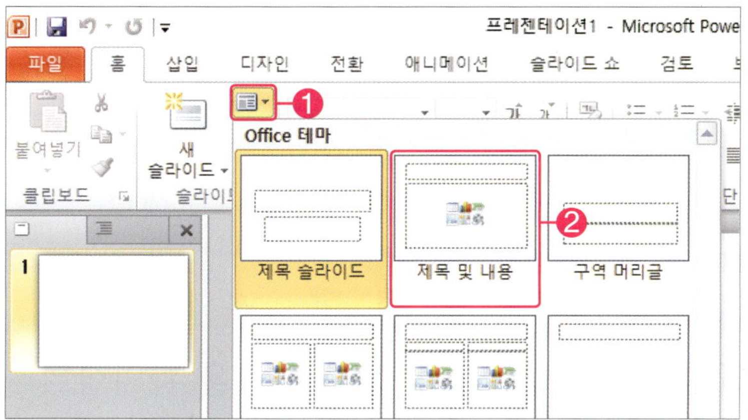

02 다음과 같이 제목(프레젠테이션 제작 과정)을 입력한 후, 내용 텍스트 상자에 표시된 목록 중 [SmartArt 삽입( )]을 클릭합니다.

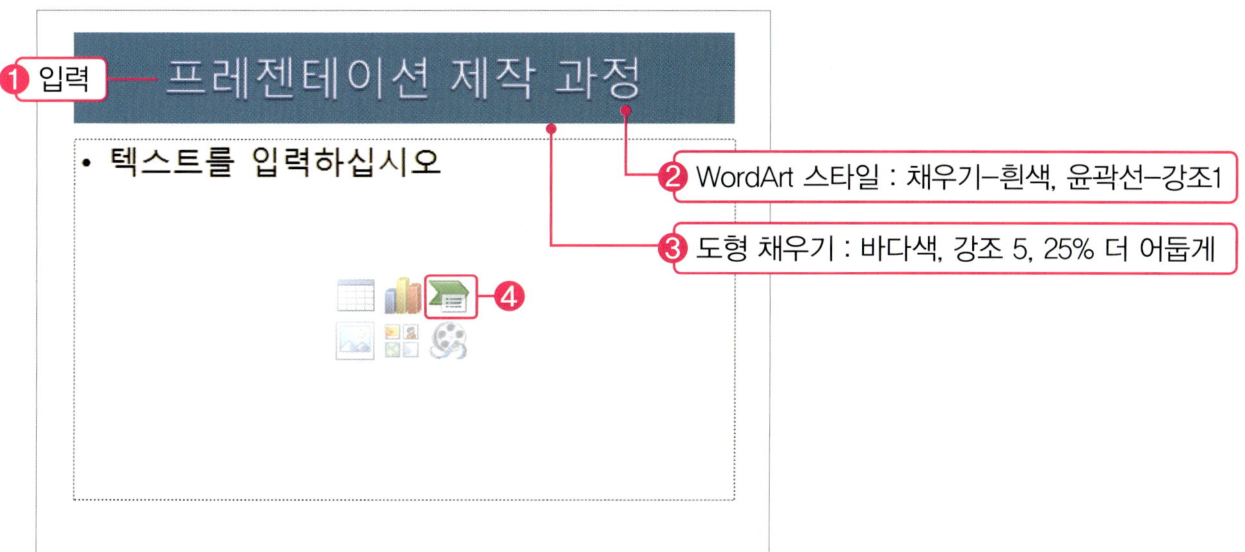

03 [SmartArt 그래픽 선택] 대화상자가 나타나면 [프로세스형]–[단계 하락 프로세스형]을 선택한 후, [확인] 버튼을 클릭합니다.

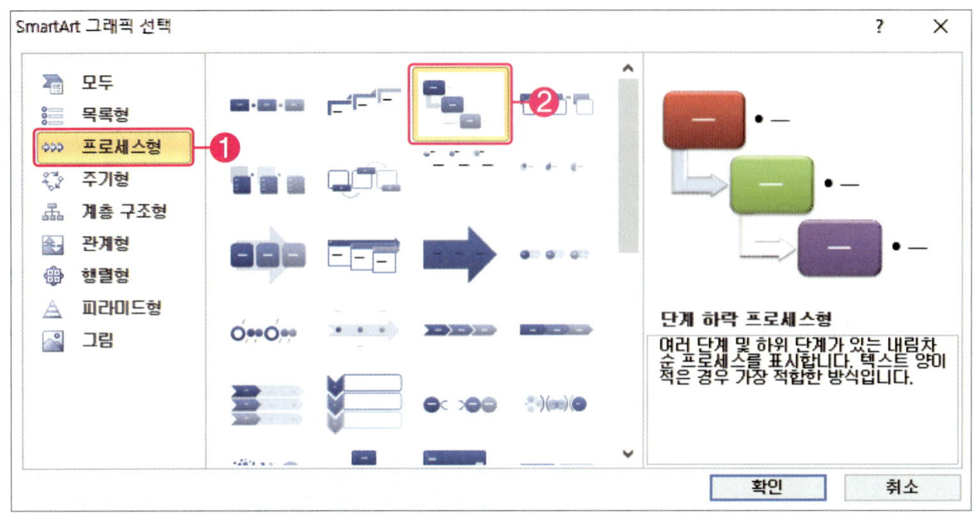

알아두기 [삽입] 탭–[일러스트레이션] 그룹–[SmartArt]를 클릭해도 됩니다.

04 선택한 레이아웃의 스마트아트가 슬라이드에 삽입된 것을 확인합니다.

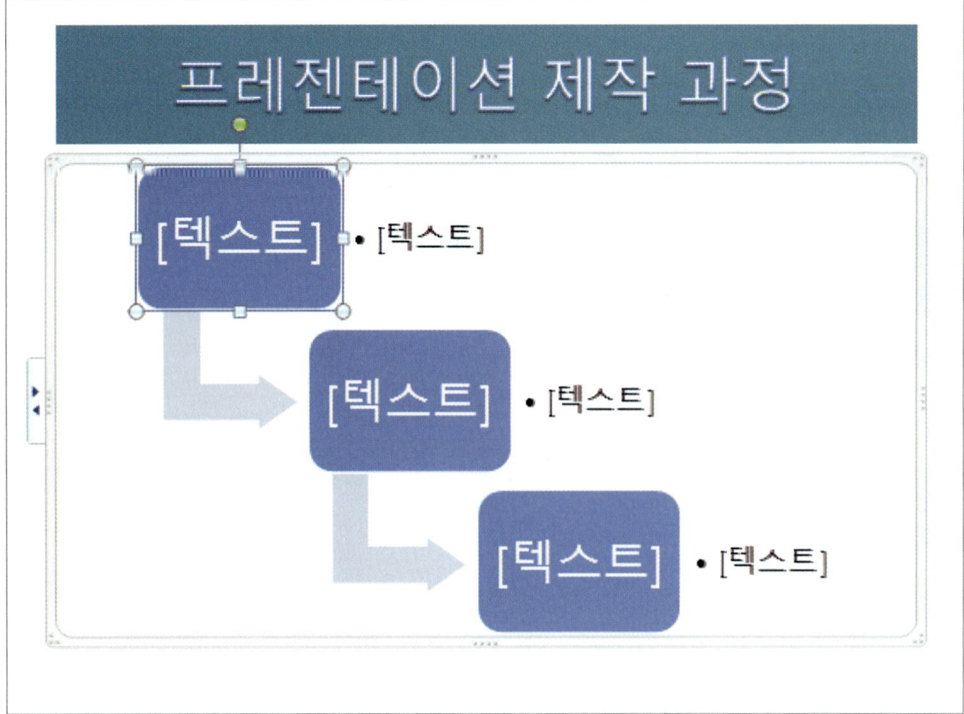

02 스마트아트에 텍스트 입력하기

생성된 스마트아트(SmartArt)의 도형을 클릭하여 직접 입력해도 되지만, 여기서는 [텍스트 창]을 이용하는 방법으로 살펴보도록 하겠습니다.

💬 텍스트 창을 이용하여 입력하기

01 [SmartArt 도구]–[디자인] 탭–[그래픽 만들기] 그룹–[텍스트 창]을 클릭합니다. 텍스트 창이 나타나는 것을 확인합니다.

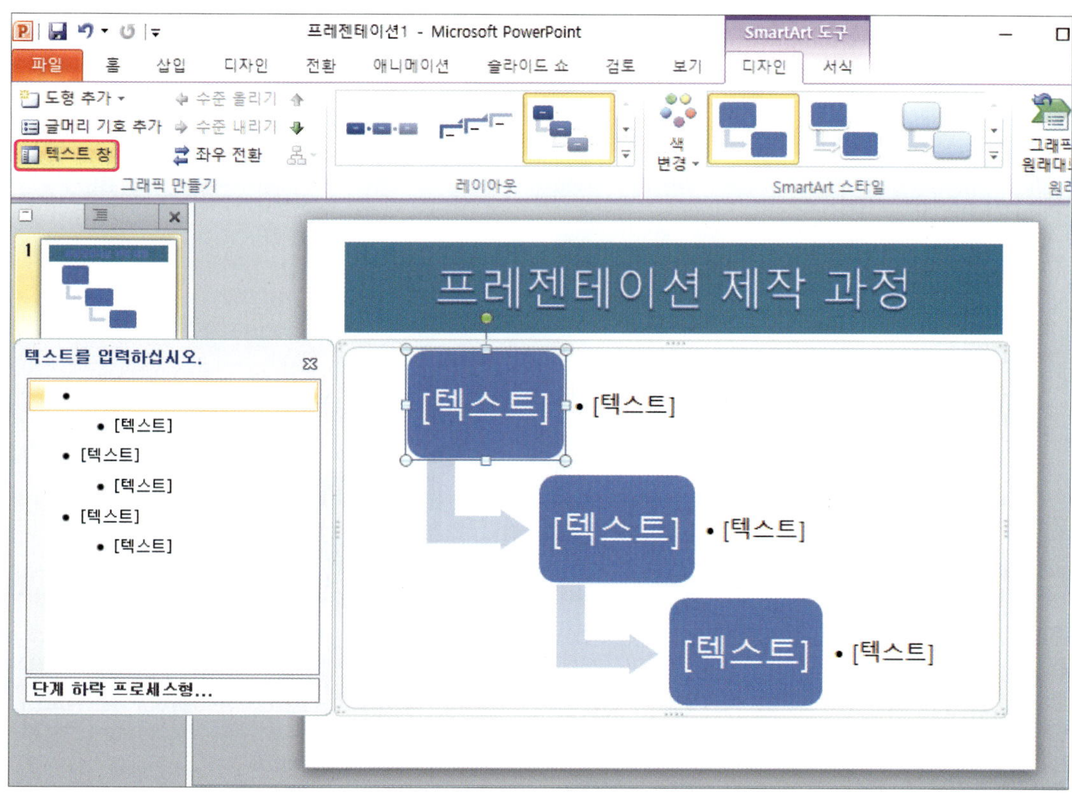

알아두기 스마트아트 개체 틀 왼쪽의 버튼을 클릭하여 텍스트 창을 표시할 수도 있습니다.

02 텍스트 창의 첫 번째 항목에 텍스트(분석)를 입력합니다. 방향 키 ↓를 눌러 아래 항목으로 커서를 이동합니다.

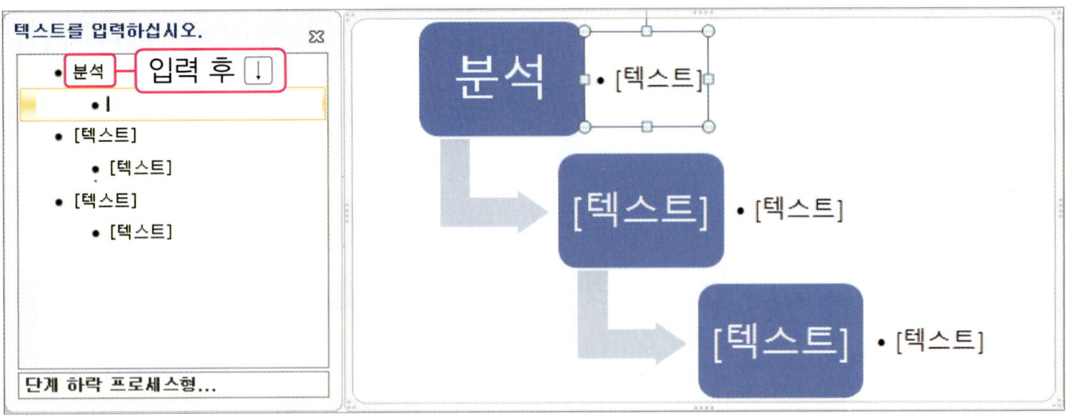

03 텍스트(청중)를 입력한 후 Enter 키를 눌러 같은 수준의 항목을 추가합니다.

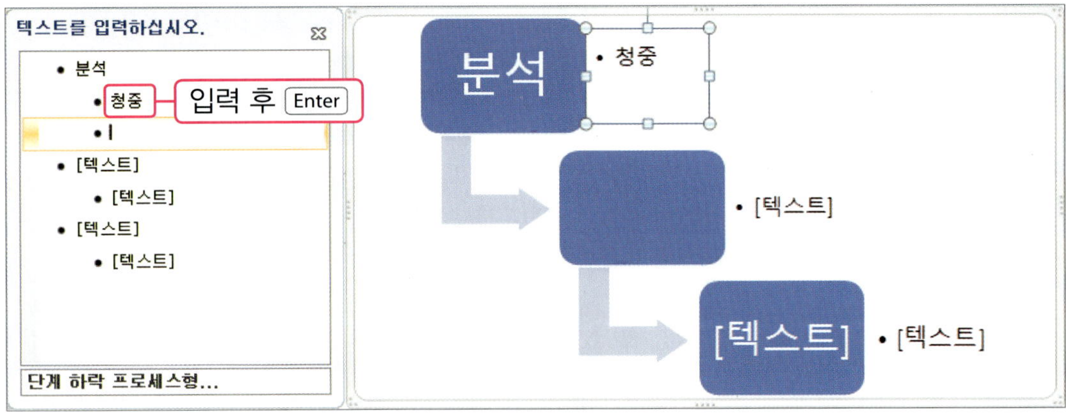

04 Enter 키와 방향키 ↓를 이용하여 항목을 추가하거나 이동하며 입력합니다.

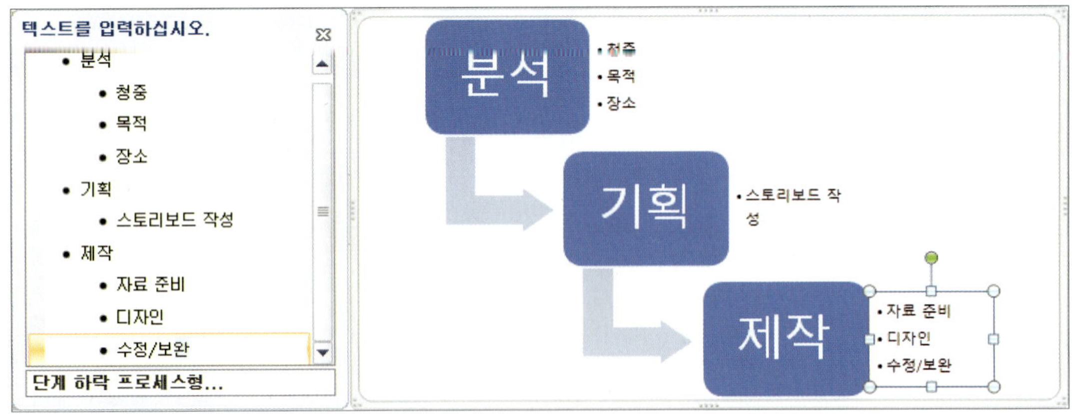

💬 수준 조정하기

01 Enter 키를 누른 후, '발표'를 입력하고 [SmartArt 도구]–[디자인] 탭–[그래픽 만들기] 그룹–[수준 올리기]를 클릭합니다.

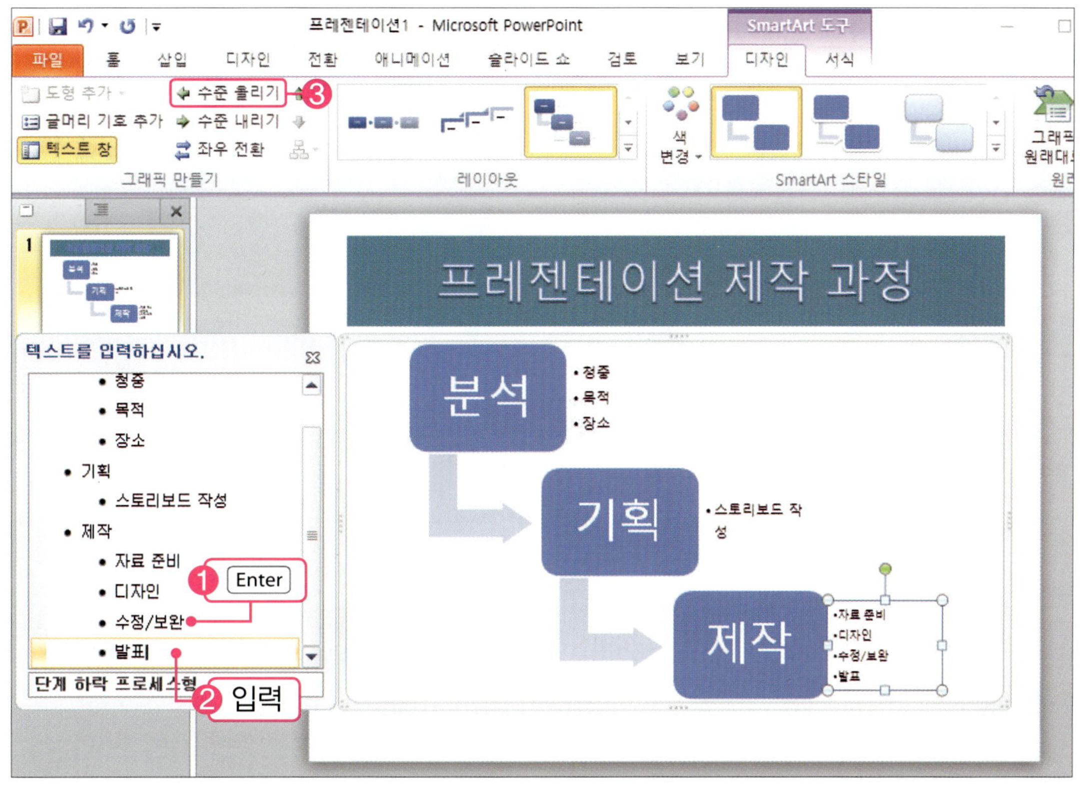

02 글머리 기호 항목이 도형 항목으로 수준이 올라가며 새롭게 추가된 것을 확인합니다.

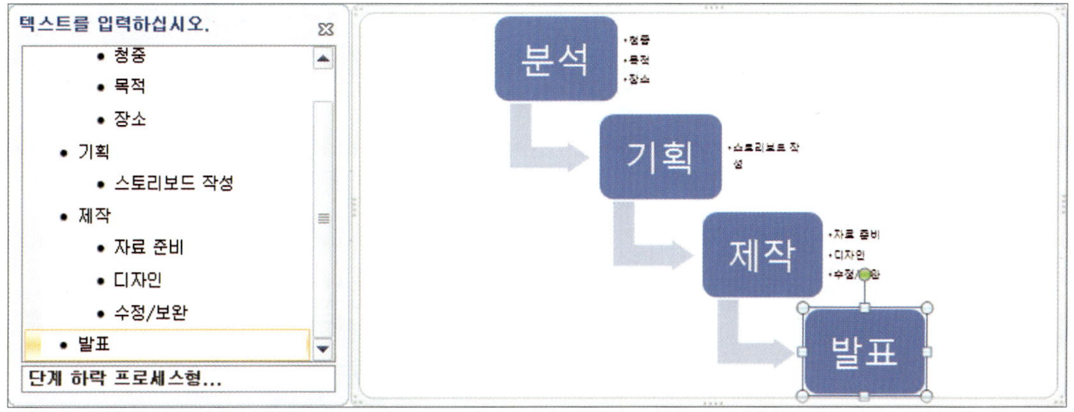

03 Enter 키를 눌러 같은 수준의 도형 항목이 새로 추가된 것을 확인한 후, '프레젠터'를 입력합니다. [SmartArt 도구]–[디자인] 탭–[그래픽 만들기] 그룹–[수준 내리기]를 클릭합니다.

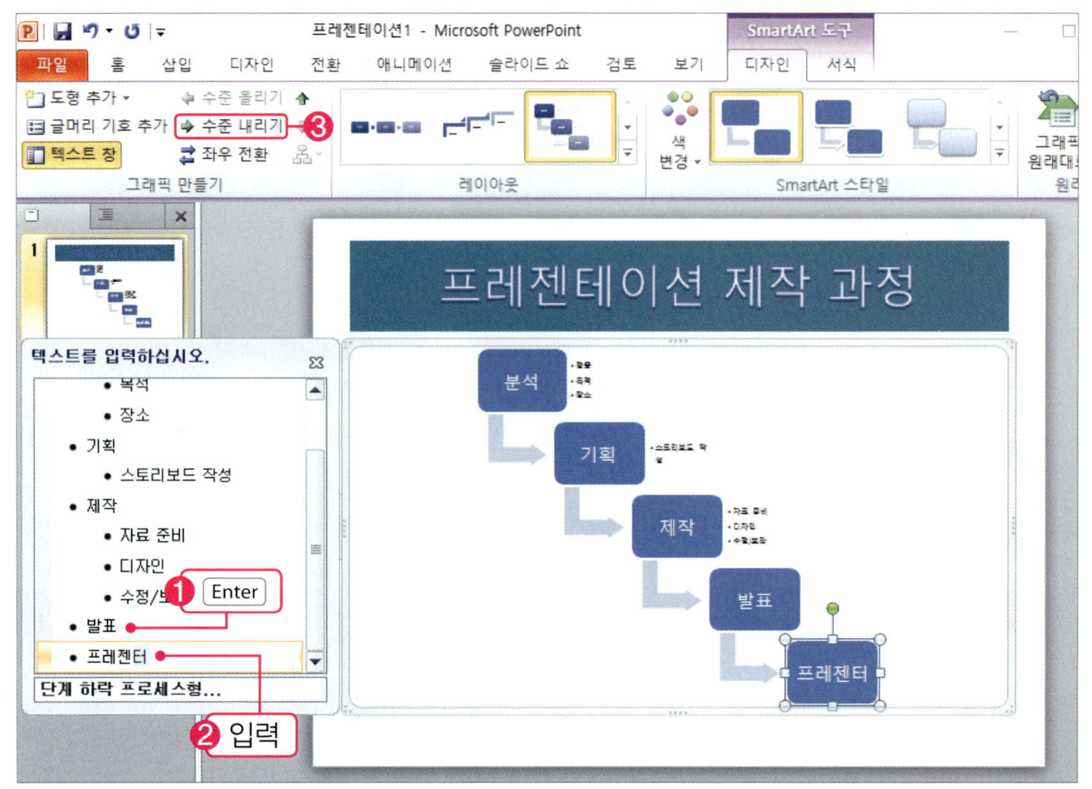

04 도형 항목이 글머리 기호 항목으로 수준이 내려가며 새롭게 추가된 것을 확인합니다.

05 Shift + Enter 키를 눌러 줄 바꿈한 후 '(=발표자)'라고 입력합니다.

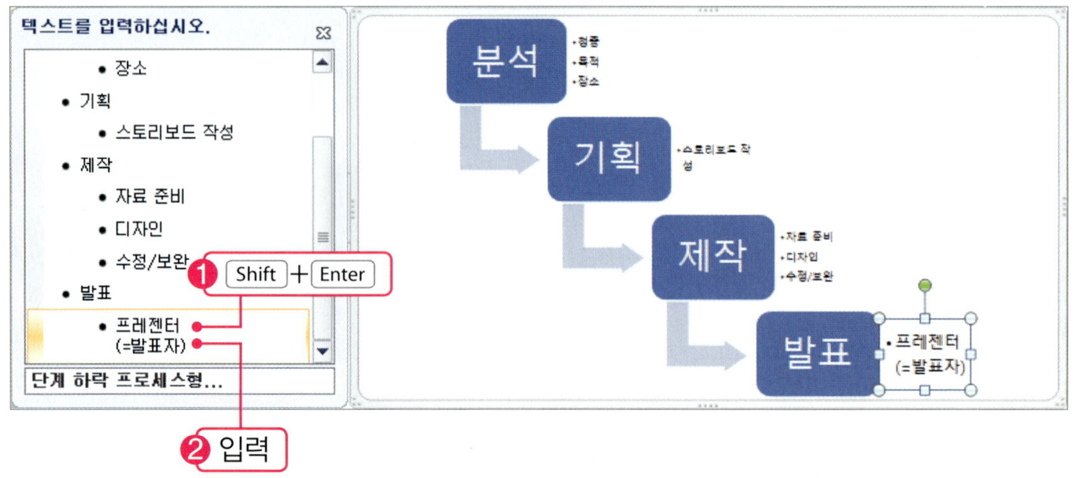

06 Enter 키를 눌러 나머지 글머리 기호 항목을 추가하여 텍스트를 입력합니다.

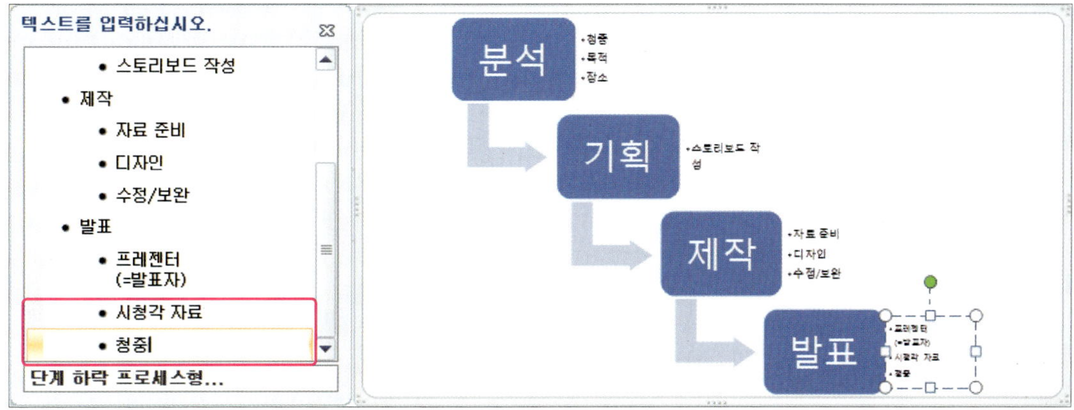

07 더 이상 텍스트 창이 필요 없으면 작업에 방해가 되므로 [SmartArt 도구]-[디자인] 탭-[그래픽 만들기] 그룹-[텍스트 창]을 클릭합니다. 텍스트 창이 닫힌 것을 확인합니다.

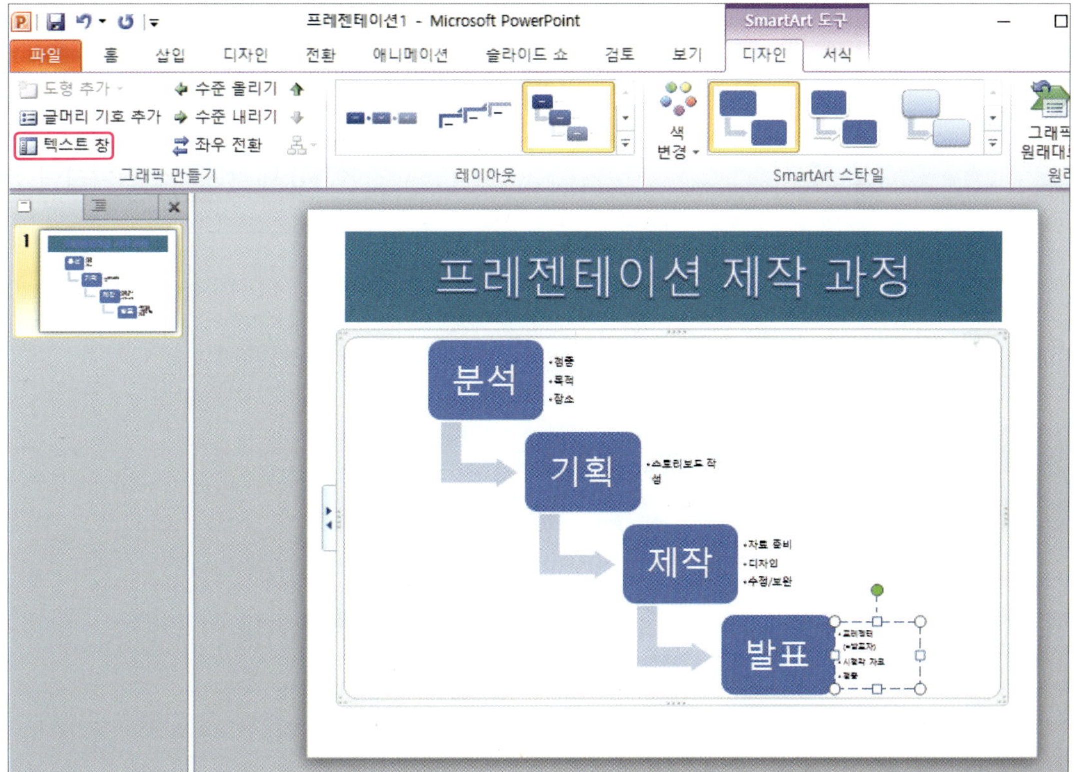

01 [SmartArt 도구]–[디자인] 탭–[레이아웃] 그룹에서 [자세히(▾)]를 클릭한 후, [단계 상승 프로세스형( )]을 선택합니다.

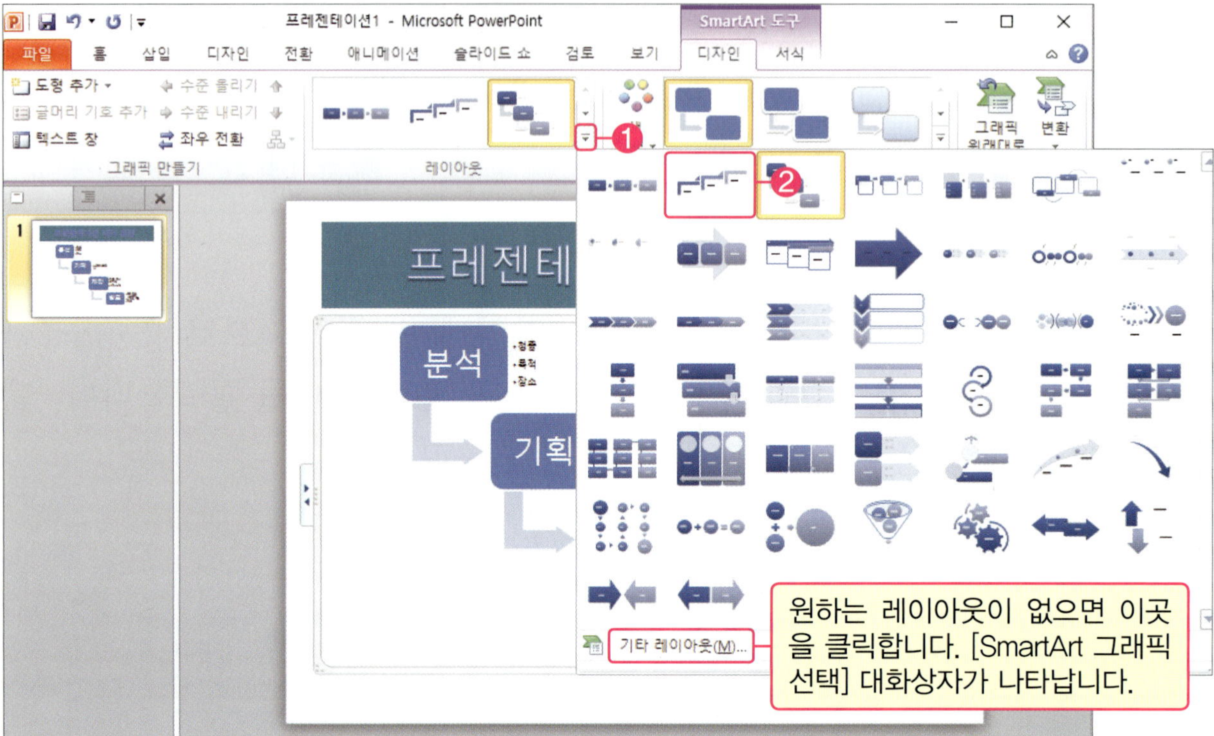

02 레이아웃이 바뀐 것을 확인합니다.

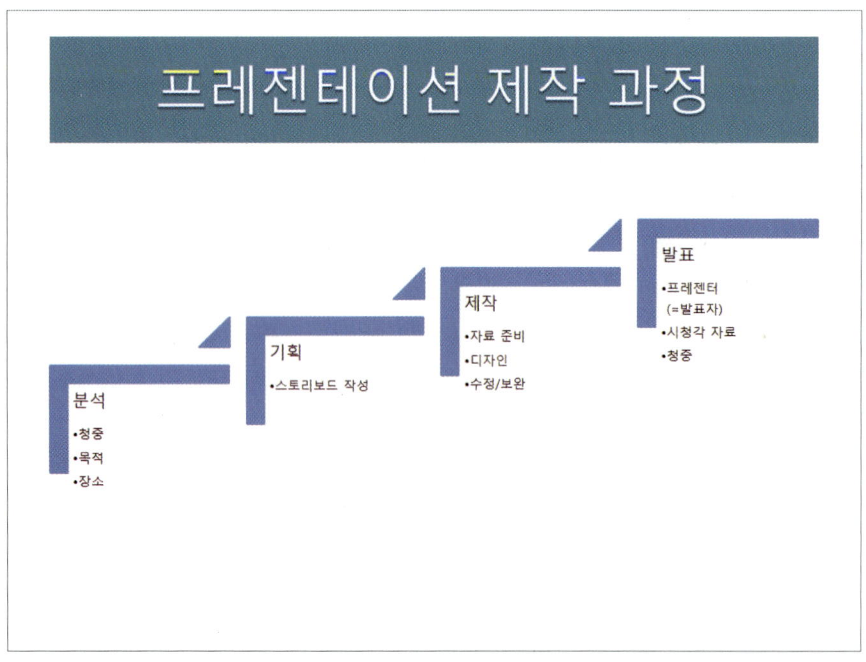

🗨 색 변경하기

01 [SmartArt 도구]–[디자인] 탭–[SmartArt 스타일] 그룹에서 [색 변경]–[색상형–강조색(▱)]을 선택합니다.

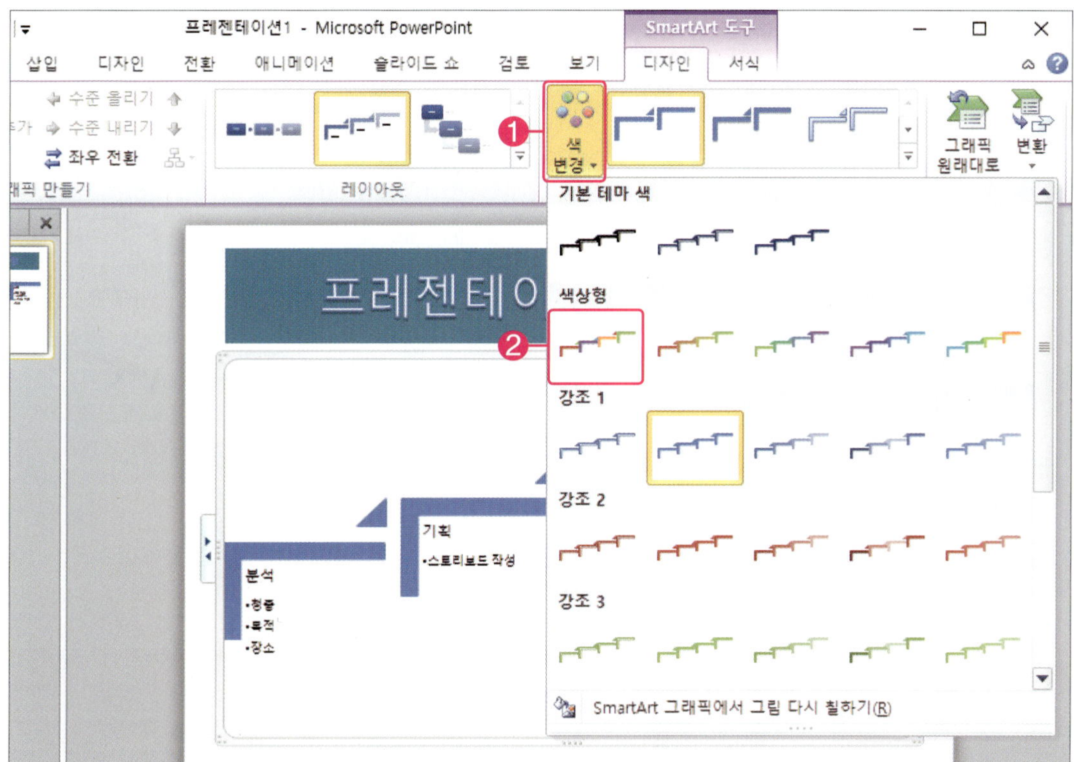

02 색상이 바뀐 것을 확인합니다.

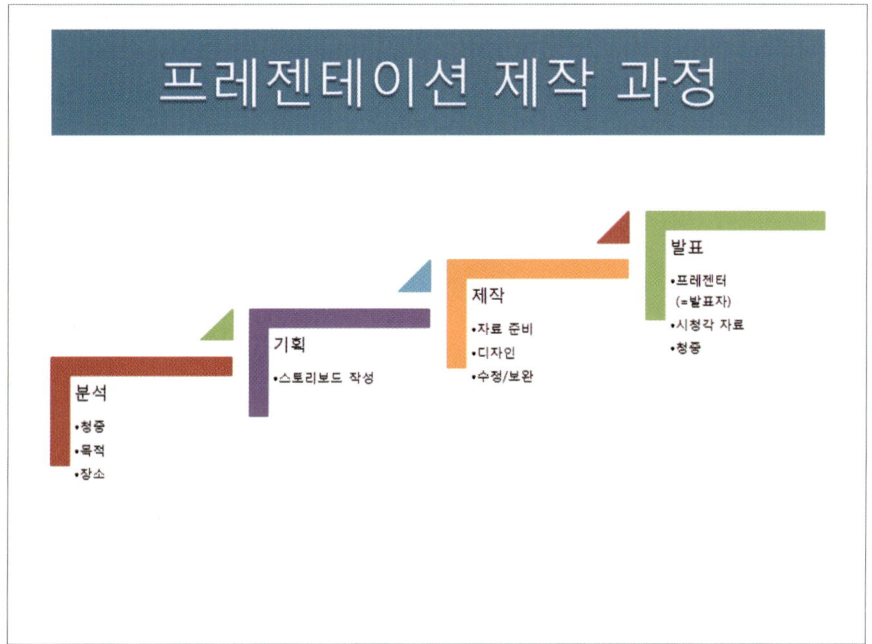

💬 스마트아트 스타일 변경하기

01 [SmartArt 도구]–[디자인] 탭–[SmartArt 스타일] 그룹에서 [자세히(▼)]를 클릭한 후, [미세효과(▢)]를 선택합니다.

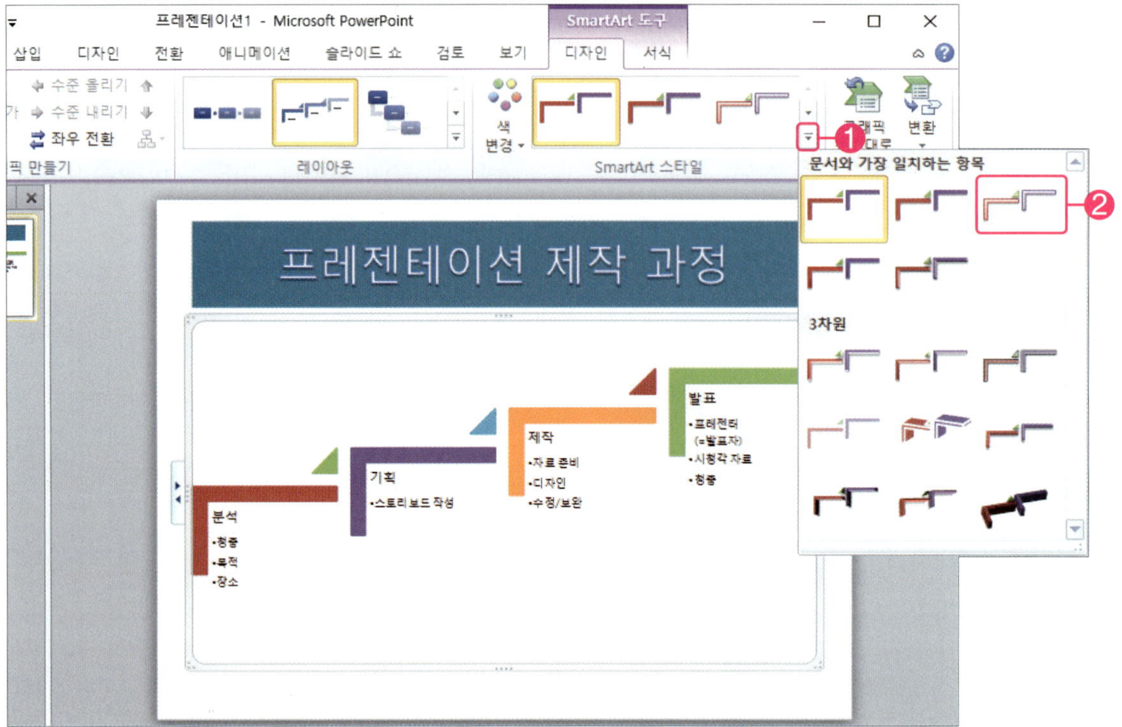

02 지정된 스타일로 변경된 것을 확인합니다.

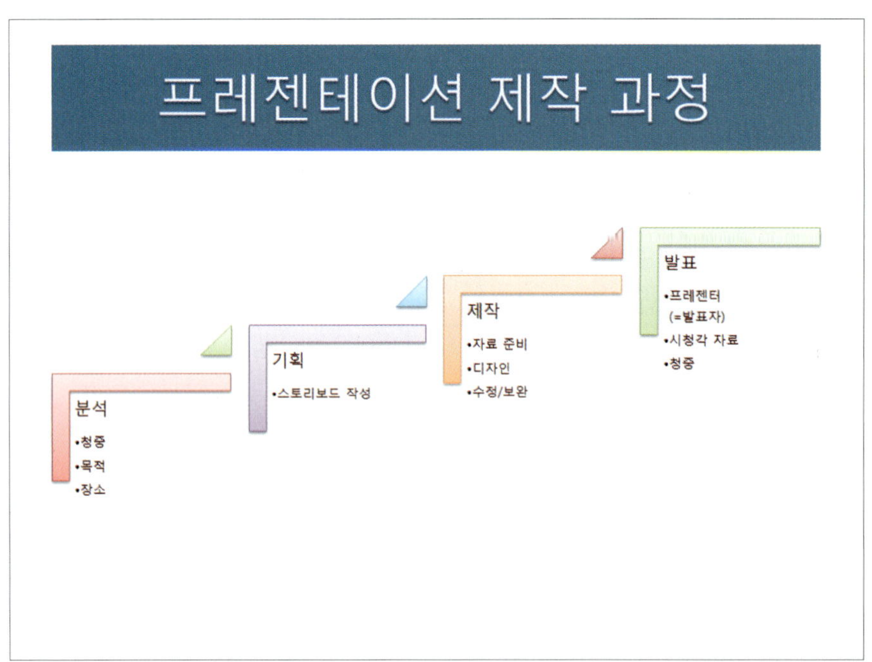

알아두기 [SmartArt 도구]–[디자인] 탭–[원래대로] 그룹–[그래픽 원래대로]를 클릭하면 변경한 서식이 모두 취소됩니다.

스마트아트를 텍스트로 변환하기

[SmartArt 도구]–[디자인] 탭–[원래대로] 그룹에서 [변환]–[텍스트로 변환]을 선택합니다.

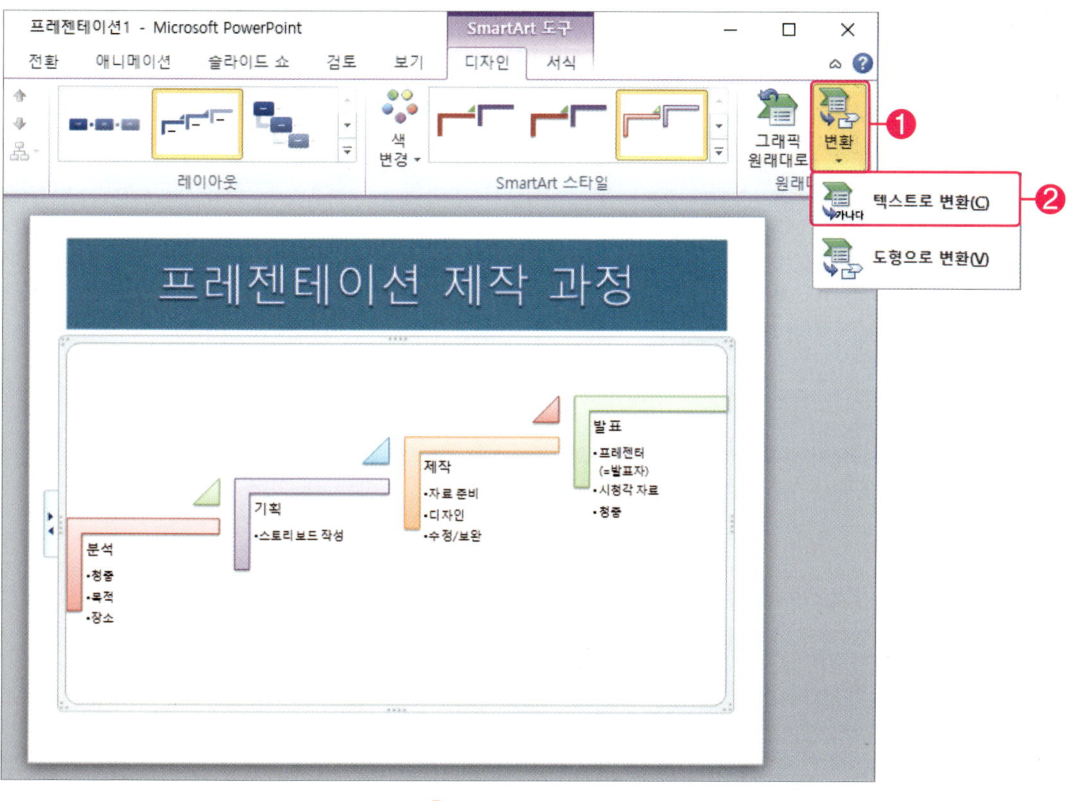

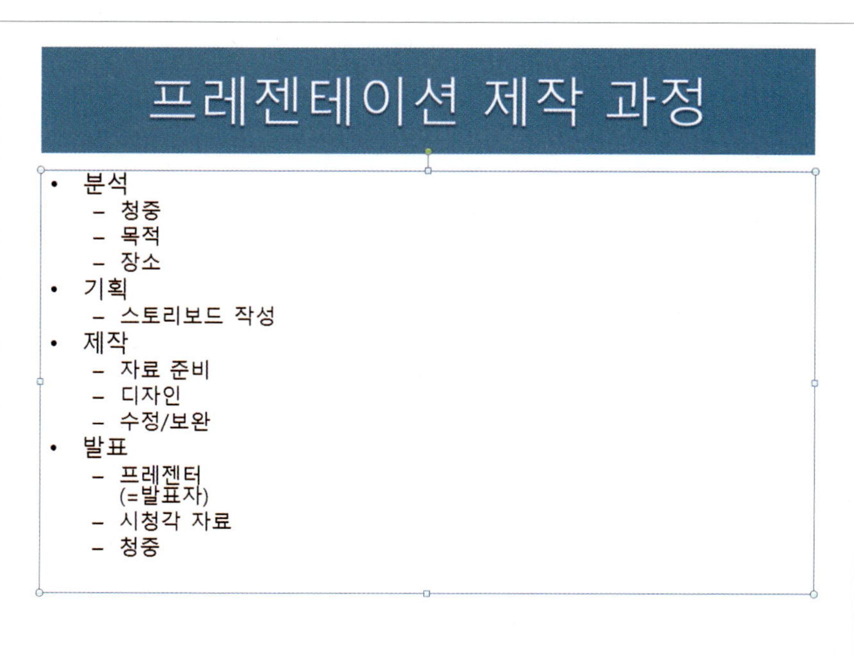

텍스트를 스마트아트로 변환하기

[홈] 탭–[단락] 그룹–[SmartArt로 변환(📋)]을 클릭합니다.

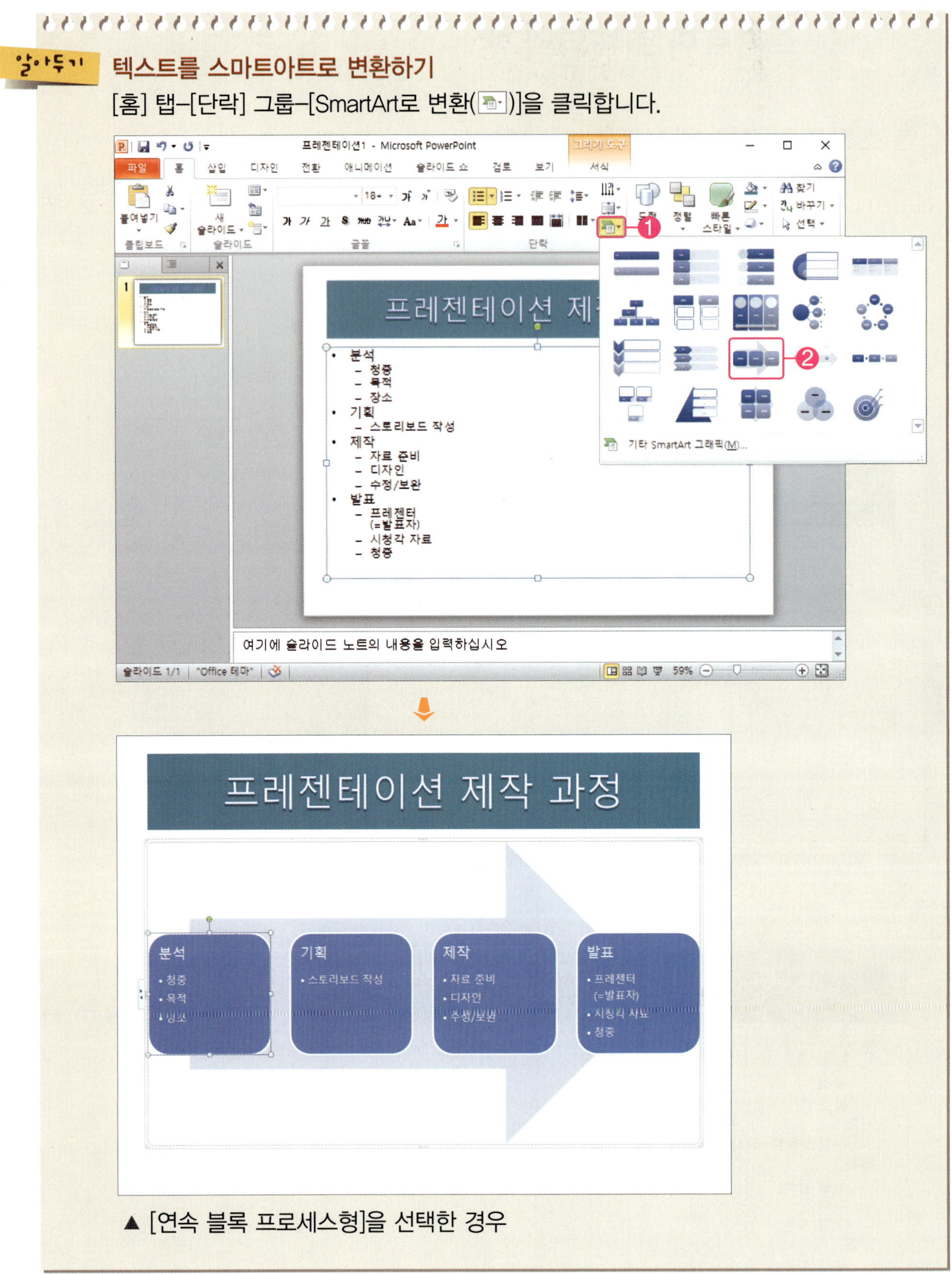

▲ [연속 블록 프로세스형]을 선택한 경우

💬 스마트아트를 도형으로 변환하기

[SmartArt 도구]-[디자인] 탭-[원래대로] 그룹에서 [변환]-[도형으로 변환]을
선택합니다.

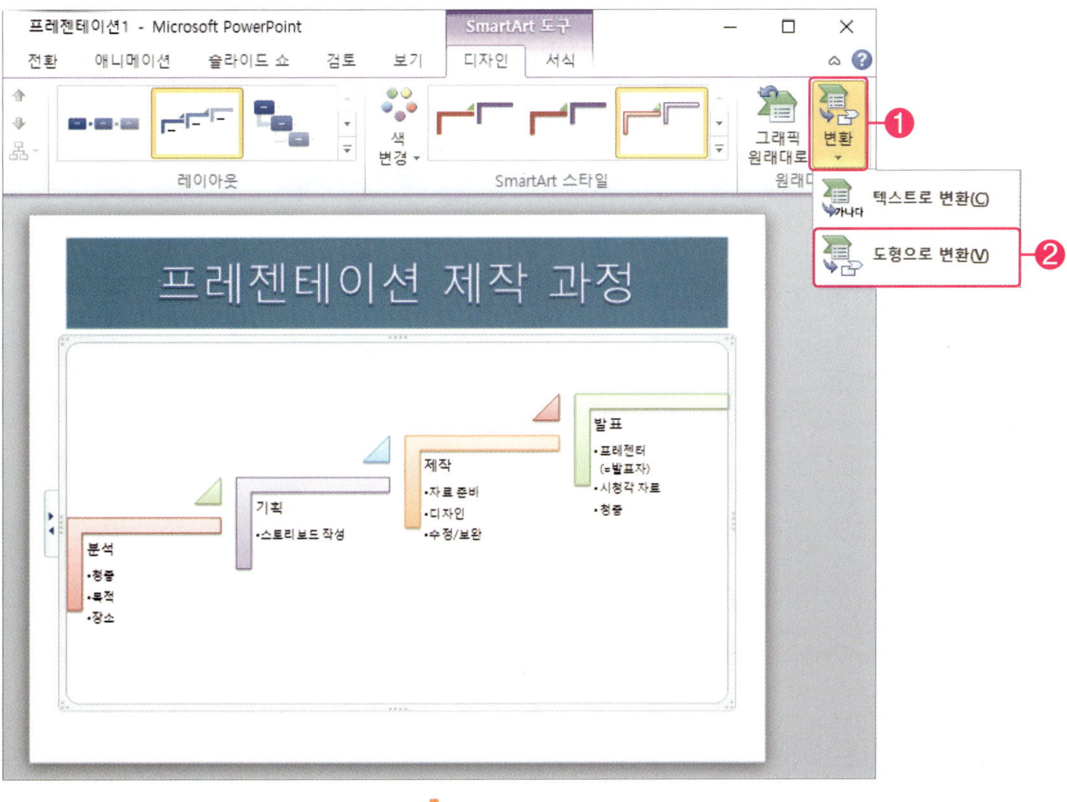

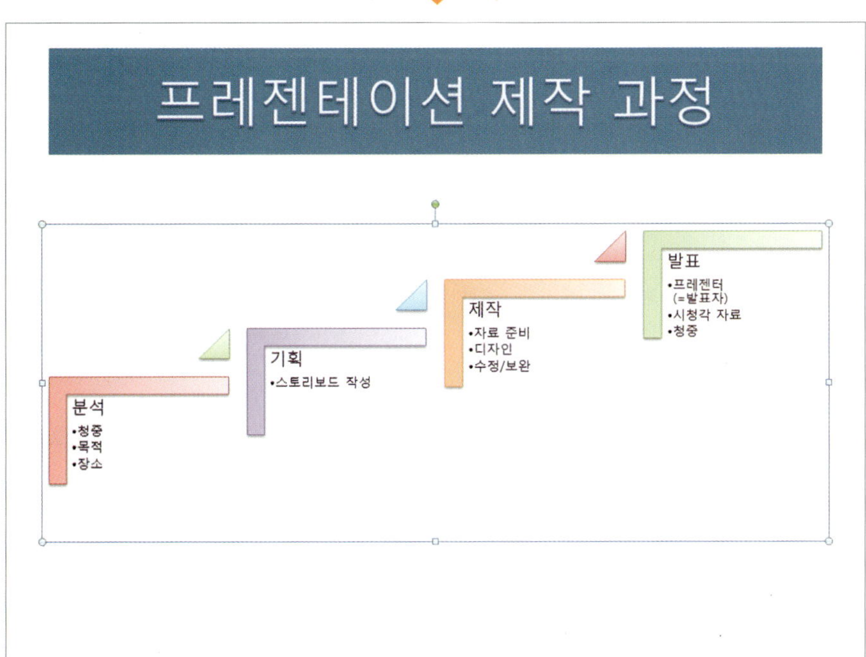

▲ 그룹으로 묶인 상태의 도형으로 변환

활용마당

1 〈조건〉에 맞는 스마트아트를 작성한 후, '상호관계.pptx' 파일로 저장해 봅니다.

〈조건〉
- SmartArt 레이아웃 : 평형 화살표형
- SmartArt 색 : 색상형 범위–강조색 2 또는 3
- SmartArt 스타일 : 벽돌

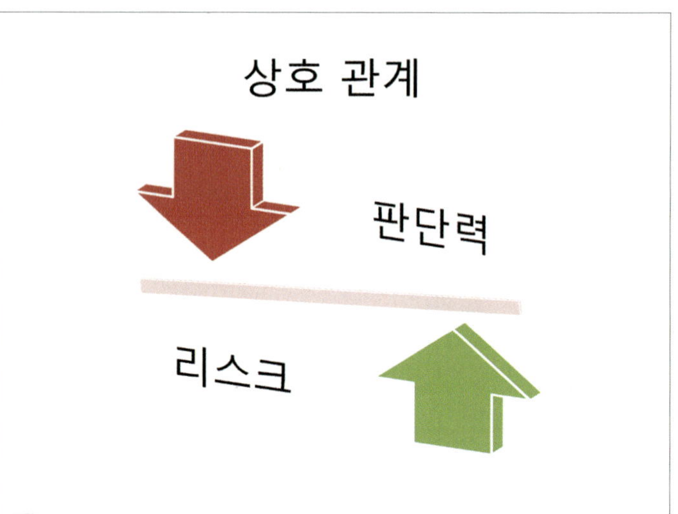

2 〈조건〉에 맞는 스마트아트를 작성한 후, '3단계과정.pptx' 파일로 저장해 봅니다.

〈조건〉
- SmartArt 레이아웃 : 상향 화살표형
- SmartArt 색 : 투명 그라데이션 범위–강조색 4
- SmartArt 스타일 : 벽돌

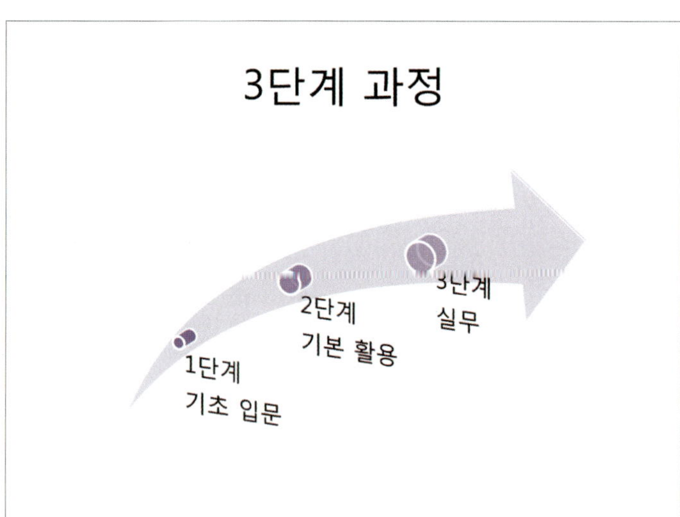

09 슬라이드 쇼 준비하기

01 슬라이드 쇼 보기

◎ 예제파일 : 발표자료.pptx

💬 처음부터 보기

01 '발표자료.pptx' 파일을 불러온 후, 왼쪽의 슬라이드 탭에서 슬라이드를 선택합니다. 여기서는 기능 확인을 위해 2번 슬라이드를 선택합니다.

02 [슬라이드 쇼] 탭–[슬라이드 쇼 시작] 그룹–[처음부터]를 클릭합니다.

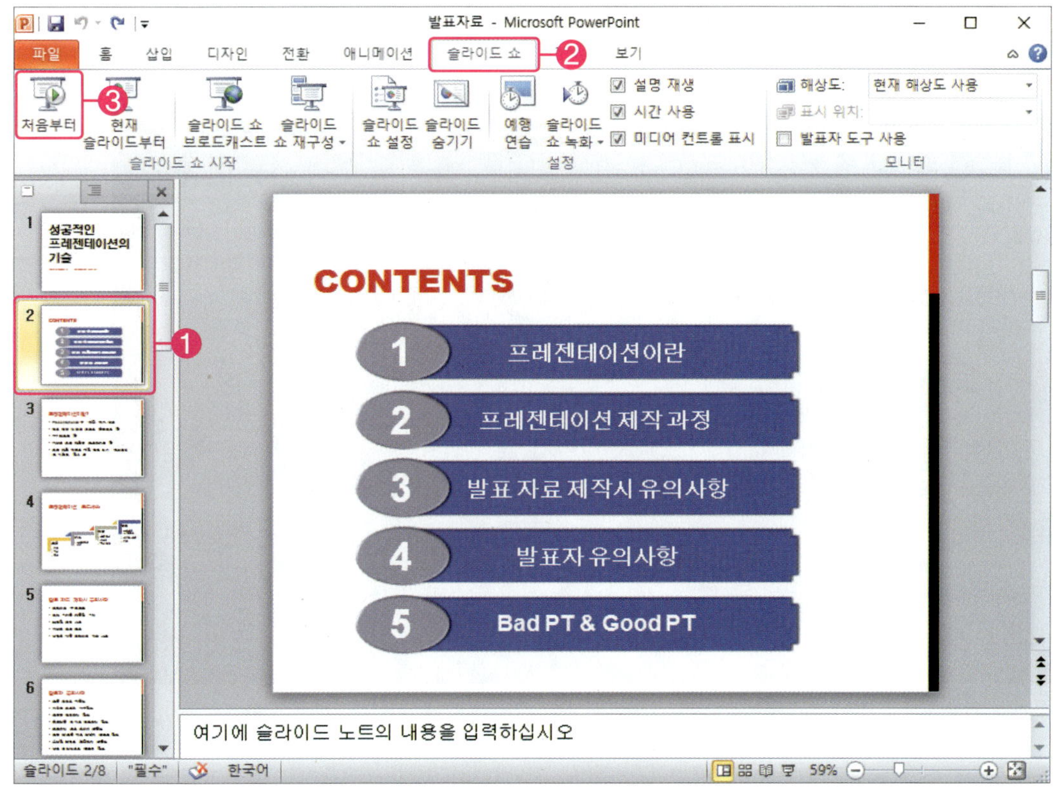

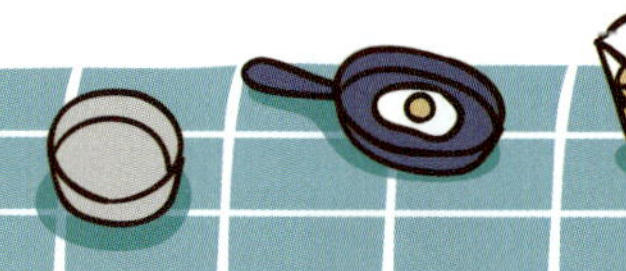 **바로 가기 키**

F5 키를 누르면 슬라이드 쇼 화면이 나타납니다. 현재 선택되어 있는 슬라이드와 상관없이 1번 슬라이드부터 표시됩니다.

03 선택한 슬라이드와 상관없이 1번 슬라이드가 나타난 것을 확인합니다. 클릭하거나 Enter 키를 눌러 다음 슬라이드를 확인합니다.

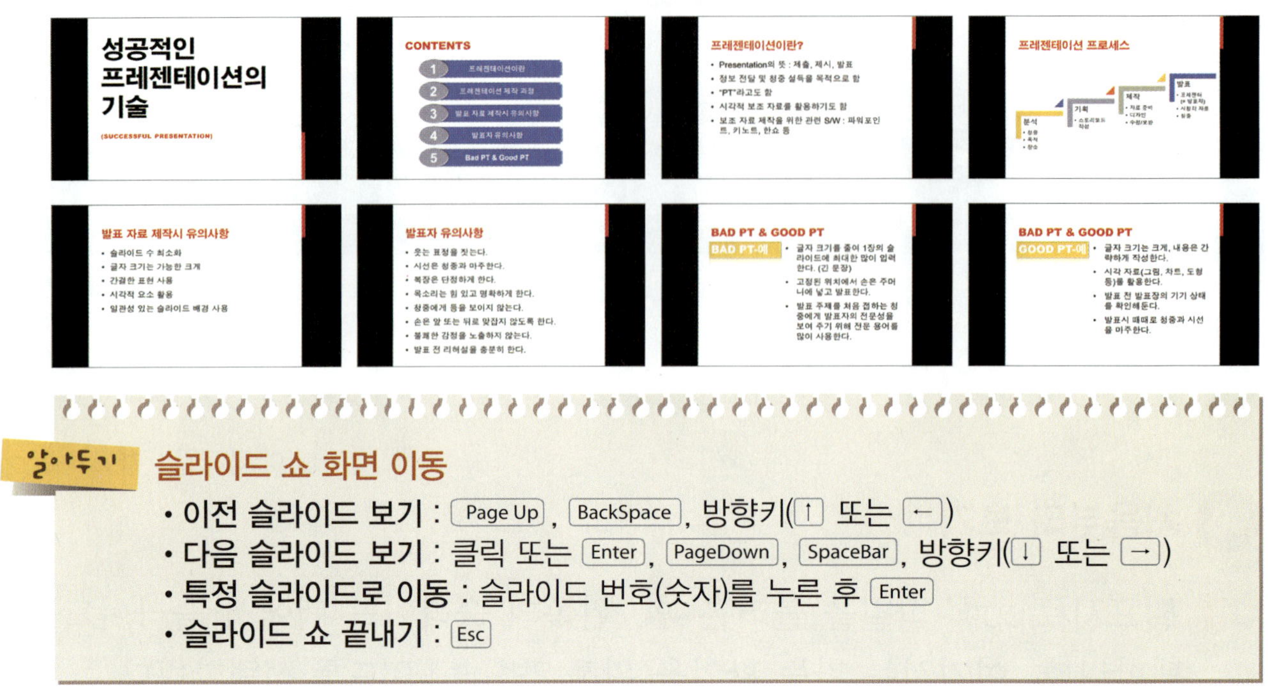

> **슬라이드 쇼 화면 이동**
> - 이전 슬라이드 보기 : Page Up , BackSpace , 방향키(↑ 또는 ←)
> - 다음 슬라이드 보기 : 클릭 또는 Enter , PageDown , SpaceBar , 방향키(↓ 또는 →)
> - 특정 슬라이드로 이동 : 슬라이드 번호(숫자)를 누른 후 Enter
> - 슬라이드 쇼 끝내기 : Esc

04 마지막 화면이 나타나면 클릭하거나 Esc 키를 눌러 슬라이드 쇼를 마칩니다.

💬 선택한 슬라이드부터 보기

01 2번 슬라이드가 선택되어 있는 상태에서 [슬라이드 쇼] 탭–[슬라이드 쇼 시작] 그룹–[현재 슬라이드부터]를 클릭합니다.

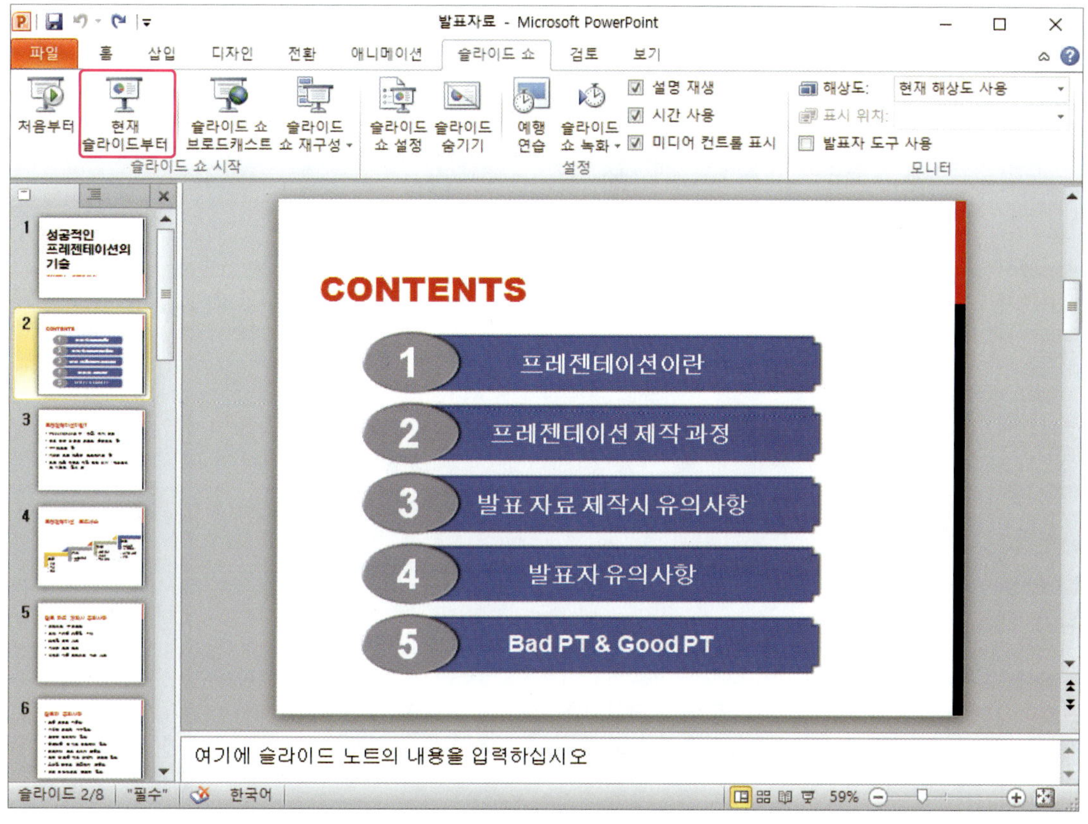

> **알아두기 또 다른 방법**
>
> 화면 아래쪽 슬라이드 보기 방식에서 [슬라이드 쇼(🖵)]를 클릭합니다.

02 현재 선택되어 있는 슬라이드부터 표시됩니다.

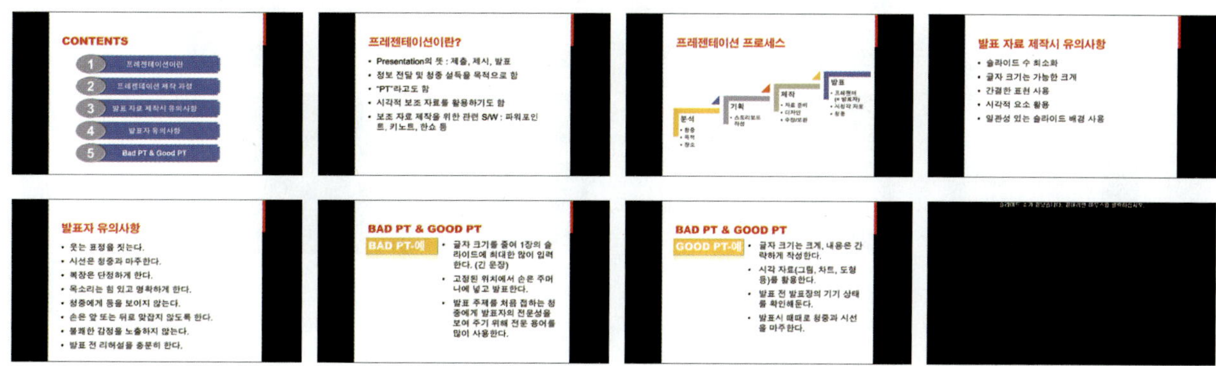

슬라이드 일부만 보기

01 2번, 7번 슬라이드를 선택한 후, [슬라이드 쇼] 탭–[설정] 그룹–[슬라이드 숨기기]를 클릭합니다.

02 슬라이드 번호에 사선 표시(图)가 나타나는 것을 확인합니다.

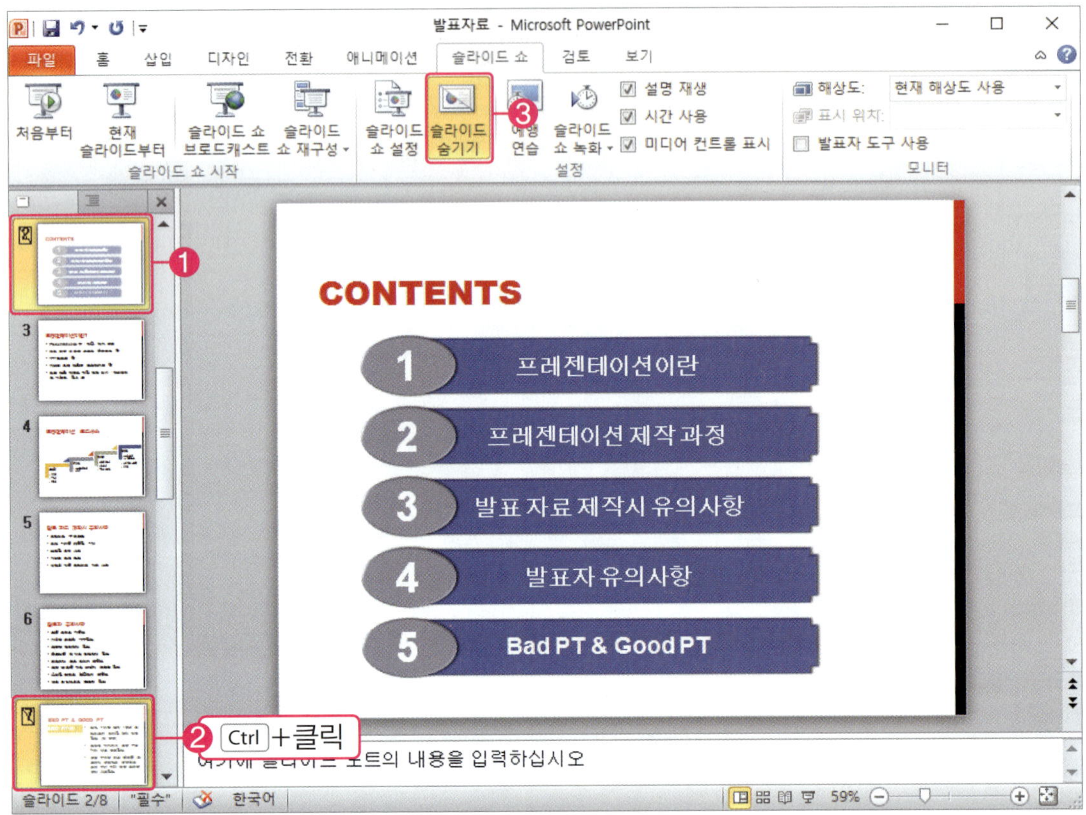

03 F5 키를 눌러 슬라이드 쇼 화면에서 확인합니다.

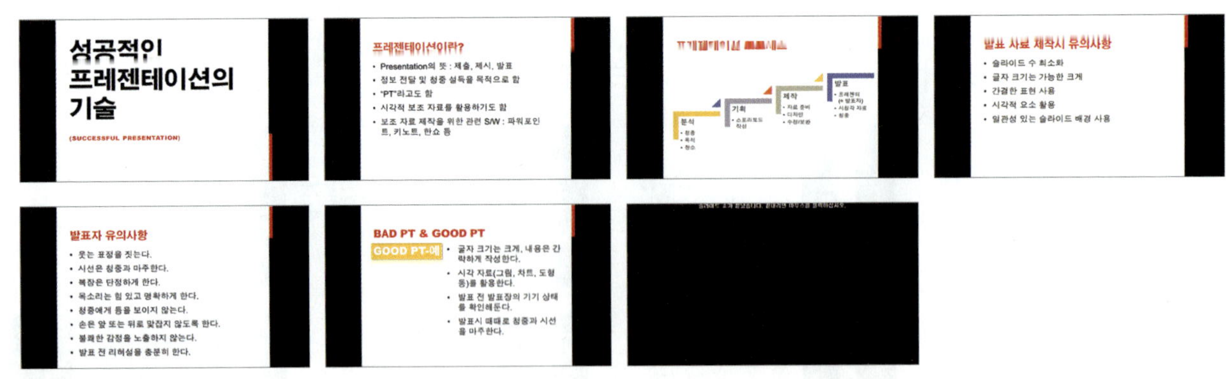

알아두기 **슬라이드 숨기기 해제하기**

숨기기가 적용된 슬라이드를 선택한 후, 다시 [슬라이드 쇼] 탭–[설정] 그룹–[슬라이드 숨기기]를 클릭하면 해제됩니다.

'전환'은 슬라이드와 슬라이드 사이에 장면이 넘어갈 때(즉, 슬라이드가 열릴 때)의 동작 효과를 지정합니다.

💬 선택 슬라이드에 화면 전환 효과 적용하기

01 슬라이드 탭에서 1번 슬라이드를 클릭합니다. [전환] 탭-[슬라이드 화면 전환] 그룹에서 [자세히(▼)]를 클릭한 후, 나타나는 화면 전환 구성표 목록 중 [전환]을 선택합니다.

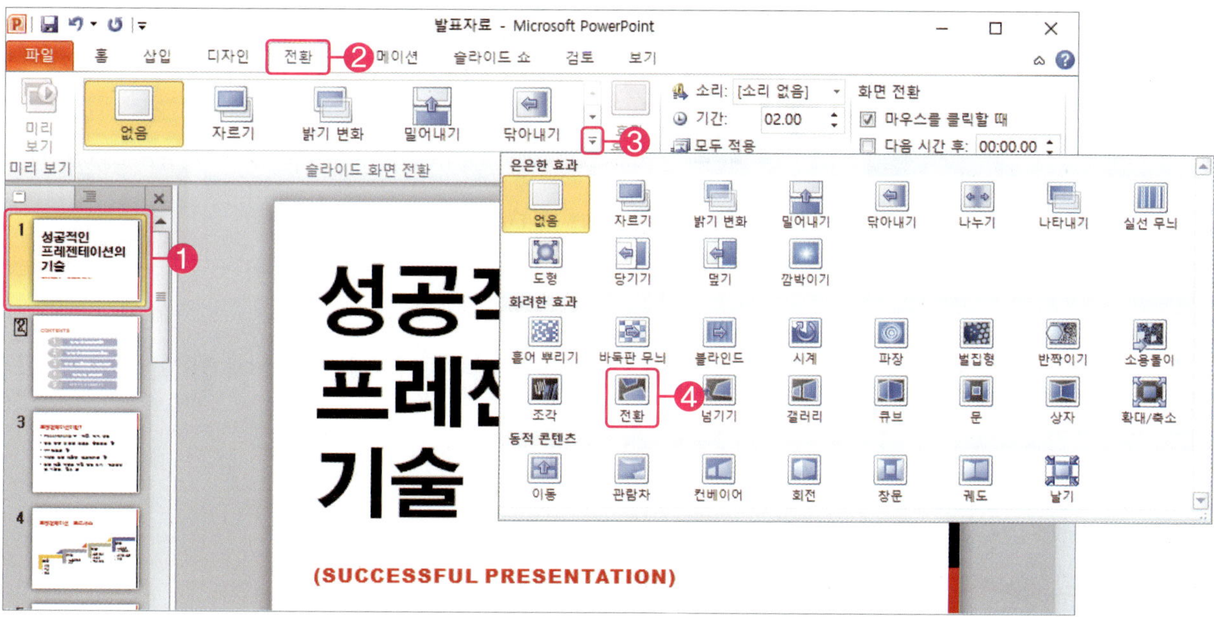

02 왼쪽의 슬라이드 탭을 보면 선택한 슬라이드의 번호 아래에 ☆ 표시가 나타난 것을 확인할 수 있습니다.

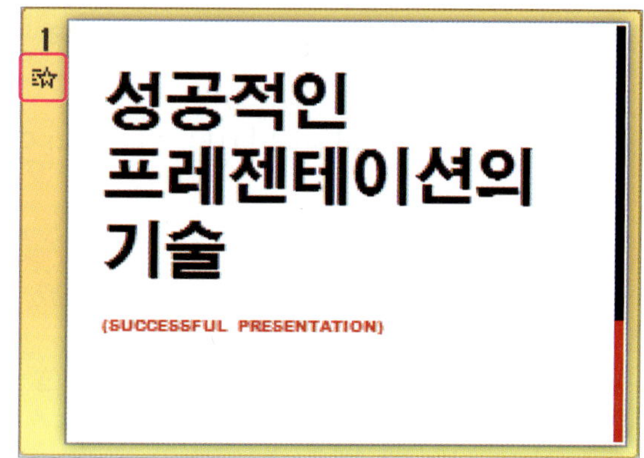

03 F5 키를 눌러 슬라이드 쇼 화면에서 확인합니다. 1번 슬라이드가 나타날 때 효과가 나타나고 클릭하여 다음 슬라이드로 이동할 때는 적용되지 않음을 확인합니다.

화면 전환 효과 해제하기

01 [전환] 탭-[슬라이드 화면 전환] 그룹에서 화면 전환 구성표의 목록 중 [없음]을 선택하면 적용한 전환 효과가 해제됩니다.

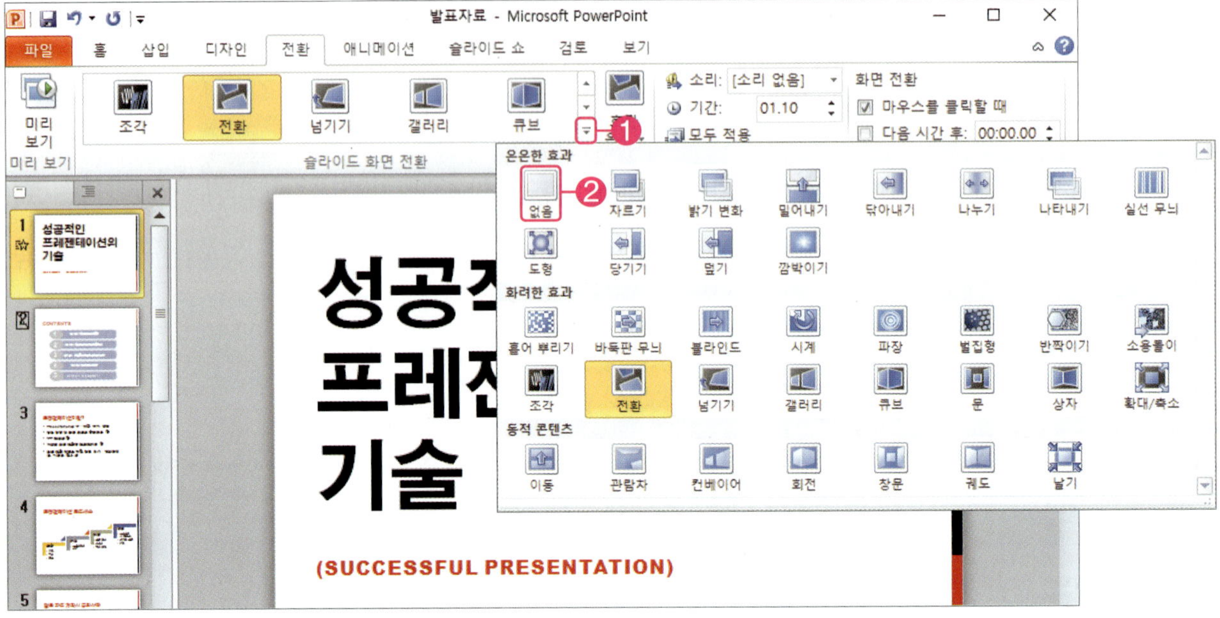

02 왼쪽의 슬라이드 탭을 보면 ☆ 표시가 사라진 것을 확인할 수 있습니다.

03 F5 키를 눌러 슬라이드 쇼 화면에서 확인합니다.

모든 슬라이드에 화면 전환 효과 적용하기

01 [전환] 탭-[슬라이드 화면 전환] 그룹에서 화면 전환 구성표의 목록 중 [이동]을 선택합니다.

02 [전환] 탭-[타이밍] 그룹-[모두 적용]을 클릭합니다.

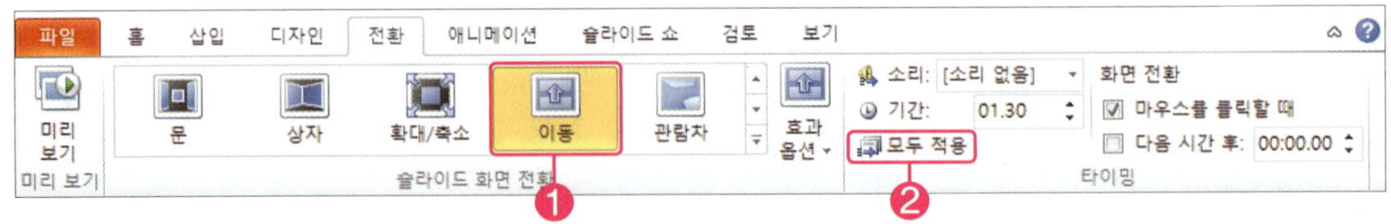

03 왼쪽의 슬라이드 탭을 보면 모든 슬라이드의 번호 아래에 ☆ 표시가 나타난 것을 확인할 수 있습니다.

04 F5 키를 눌러 슬라이드 쇼 화면에서 확인합니다. 클릭하여 다음 슬라이드로 이동할 때마다 같은 효과가 적용되는 것을 확인합니다.

💬 선택 슬라이드의 화면 전환 효과 변경하기

01 [전환] 탭−[슬라이드 화면 전환] 그룹에서 화면 전환 구성표의 목록 중 [파장]을 선택합니다.

02 F5 키를 눌러 슬라이드 쇼 화면에서 확인합니다. 선택한 슬라이드의 화면 전환 효과만 변경되어 있는 것을 확인할 수 있습니다.

'애니메이션'은 슬라이드를 구성하는 개체에 대한 움직임 등의 효과를 지정합니다. 너무 많은 애니메이션 기능은 집중을 방해하여 주제를 흐릴 수 있는 요인이 되므로 적용 시 선별하여 지정하도록 합니다.

01 4번 슬라이드의 스마트아트 개체를 클릭합니다.

02 [애니메이션] 탭–[애니메이션] 그룹에서 [자세히(▼)]를 클릭한 후 나타나는 애니메이션 스타일 목록 중 [바운드]를 선택합니다.

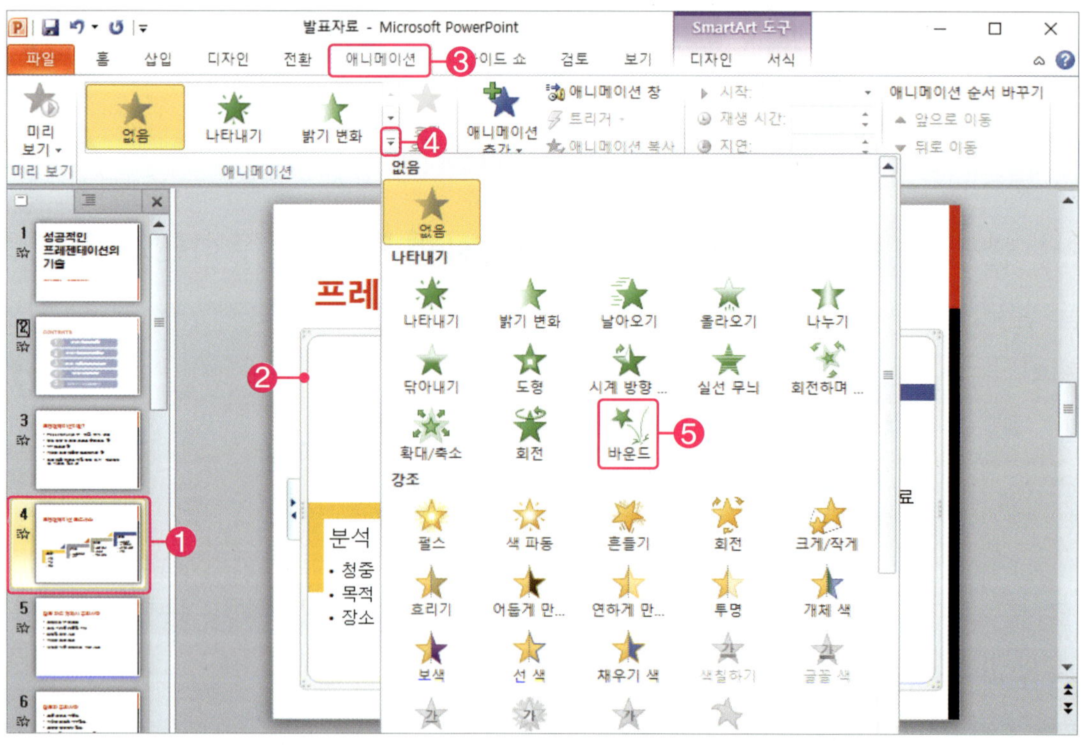

03 아래쪽의 [슬라이드 쇼(🖵)]를 클릭해 슬라이드 쇼 화면에서 확인합니다. 클릭하면 나타납니다.

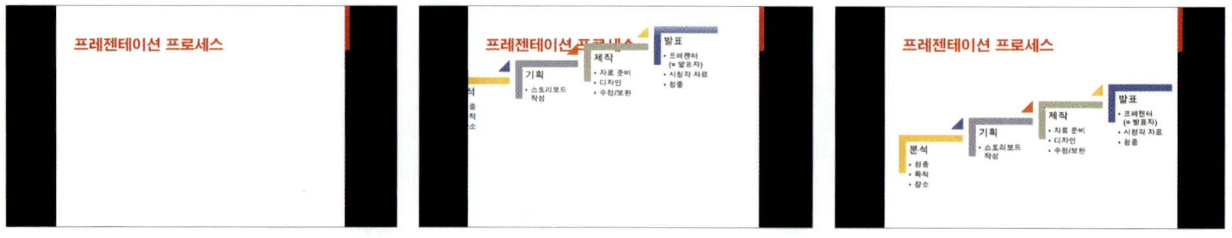

04 [애니메이션] 탭–[애니메이션] 그룹에서 [효과 옵션]–[개별적으로]를 선택합니다.

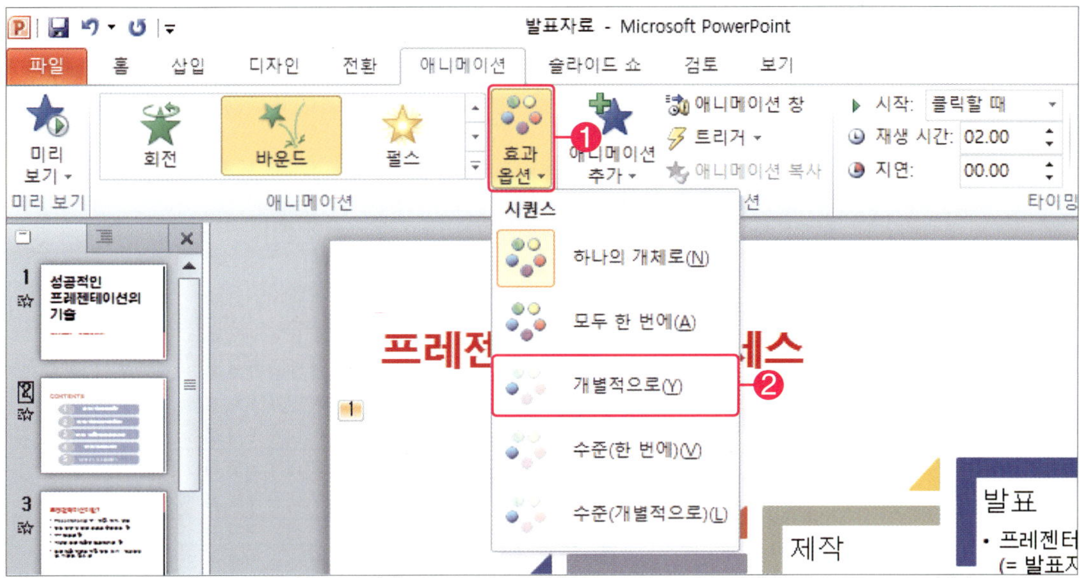

05 아래쪽의 [슬라이드 쇼(🖵)]를 클릭해 슬라이드 쇼 화면에서 확인합니다. 클릭하면 나타납니다.

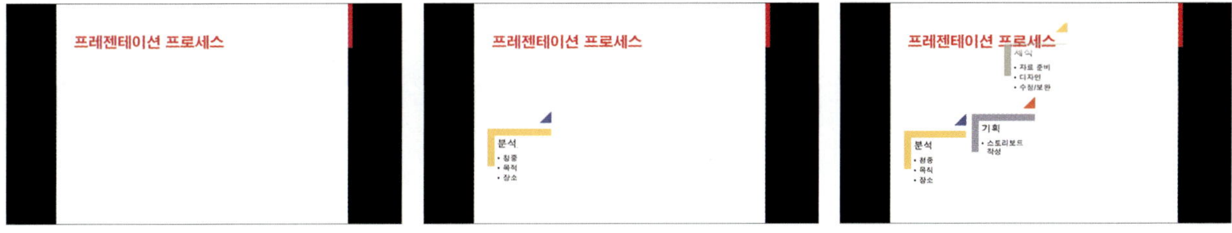

06 [애니메이션] 탭–[고급 애니메이션] 그룹–[애니메이션 창]을 클릭합니다. 오른쪽에 애니메이션 창이 나타나면 ⚡를 클릭합니다.

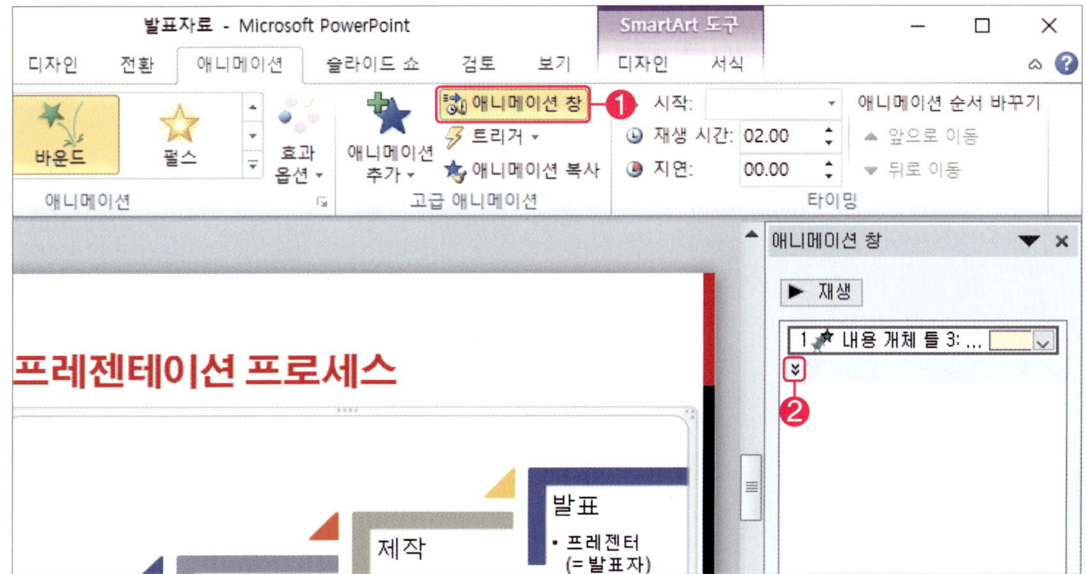

07 세부 항목이 표시되면 Ctrl 키를 이용하여 번호가 표시된 항목을 모두 선택합니다.

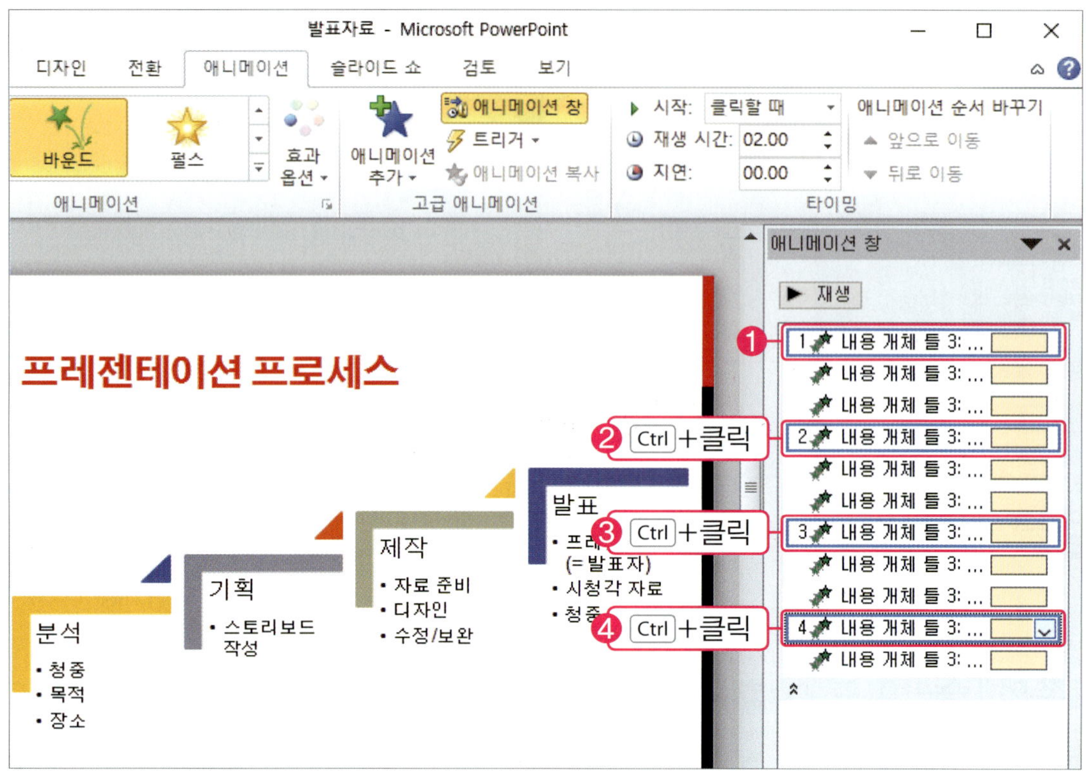

08 [애니메이션] 탭-[타이밍] 그룹에서 [시작]을 [이전 효과 다음에]로 선택합니다.

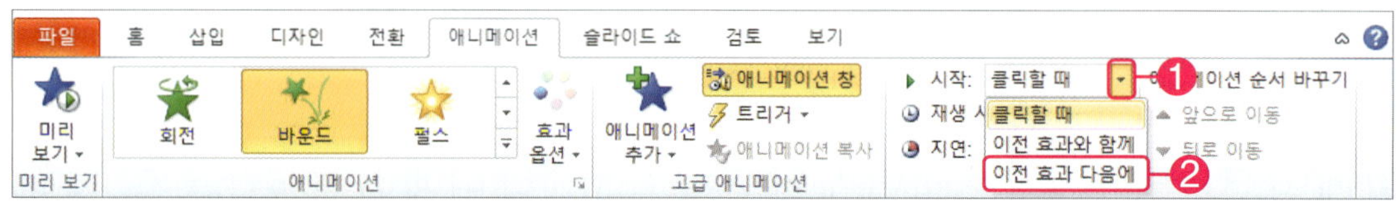

09 아래쪽의 [슬라이드 쇼(🖵)]를 클릭해 슬라이드 쇼 화면에서 확인합니다. 클릭하지 않아도 순차적으로 나오는 것을 확인합니다.

활용마당

◎ 예제파일 : 나눔프로젝트.pptx

1 '나눔프로젝트.pptx' 파일을 불러와 다음의 〈조건〉과 같이 각각의 슬라이드에 전환 효과를 적용해 봅니다.

〈조건〉
- 1번 슬라이드 : 나누기
- 2, 3번 슬라이드 : 넘기기

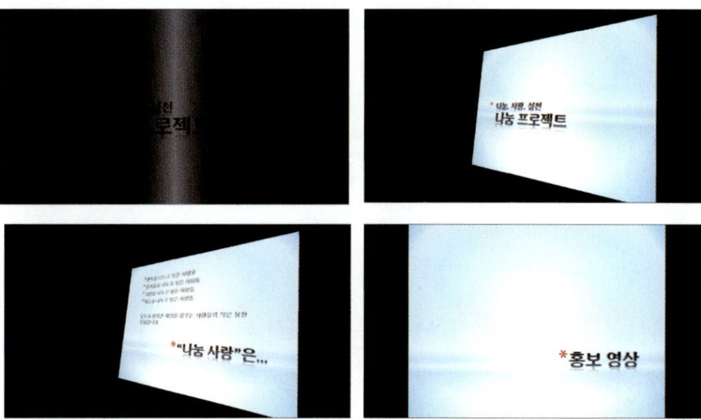

2 2번 슬라이드의 텍스트 개체에 각각 〈조건〉의 애니메이션을 적용해 봅니다.

〈조건〉
① • 애니메이션 스타일 : 물결
  • 시작 : 이전 효과 다음에

② • 애니메이션 스타일 : 올라오기
  • 효과 옵션 : 떠오르며 올라오기, 단락별로
  • 시작 : 이전 효과 다음에
  • ① 다음에 실행

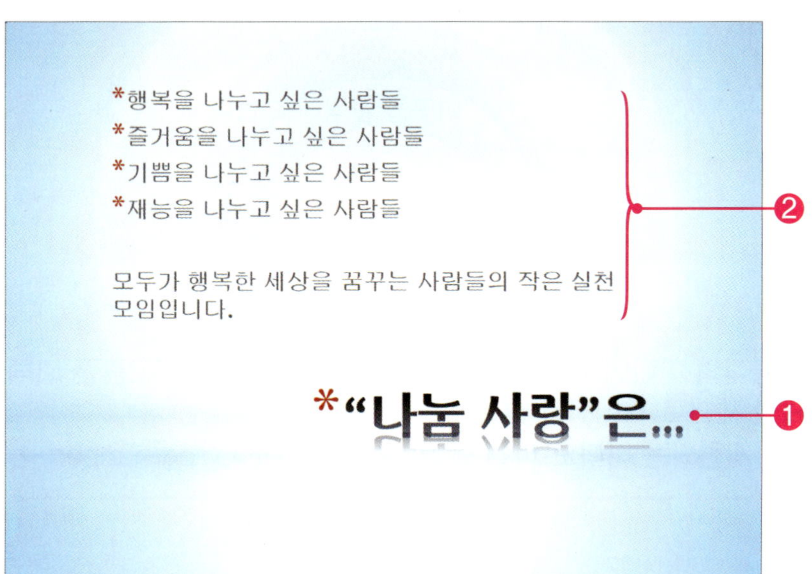

10 미디어 삽입하기

01 비디오 파일 삽입하기

◎ 예제파일 : 미디어.pptx, 무당벌레.wmv

01 '미디어.pptx' 파일을 불러온 후, [삽입] 탭–[미디어] 그룹–[비디오(⊞)]를 클릭합니다.

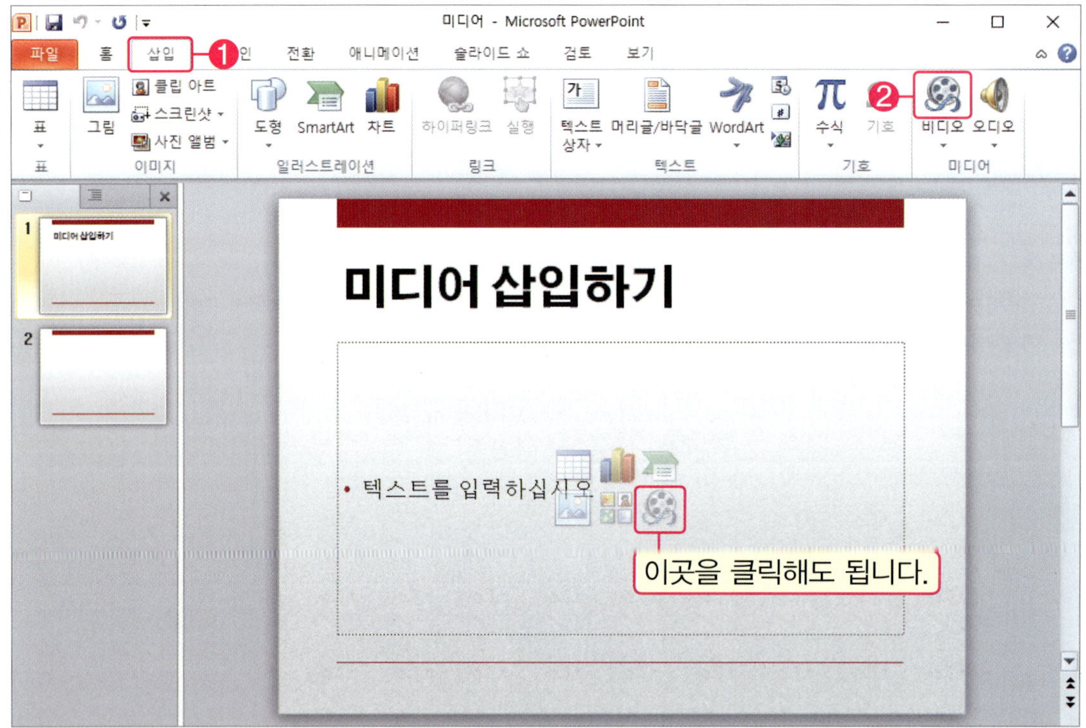

알아두기

- 지원되지 않는 형식의 미디어 파일을 삽입하거나 사용자 컴퓨터에 관련 코덱이 설치되어 있지 않으면 제대로 재생되지 않을 수 있습니다.
- PowerPoint에서 지원되는 비디오 파일 형식 : *.asf, *.avi, *.mpg, *.mpeg, *.wmv 등

02 [비디오 삽입] 대화상자가 나타나면 '무당벌레.wmv' 파일을 찾아 선택한 후, [삽입] 버튼을 클릭합니다.

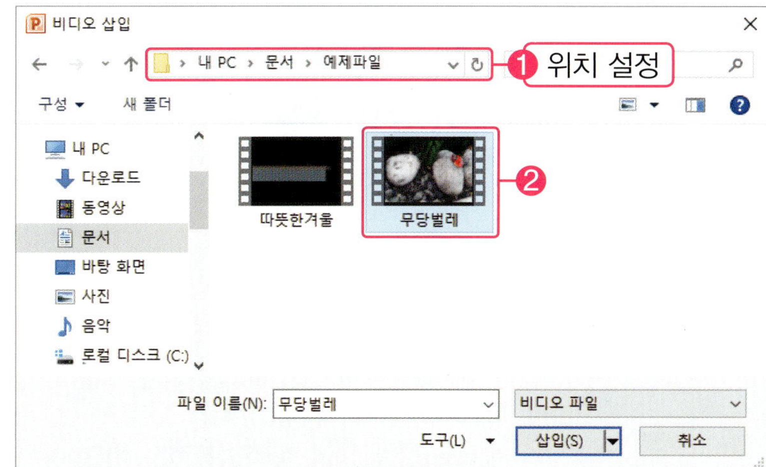

02 비디오 서식 수정하기

💬 비디오 자르기

01 [비디오 도구]–[서식] 탭–[크기] 그룹–[자르기]를 클릭합니다.

02 자르기 조절점이 나타나면 드래그하여 영역을 설정한 후, 다시 [비디오 도구]–[서식] 탭–[크기] 그룹–[자르기]를 클릭합니다.

01 [비디오 도구]-[서식] 탭-[비디오 스타일] 그룹에서 [자세히(▼)]를 클릭한 후, [회전, 그라데이션(▱)]을 선택합니다.

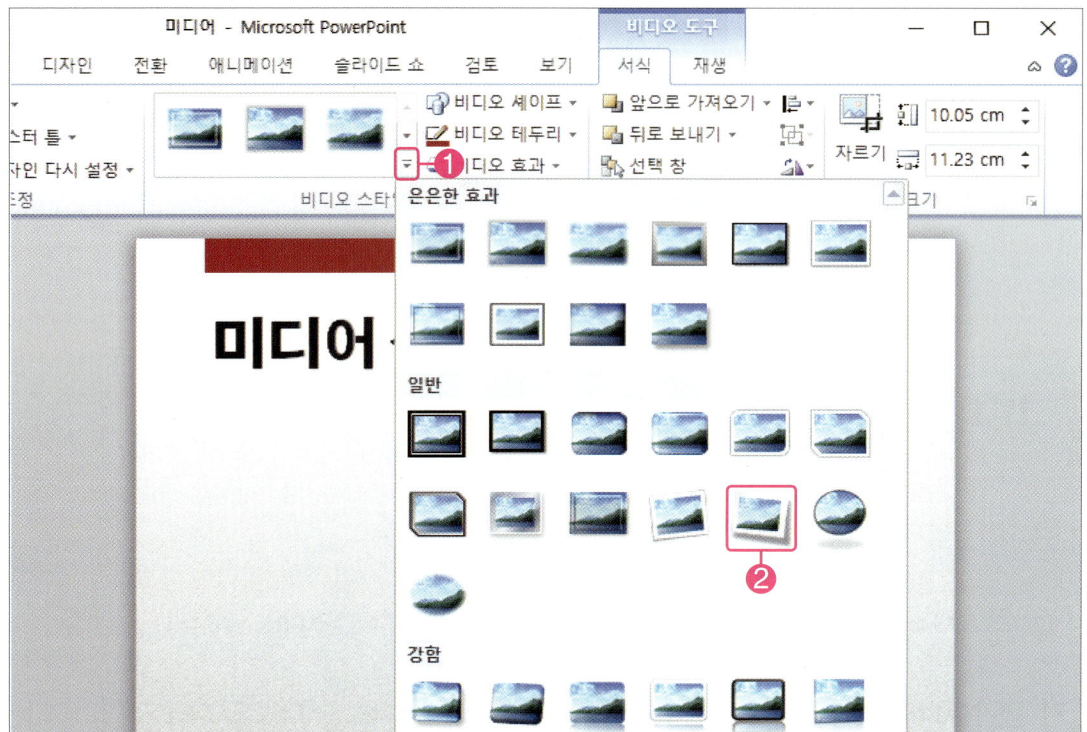

02 드래그하여 위치를 조정합니다.

음소거하기

01 [비디오 도구]–[서식] 탭–[미리 보기] 그룹–[재생]을 클릭합니다.

02 삽입한 비디오에 잡음이 섞여 있음을 확인합니다. [비디오 도구]–[재생] 탭–[비디오 옵션] 그룹에서 [볼륨]–[음소거]를 선택합니다.

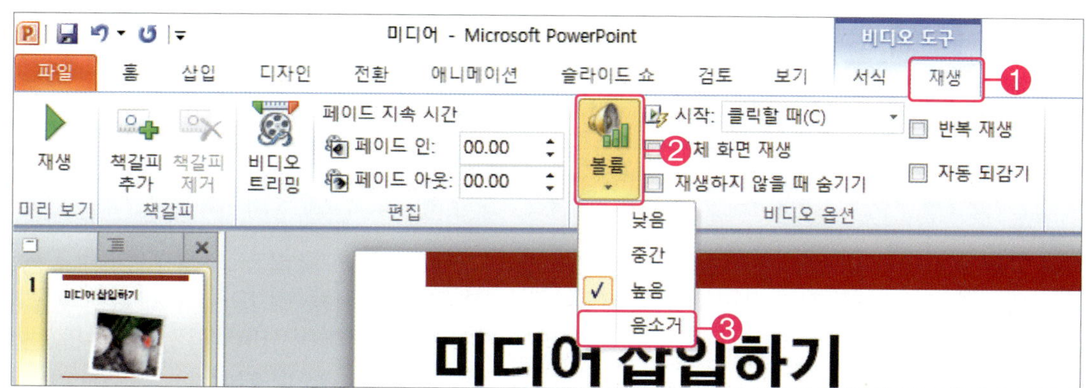

03 [비디오 도구]–[재생] 탭–[미리 보기] 그룹–[재생]을 클릭해 비디오 속의 소리가 들리지 않음을 확인합니다.

💬 비디오 트리밍

01 [비디오 도구]-[재생] 탭-[편집] 그룹-[비디오 트리밍]을 클릭합니다.

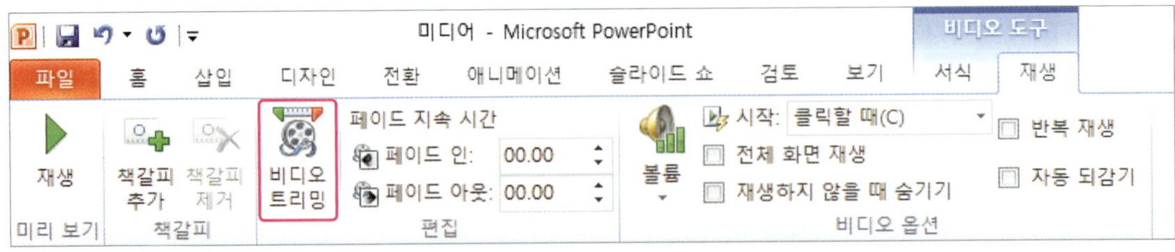

02 [비디오 맞추기] 대화상자가 나타납니다. 오른쪽 종료 시간 표식 부분(▌)을 드래그하여 위치를 조정한 후 [확인] 버튼을 클릭합니다.

03 [비디오 도구]-[재생] 탭-[미리 보기] 그룹-[재생]을 클릭해 확인합니다.

알아두기 파워포인트 2010에서는 '트리밍' 기능을 활용하여 비디오 파일의 시작 지점이나 종료 지점의 위치를 조정하여 간결하게 만드는 간단한 편집만 가능합니다. 더 세밀한 편집을 원하면 영상 편집 프로그램(예 : 윈도우 무비메이커, 프리미어, 파이널컷프로, 베가스 등)을 활용합니다.

01 F5 키를 눌러 슬라이드 쇼 보기 화면으로 이동합니다. 삽입된 비디오에 아무런 움직임이 없음을 확인합니다.

02 비디오 위로 마우스 포인터를 이동한 후, 🖑 모양으로 바뀌면 클릭합니다.

03 비디오가 재생됨을 확인한 후 Esc 키를 눌러 슬라이드 쇼 보기 화면을 종료하고 나옵니다.

04 비디오 개체를 선택한 후, [비디오 도구]–[재생] 탭–[비디오 옵션] 그룹에서 [시작]–[자동 실행]을 선택합니다.

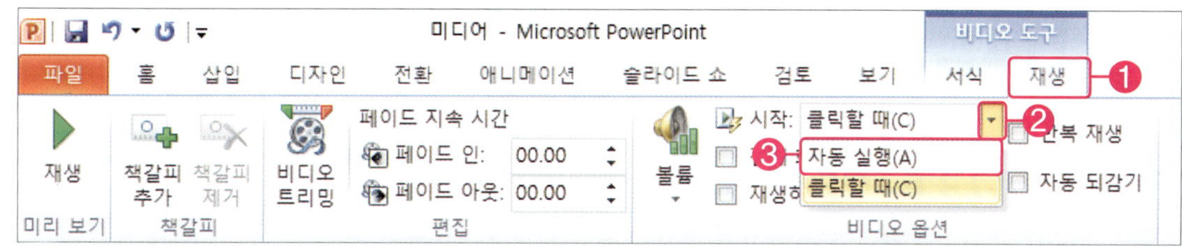

05 F5 키를 눌러 비디오 개체를 클릭하지 않아도 비디오가 바로 재생됨을 확인합니다.

◎ 예제파일 : 음악.wma

01 [삽입] 탭–[미디어] 그룹–[오디오(🔊)]를 클릭합니다.

02 [오디오 삽입] 대화상자가 나타나면 '음악.wma' 파일을 찾아 선택한 후, [삽입] 버튼을 클릭합니다.

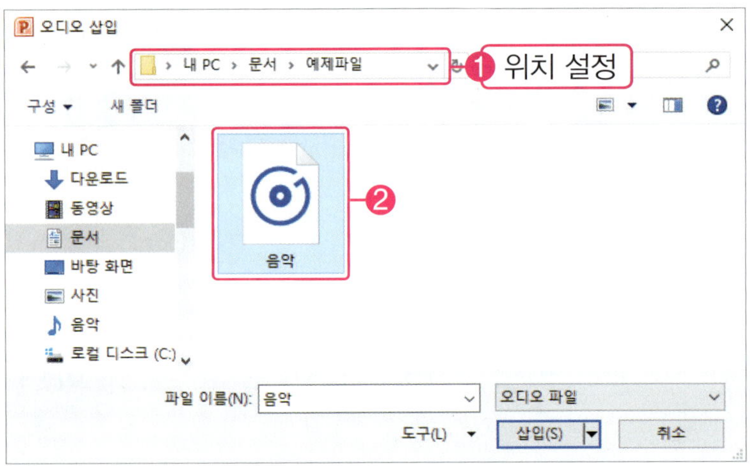

03 스피커 모양의 아이콘(🔊)이 슬라이드 중앙에 나타납니다. ▶를 클릭해 오디오를 확인합니다. 드래그하여 위치를 조정합니다.

04 F5 키를 눌러 슬라이드 쇼 보기 화면에서 아무런 소리도 들리지 않음을 확인합니다.

05 ◀ 모양 아이콘으로 마우스 포인터를 이동한 후, 아래쪽의 ▶을 클릭합니다. 음악이 재생되는 것을 확인합니다.

05 전체 슬라이드 배경 음악으로 지정하기

01 오디오 개체를 선택한 후, [오디오 도구]–[재생] 탭–[오디오 옵션] 그룹에서 [시작]–[모든 슬라이드에서 실행]을 선택합니다.

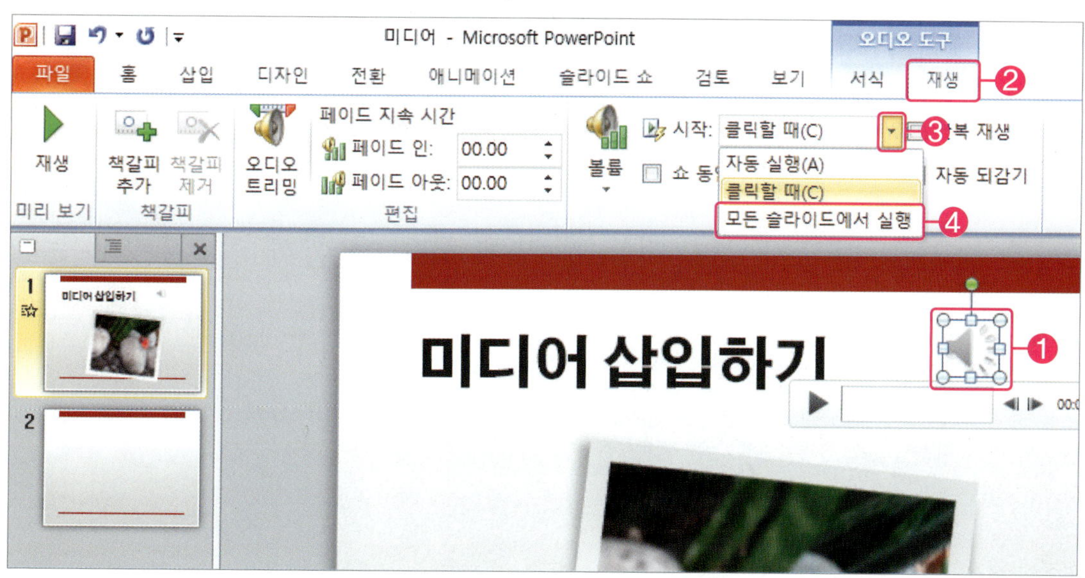

02 F5 키를 눌러 확인합니다. 비디오가 실행된 후 음악이 들립니다. PageDown 키를 눌러 오디오 개체를 삽입하지 않은 슬라이드에서도 음악이 들리는 것을 확인합니다. Esc 키를 눌러 슬라이드 쇼를 마칩니다.

03 스피커 모양의 아이콘( )이 보일 필요가 없으므로 드래그하여 슬라이드 밖으로 이동합니다.

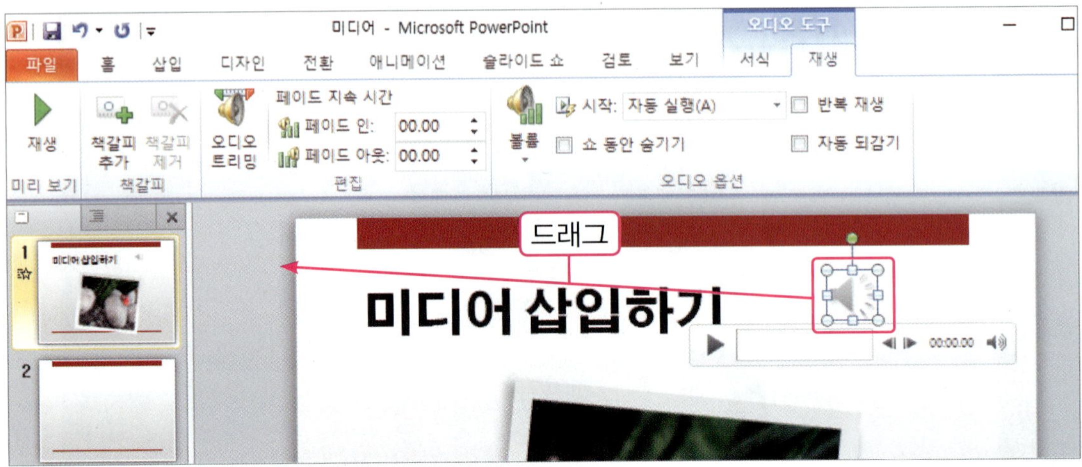

04 [애니메이션] 탭–[타이밍] 그룹에서 [시작]–[이전 효과와 함께]를 선택합니다.

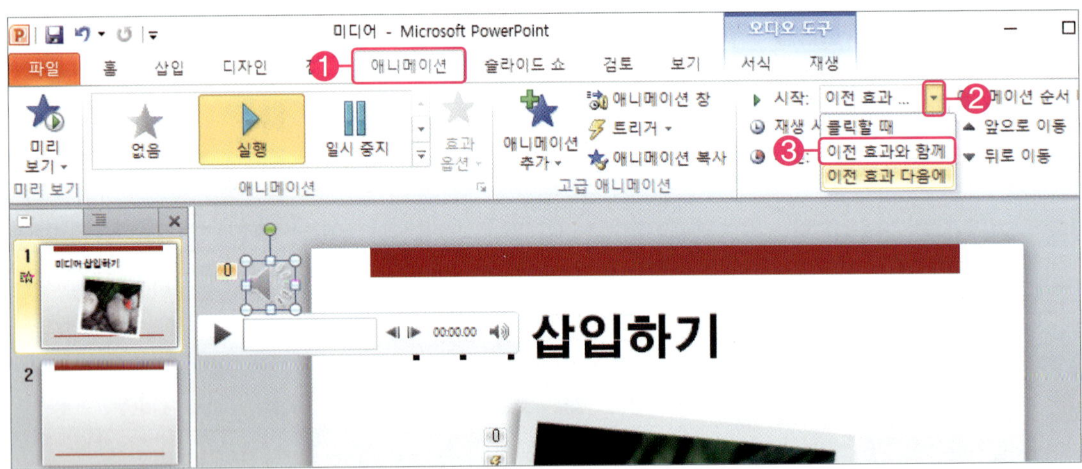

05 F5 키를 눌러 비디오가 재생되는 동안에 음악이 함께 들리는 것을 확인합니다.

◎ 예제파일 : 나눔프로젝트.pptx, 따뜻한겨울.wmv, 음악.wma

1 '나눔프로젝트.pptx' 파일을 불러온 후, 3번 슬라이드에 〈조건〉을 참고하여 '따뜻한겨울.wmv' 비디오 파일을 삽입해 봅니다.

〈조건〉
- 비디오 스타일 : '모니터, 회색'
- 비디오 옵션 : 볼륨(음소거), 시작(자동 실행)

2 1번 슬라이드에 〈조건〉을 참고하여 '음악.wma' 오디오 파일을 삽입해 봅니다.

〈조건〉
- 슬라이드에 스피커 모양 아이콘 보이지 않음
- 오디오 옵션 : 모든 슬라이드에서 실행

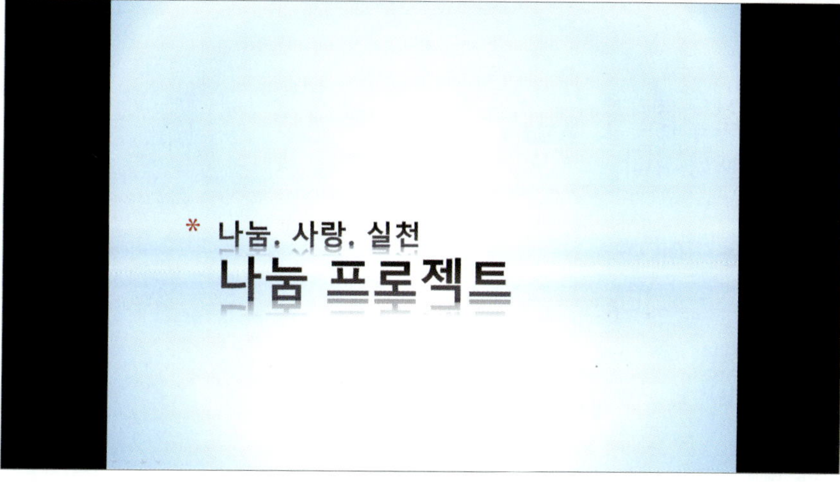

예제 파일 내려받기

1_ 인터넷을 실행하여 시대인 홈페이지에 접속합니다.
(www.sdedu.co.kr/book)

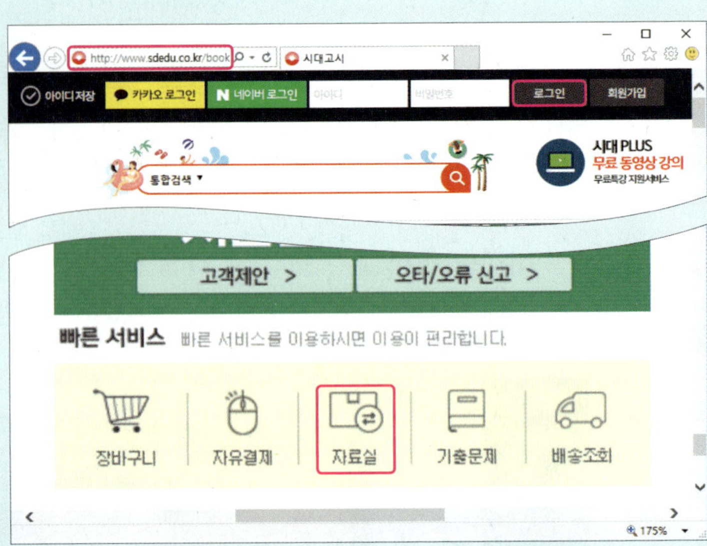

2_ [로그인]을 합니다.

* '시대' 회원이 아닌 경우, [회원가입]을 클릭하여 가입한 후 로그인합니다.

3_ 화면 아래쪽의 [빠른 서비스]의 [자료실]을 클릭합니다.

4_ [프로그램 자료실]을 클릭합니다.

5_ 목록에서 학습에 필요한 자료 파일을 찾아 선택합니다.

* 검색란을 이용하면 목록을 줄일 수 있습니다.

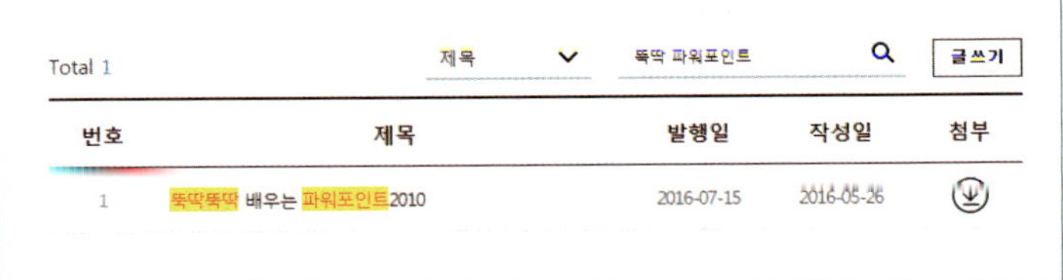

6_ 첨부된 zip(압축 파일) 파일을 클릭하여 사용자 컴퓨터에 저장합니다.

7_ 사용자 컴퓨터의 [문서] 폴더에 압축을 해제한 후, 연습을 시작합니다.

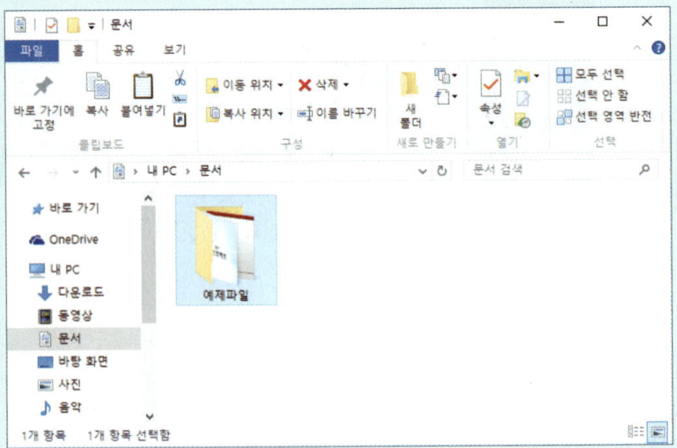